纳税人尊严论

姚轩鸽 ⊙ 著

中国出版集团有限公司
研究出版社

图书在版编目（CIP）数据

纳税人尊严论 / 姚轩鸽著. -- 北京：研究出版社，2024.8. -- ISBN 978-7-5199-1706-7

I. F812.423

中国国家版本馆CIP数据核字第2024KB3804号

出 品 人：陈建军
出版统筹：丁　波
责任编辑：范存刚

纳税人尊严论

NASHUIREN ZUNYAN LUN

姚轩鸽　著

研究出版社　出版发行

（100006　北京市东城区灯市口大街100号华腾商务楼）
北京云浩印刷有限责任公司印刷　　新华书店经销
2024年8月第1版　2024年8月第1次印刷
开本：710毫米×1000毫米　1/16　印张：23.25
字数：315千字
ISBN 978-7-5199-1706-7　　定价：88.00元
电话（010）64217619　64217652（发行部）

版权所有·侵权必究

凡购买本社图书，如有印制质量问题，我社负责调换。

国家治理研究丛书编委会

主　编

陆　丹　三亚学院校长　教授

丁　波　研究出版社　总编辑

何包钢　澳大利亚迪肯大学国际与政治学院讲座教授　澳洲社会科学院院士

编　委（按姓氏笔画排序）

丁学良　香港科技大学社会科学部终身教授

丰子义　北京大学讲席教授

王　东　北京大学哲学系教授

王绍光　香港中文大学政治与公共行政系讲座教授

王春光　中国社会科学院社会学所研究员

王海明　三亚学院国家治理研究院教授

王曙光　北京大学经济学院副院长　教授

韦　森　复旦大学经济学院教授

甘绍平　中国社会科学院哲学所研究员

田海平　北京师范大学哲学学院教授

朱沁夫　三亚学院副校长　教授

任　平　苏州大学卓越教授　江苏社科名家

仰海峰　北京大学哲学系教授

刘建军　中国人民大学马克思主义学院教授　教育部长江学者特聘教授

刘剑文　北京大学法学院教授

刘晓鹰	三亚学院副校长　教授
刘　继	国浩律师（北京）事务所主任　合伙人
刘敬鲁	中国人民大学哲学院教授
江　畅	湖北大学高等人文研究院院长　教育部长江学者特聘教授
安启念	中国人民大学哲学院教授
孙正聿	吉林大学哲学系终身教授
孙　英	中央民族大学马克思主义学院院长　北京高校特级教授
李　伟	宁夏大学民族伦理文化研究院院长　教授　原副校长
李炜光	天津财经大学财政学科首席教授
李　强	北京大学政府管理学院教授　校务委员会副主任
李德顺	中国政法大学终身教授　人文学院名誉院长
杨　河	北京大学社会科学学部主任
邱亦维	加拿大西三一大学教授　领导力硕士项目（中文）主任
张　光	三亚学院重点学科群主任　教授
张　帆	北京大学历史学系主任　教授
陈家琪	同济大学政治哲学与法哲学研究所所长　教授
罗德明	美国加州大学政治学系教授
周文彰	国家行政学院教授　原副院长
周建波	北京大学经济学院教授
郑也夫	北京大学社会学系教授
郎友兴	浙江大学公共管理学院政治学系主任　教授
赵汀阳	中国社会科学院学部委员
赵树凯	国务院发展研究中心研究员
赵家祥	北京大学哲学系教授

赵康太	三亚学院学术委员会副主任　教授　原海南省社会科学界联合会主席
赵敦华	北京大学讲席教授
郝立新	中国人民大学哲学院教授　校长助理
胡　军	北京大学哲学系教授
柳学智	人力资源和社会保障部中国人事科学研究院副院长　教授
钟国兴	中央党校教授　《学习时报》原总编辑
姚先国	浙江大学公共管理学院文科资深教授
姚新中	中国人民大学哲学院院长　教育部长江学者讲座教授
耿　静	三亚学院科研处处长　教授
顾　昕	北京大学政府管理学院教授
顾　肃	南京大学哲学与法学教授
钱明星	北京大学法学院教授
高全喜	上海交通大学凯原法学院讲席教授
高奇琦	华东政法大学政治学研究院院长　教授
郭　湛	中国人民大学荣誉一级教授
唐代兴	四川师范大学伦理学研究所特聘教授
谈火生	清华大学政治学系副主任　清华大学治理技术研究中心主任
萧功秦	上海师范大学人文学院历史学系教授
韩庆祥	原中共中央党校副教育长兼科研部主任
焦国成	中国人民大学哲学院教授
蔡　拓	中国政法大学全球化与全球问题研究所所长　教授
熊　伟	武汉大学财税法研究中心主任　教授
樊和平	东南大学资深教授　教育部长江学者特聘教授
戴木才	清华大学马克思主义学院长聘教授

内容提要

本书是国内第一本对纳税人尊严问题进行系统探索的学术著作。作者从伦理视域切入，对"纳税人尊严"的内涵与本质、结构与类型、性质与特征、影响要素、实现的一般途径等基本理论进行了探讨，同时分析了中国纳税人尊严保护必须直面的历史与现实挑战，诸如全球化、高新技术等问题，最后提出了相应的对策与建议。

本书主要观点为，"纳税人尊严"是指纳税人在履行缴纳税款义务过程或之后，所获得的尊贵、庄严的愉悦型心理体验。透过纳税人尊严，既可衡量一个国家财税治理体系文明位阶之高低，也可管窥一个社会经济、政治、道德、文化体制之优劣及其治理水平之高低。因此，从纳税人尊严保护切入求解中国财税现代化之道，或对推进中国现代文明转型具有事半功倍之功效，其理论价值与实践意义值得热切关注与期待。

序 一

姚轩鸽的新作《纳税人尊严论》是继他的《大国税事》《天下税鉴》《税收伦理学》等专著之后又一部具有现实意义的力作。该著作就如何提高纳税人尊严问题提出了各种良策，这是他追求优良税制的另一个方向和途径，也正是大国税制中的一个重大的遗落问题。

姚先生曾在西安市税务局工作数十年，对中国税收制度及其运作有深刻的了解和观察，他所写的一系列关于税收的专著，都体现了他的细微的经验观察，入木三分的洞见，以及他追求中国税制现代化的苦心。这部新作切中了中国社会的时弊：在纳税过程中中国人是否有过尊严的体验？想必无数中国人对这个问题的回答是否定的。

在中国的历史长河中，纳税是一个臣民的天职和义务，即使在极端贫困、吃不饱的状况下，纳税人首先得交皇粮国税，尊严与纳税风马牛不相及。纳税是无奈、痛苦、牺牲的代名词。可是在现代民主税制下，一种优良的税制，会给人带来一种尊贵、庄严的愉悦感。这样，现代税制就把纳税人与尊严连接起来。

说实话，我在澳洲（指澳大利亚）生活了30多年了，交了30多年的税。我扪心自问，是否有过尊严心理体验呢？在多数情况下，我只是一个尽义务的现代公民而已，只有几次有过"纳税人尊严"的感受。记得十几年前，我曾收到了澳大利亚税务部门的来信，信中详细列出了我那年所付的数万澳元税是如何用在公共产品（如社会福利、环境优化等）上的。当我看到我的税款用在了改善他人生活上时，我有过一阵受到尊重的温暖感受。我的尊严感也来自公平的政策和措施。每年验血、作CT检查等我都不花钱——这种社会福利来自广大纳税人的税，付了税就可享受到免费的医疗福利。到底有多少中国公民有过纳税人尊严的感受呢？这需要基于问卷和深度访谈才能得出结果。无论如何，我非常赞同和支持姚先生的高见，"透过纳税人尊严，既可衡量一个国家财税治理体系文明位阶之高低，也可管窥一个社会经济、政治、道德、文化体制之优劣及其治理水平之高低"。

在过去几十年中，中国的政治建设取得了巨大进步。但仍然存在不少问题，其中一个重大问题就是姚先生所说的纳税人尊严问题：纳税人缴纳的税款大大增加了，但人们的纳税人尊严却减弱了。姚先生的大作正捕捉到新时代的这个大问题。为此，他就如何提高纳税人尊严问题提出了各种良策。

他的大作第一章从伦理角度探讨了纳税人尊严的概念和结构，第二章就转而探讨影响纳税人尊严的各种因素，然后第三、四章讨论了提升纳税人尊严的主要途径和方法。下面几章则涉及具体的对策，如减税、优化公共产品、优化税收营商环境、合理评估企业税收（第五章至第八章）。第十章专门讨论如何建立一个现代化的财税制度。

姚先生在书中还明确指出："在税收治理实践中，应运用协商民主的原理和方法，通过局部领域的征纳税人事宜协商，扩大税权的民意基础，强化税权的合意性与合法性。"我非常同意他的这个主张。协商民主为公民提供了制度化的政治参与机会，它在改善政府治理的同时，也有助于提升纳税人尊严感。确实，要提升纳税人尊严，就必须让纳税人知道纳税人的钱是如何花的，特别是要让纳税人参与花钱的决策。这就需要进一步发展协商民主机制。目前，在中国的地方协商民主实践当中，已经涌现出诸多有益的探索实践。比如，温岭市的参与式预算等协商实践，拓宽了公民参与的渠道。特别是泽国镇采用随机抽样的方法来选拔参与者，这种方法体现了参与的平等性，其根本精神是对每一个人的尊重。笔者曾在2012年于温岭市泽国镇回访了近几十名被随机抽样的公民，不少公民都兴奋地告诉笔者，当他们被抽中参加会议时，他们感到一种伟大的公正，一种对他们人格的高度尊重。通过随机抽样来选择参与者，以科学的方式来保障公民具有平等的参与机会，这类政治实践的意义不仅在于形式化的公民参与，更在于对公民的赋权，即实质性的民主参与，公民的意见能够真正对决策产生影响。因而，各地协商民主实践的兴起也在一定程度上反映了我国尊严政治的进步。

平等和尊严是协商民主的重要理论原则，也是对话与协商的基础。公民之所以要参加协商民主讨论，发表自己的意见，发出自己的声音，就在于这是实现和表现自尊的一种实践和方式。国家之所以要邀请公民参与协商民主讨论，就在于这是实现和表现对所有公民人格尊重的最佳实践和方式。协商民主原则的落实，就是要用一整套制度来保障公民的权利，实现平等的尊严。它旨在追求一个人格受到尊重、每个人的声音及其理性观点得到尊重的公正社会。公民参与的强化以及公民理性的提升，是尊严政治发展的具体表现，同时也为尊严政治的进一步发展创造了条件。

姚先生将自己定位为"税收伦理学者"，粗读他的大作，我更认为，姚先生也是一个具有深厚历史感、丰富生活经验的政治学者。我深深感到这是一部政治学著作或公共管理学专著，一个跨多学科的大作。这部著作应该成为伦理学、财税学、政治学和公共管理学或政策学的必读参考书。

何包钢

2024年1月于新加坡南洋理工大学

序二：两种尊严观的比较

"尊严"对国人来说似乎是奢侈品，是一种高级需求。对于处在温饱线下、穷困潦倒的人来说，是没有尊严可言的。但尊严确实是人的一种需求——它很大程度上不完全取决于物质条件，而是与人的自立性相关。

如上所述，尊严的前提是解决基本的生存需求，如有饭吃，有衣服穿等。但是，仅仅解决基本的物质需求，未必意味着人有尊严，即轩鸽所说的"尊贵、庄严的愉悦型心理体验"。这是因为，假如一个人处在被奴役地位，虽然他不愁吃穿，但他其实是没有尊严的。尊严是个体通过发挥自己的创造性才能"赢得的"，而不是谁"恩赐的"，也就是个体实现其主体性的结果。

经济学上，我们说"人是有目的的行动的主体"，这是人不同于动物的基本方面。有目的的人"自由地"追求自己的目标，除了只受一般性规则，即真正的法律的限制外，不受其他的限制，这是人获得其尊严的体现。人有目的，意味着人有创造性。创造性是人作为人的本质，它与奴性是不相容的。当一个人能够自由地发挥其创造性时，不论其成功还是失败，都有其尊严。

我们可以比较两种尊严观。一种是传统社会（部落社会）的尊严观，它追求的是人在人上，通过比别人的地位更高来体现自己的尊严，这是一种以等级制为特色的尊严观，它是建立在"碾压"别人之上的。一些人为了维持自己的"尊严",努力维持某种垄断体制。如科举制在很大程度上就是这种尊严观的体现,中了状元,就是"碾压"了其他人,因此感觉自己很有"尊严"。

诸如此类的尊严观,是传统社会的尊严观,这种"尊严"是"零和的"或"负和的":一个人或一些人的"尊严"的实现要以牺牲其他人的尊严为代价。在这种尊严观下,个体不是通过发挥他的企业家才能,满足市场中无数个体的需求来获得他的"尊严"的,相反,他是通过迎合体制(制度)来获得其尊严的。这种制度不同于下文将要说明的一般性规则或演化产生的规则,是服务于少数人的目的,为垄断利益服务的,或者说,这种制度是阻碍分工合作的。这种"尊严"在很大程度上也是权力授予的,而不是个体通过满足无数个体的需求赢得的。这种"尊严",也是一种"分配式的尊严",即少数人通过在一个已定的蛋糕中占有比别人更多的份额来获得"尊严"。为什么在这种情况下,蛋糕是已定的?因为这种满足人的"尊严"的制度不是财富创造机制,相反,极有可能是阻碍财富创造的。

另一种是现代社会(开放社会)的尊严观。这种尊严观建立在把人视为真正的人(有目的的人)之上。因此,对尊严的检验,是一个人是否充分发挥其企业家才能,而不是一个人在等级秩序中的"地位"与"权势"等。根据这种尊严观,那些依附于体制来获利的人,是没有尊严的,他们甚至会被视为寄生虫。相反,那些在市场中打拼的企业家,将受到尊重,获得尊严,尽管他们有可能会失败。

在这种社会中,个体通过自己的努力去满足消费者的需求而赢得尊严,也就是说,他的尊严不是谁恩赐的,而是通过自己的创造性努力赢得的。更为重要的是,在这种社会中,当不同的个体通过自己的努力去赢得自己的尊严时,他们的尊严是相互促进的。因为一个人获得尊严,就为其他人获得尊严提供了机会。比如,消费者享受到更好的服务,这对消费者来说，是获得了一种尊严。同时，消费者的这一行为对企业家来说，增加了获利的机会，因此也是一种尊严。另外，在现代社会，人与人之间是平等的，人的尊严正是建立在这种平等关系之上，这种平等关系也保障了人的尊严。

比较了两种尊严观，我们看到，传统社会的尊严观是野蛮的，现代社会的尊严观是文明的。从传统社会到现代社会的转型，就是尊严观从野蛮到文明的转型。社会的转型与尊严观的转型，互为条件。没有尊严观的转型，社会的转型难以发生，同时，没有社会的转型，个体的尊严就难以实现。

社会的转型以及尊严观的转型，很大程度上取决于人们的观念或认知的转型。我们说，现代社会的尊严观，是一种特定理性的产物。这种理性，具体而言，是建立在"功利主义方法论"之上的理性。人们需要认识到，"评价任何经济制度必须仔细分析它给人民福利带来的效果，而不是仅借助一个不考虑这些效果的恣意妄为的正义概念来进行"。这样，人们从服从"人的权威"（他律），转向服从社会中自发演化生成的规则（自律）。后者取代"人的权威"，具有真正意义上的权威性，这就是"理性化的过程"。

这种功利主义方法为正确认识自己的利益提供了可能性，从而实现了祛魅，使任何"人定的或历史上遗留下来的制度为不可动摇的"观念得以被打破。因为它使人认识到，自己的利益在于"分工合作"，而不是某个领袖或神秘的天意等。如米塞斯所意识到的，当"法律与正当性，道德律与社会体制"是以"是否适合增进人们的幸福"为衡量标准，而不再被当作神秘的天意而被尊重，这样，自律（autonomy）的理性道德就取代他律（heteronomous）和直观论（intuitionist）的旧时伦理，彻底摧毁了所有关于社会合作的起源和运作的玄学学说。为了增进自己的利益，个体需要正确认识自己的利益，他需要运用自己的理性，对既有的制度、文化等是否有助于普遍的分工合作进行判断。当个体能够运用这种理性时，他就是实现了康德说的"启蒙"。

因此，现代社会的尊严观，不是与生俱来的，而是特定理性的产物，我们把这种理性称为"正确认识自己的利益"。这种理性的获得，需要人们学会利用经济学知识（如前述功利主义方法就是一种经济学知识），还有方法论个体主义、主观主义以及自发秩序的思想等。这些重要的经济学知识，是人们获得上述理性，实现从传统社会到现代社会转型，实现从野蛮的尊严观到文明的尊严观的转型的重要条件。

由于传统社会不具备使个体充分发挥创造性的条件，因此，假如没有这种观念的转型，一个社会将停留在传统社会中，大部分人会因为贫困而没有尊严，也因为不能发挥自己的企业家才能而没有尊严，而少部分人成为"人上人"而获得他们自己认为的"尊严"。相反，假如这种观念的转型能够发生，越来越多的人将会实现自立并摆脱贫困，从而获得尊严。当然，这一转型是一个过程，不是一蹴而就的，它取决于人们是否具有上述观念，以及多大程度上将这种观念付诸行动。

制度转型可以实现尊严观的转型与社会的转型。一个有助于个体真正实现其尊严的制度，是以"自发秩序"为特征的，这种秩序也被称为"自生自发合作秩序"。在这样的社会中，个体之间充分分工合作，遵守这些有助于分工合作的规则被认为是有尊严的。自发秩序，作为一个抽象的共同目标被人们普遍接受。这种有助于分工合作的规则，是自发演化出来的，而不是谁建构的。

相比之下，在传统社会中，则存在阻碍自发的分工合作的规则。这种规则被用于服务于某个具体的目的（如皇权），人们也认为或默认为这样的目的是有必要的，即他们接受了一种不利于自发秩序的扩展，从而也不利于自己的利益与尊严维护的制度，这意味着他们是"非理性的"或"未受启蒙的"。当人们生活在这种服务于具体目的的制度下时，人们就匍匐在这种制度之下，成为这种制度的奴隶，因此也不可能有尊严，虽然那些"人上人"自己认为有"尊严"。可见，由于人们自己的"非理性"，人们将不能获得尊严。

使人有尊严的制度的建设，是有"成本的"，这个成本通常说就是"税"。税应该用于维护一种有助于个体充分发挥其企业家才能的制度，通常说就是保障企业家的财产权的制度，这也是一种使人自立的制度。在这种制度下，少部分税用于救济没有能力自谋出路的个体，让他们也能够活得有尊严。这种制度要求任何个体或组织，都不能处在一个可以控制社会的位置上。即税不能被用于控制社会，而只能被用于服务社会（个体创造性才能的发挥），这样，个体才有机会实现其尊严。

可见，对"尊严"的理解，可以帮助我们正确地理解"税"的含义——让我们知道税如何被使用，才是正当的；也让我们知道纳税人天然地有监督税的使用的权利。这也意味着，纳税人监督政府税的使用的权利，高于政府使用税的权利。

相比之下，假如我们不能充分理解"尊严"的含义，那么，那些对"税"的公然攫取的行为也有可能被认为是"合理的"，因为这种攫取被认为是为维护某个人为的具体目的所必需的。他们占有"税"，按照自己的利益分配"税"，而纳税人则是不具备相关的权利去监督税的使用的。

轩鸽是我的老朋友，我知道他理论功底扎实，长期研究税及相关的伦理问题，也已经有很多专著出版。他这本《纳税人尊严论》，体现了人本主义，把财税的问题建立在确切的伦理学基础之上，指出了一条我国实现财税现代化的新路径，因此极具理论价值与实践意义。我郑重推荐他这本大作。

朱海就
2024年2月5日于浙江

敬畏纳税人尊严
（自序）

尊严无价，纳税人的尊严无价。捍卫人的尊严，敬畏纳税人尊严，既是人之为人、纳税人之所以成为纳税人之宿命般的呼唤，也是影响国运兴衰的必要前提，更是中国共产党人的不懈追求。

回顾《纳税人尊严论》一书的创意、撰写及其成书过程，首先必须感谢南洋理工大学的何包钢[①]先生。正是因为何先生2014年邀约笔者为《道德与文明》杂志撰写《尊严》栏目论文——论财税体制与国民尊严的关系及其启示，才使笔者的税收伦理研究与"尊严"这一人学的核心概念结缘。此后，当笔者在"知网"学术平台进行检索"纳税人尊严"信息时发现，文库中竟然只有2篇文章，[②]而且还不是专业类的学术研究成果，足见当前学术界和社会对"纳税人尊严"问题的忽视与无视。因此，笔者便决意择机研究和探索"纳税人尊严"这一课题。而三年新冠疫情期间的"物理禁足"，客观上也为笔者提供了相对充裕的思考与著述时间，遂得以完成此著的主体部分——第一章至第四章——的撰

[①] 新加坡南洋理工大学人文与社会科学学院公共政策与全球事务系主任。同时，兼任察哈尔学会高级研究员，华中师范大学中国农村问题研究中心兼职教授，天津师范大学特聘讲座教授，新加坡国立大学东亚研究所高级研究员，澳大利亚大学政府系教授，曾任职于澳大利亚迪肯大学。

[②] 崔维利、张妍：《让纳税人有尊严》，《吉林日报》2011年5月16日；汤礼春：《纳税人的尊严》，《税收征纳》2012年第6期。

写。同时，笔者也以此为价值导向，相继完成了其余7章的撰写与整理任务。坦率地说，尽管书稿目前尚存在体系性比较欠缺、完备性尚有不足、深度有待继续挖掘等缺憾，但鉴于"卡位"纳税人尊严主题研究"第一个吃螃蟹者"的先机，或可聊以自慰，敝帚自珍。

事实上，一个国家、一个社会纳税人尊严总体水平之高低，以及尊严感的强弱、久暂与广狭等，既可直接折射和反映这个国家和社会财税制度之优劣与财税治理水平之高低，同时也可间接折射和反映这个国家和社会经济、政治、道德与文化体制之优劣以及经济、政治、道德与文化各个领域治理水平之高低。质言之，纳税人尊严总体水平越高、感受越强烈、保持越持久、影响范围越广，这个国家和社会财税制度就越优良，财税治理水平就越高，越有效；反之，这个国家和社会的财税制度就越低劣、落后，财税治理水平就越低，也越乏力和低效。同样，纳税人尊严总体水平越高、感受越强烈、保持得越持久、影响范围越广等，这个国家和社会的经济、政治、道德与文化制度就越优良，治理水平就越高，也越有效。

由此，我们可以看出纳税人尊严课题研究的重要性与必要性，及其研究之理论价值与实践意义。这既是充分发挥财税在国家治理体系中的"基础性、支柱性与保障性"及其"枢纽性"等重要功能和作用的现实着力点，也是促进中国式现代化早日实现的最佳"切入点"或"突破口"。

逻辑上，要全面提升一个国家和社会纳税人尊严的总体水平，一方面需要经济、政治、道德以及文化产业体制的全面优化（即以税收作为物质基础的高性价比公共产品之生产与供给。——笔者注），这是保证纳税人尊严总体水平不断提升和强化的制度性保障力量，虽然属于间接影响，但会从总体上决定纳税人尊严水平之高低、强弱与久暂等。逻辑上，经济、政治、道德以及文化产业体制的全面优化，需要优良财税制度与有效财税治理的加持,从而可以保证高性价比公共产品的可持续生产和供给。即纳税人尊严的实现,有赖于高性价比公共产品的可持续供给,从而满足其公共性的"涉税需要、欲望、目的与兴趣等衍生物",而后方能获得"尊贵、庄严的愉悦型心理体验"——纳税人尊严。另一方面,要全面提升一个国家和社会纳税人尊严总体水平,则直接需要优良财税制度的保障,以及高效财税治理效能的维护。具体是,既需要优良税制的保障,也需要有效税收治理的推进;既需要优良预算制度的保障,也需要有效预算治理效能的推进。必须说明的是,税制与预算制度是"大体"和"大节";税收治理与预算治理,即征税与用税之过程乃是"小体"和"小节"。毋庸置疑,制度决定治理,即前者决定后者,但后者也可反作用于前者。质言之,制度优劣会从总体上决定治理总体水平之高低、强弱与久暂等。而且唯有财税"一体化",即征税与用税"一体化"的互动与联动,或者说财税制度的整体优化,才能可持续生产和供给高性价比、结构合理、数量足额的公共产品,从而满足纳税人的涉税需要、欲望、目的与兴趣等衍生物,最终获得丰裕的"尊贵、庄严的愉悦型心理体验"。

问题是,优良经济、政治、道德与文化制度及财税制度与治理评价的标准是什么?笔者认为,一是要实现国家治理终极目的——增进全社会和每个国民利益或福祉、幸福和尊严总量——终极道德价值的实质性财税制度"嵌入"与治理过程的实质性"嵌入"。一方面,在征纳税人之间、国民与国家政府之间利益没有发生根本性冲突、可以两全的情况下,实现了"不伤一人地增进所有人利益"之"帕累托最优原则"的实质性财税制度"嵌入"与治理过程的实质性"嵌入";另一方面,在征纳税人之间、国民与国家政府之间利益发生根本性冲突、不可以两全的情况下,实现了"最大多数人的最大利益原则"之"最大净余额原则"的实质性财税制度"嵌入"与治理过程的实质性"嵌入",而且是在自愿原则指导下进行，并对利益受损者给予基本满意的补偿。

二是要实现人道自由道德价值原则的实质性财税制度"嵌入"与治理过程的实质性"嵌入"。一方面，要实现自由一般原则——法治、平等与限度道德价值的实质性财税制度"嵌入"与治理过程的实质性"嵌入"；另一方面，要实现自由具体原则——政治自由、经济自由与思想自由价值原则的实质性财税制度"嵌入"与治理过程的实质性"嵌入"。

三是要实现公正根本价值原则的实质性财税制度"嵌入"与治理过程的实质性"嵌入"。一方面，要实现完全平等价值原则的实质性财税制度"嵌入"与治理过程的实质性"嵌入"；另一方面，要实现比例平等价值原则的实质性财税制度"嵌入"与治理过程的实质性"嵌入"。

四是要实现诚信、便利与节俭等重要价值原则的实质性财税制度"嵌入"与治理过程的实质性"嵌入"。

当然，我们对财税制度规则类具体要素及其相互关系优化的价值也不可忽视，更不能无视。事实上，影响纳税人尊严水平高低的因素是多元、多层次的，也是各式各样的。但理性一再启示我们，在财税制度优化与治理实践中，只有把握根本问题，紧扣主题，专注主要矛盾，或可事半功倍，充分发挥财税在国家治理体系中的特有功能与作用。

毋庸讳言，社会主义初级阶段中国纳税人总体尊严水平的提升，必须直面历史与现实的多重挑战与压力。既要直面几十年计划经济的落后观念与思维惯性的约束，也要直面几千年"官本位"[①]文化社会形

[①] "官本位研究不应仅仅局限在历史视域，还应关注当代。当代社会官本位意识和现象之所以依然存在，是因为当代中国无论作为管理者的官员还是作为被管理者的百姓，都还有着根深蒂固的官本位伦理文化情结，这为当代官本位的存在提供了可能性。但是官本位伦理文化情结只是为当代官本位的存在提供了可能性，还不是现实的。当代社会的精英选拔模式和社会运行方式，以及当代中国国家行政管理科层体系的客观性异化，促使当代官本位意识和现象的存在由可能转变为现实，成为当代官本位存在的最为直接的现实性根源。"罗来玮：《官本位意识的当代根源解读》，《领导科学》2021年第9期。

态惯性与板结化土壤之制约,更要直面"百年未有之大变局"下国内外政治经济情势日趋严峻的考验,同时还要有效应对大数据、区块链等高科技介入国家治理系统带来的新冲击与新挑战。用一句话来说,中国纳税人尊严水平总体提升任重道远,我们必须负重前行,择善固执,并以百折不挠的精神,做好长期跋涉与努力的思想准备。

《纳税人尊严论》第一章"导论",重在梳理和界定"纳税人尊严"概念的内涵,回答纳税人尊严的本质等问题。第二章重在全面分析影响纳税人尊严的宏观总体、中观系统、微观个体因素,建构影响纳税人尊严总体水平各种因素的分析范式。第三章重在探索提升纳税人尊严总体水平的宏观、中观、微观一般途径及其核心价值导向、基本价值导向与根本价值导向系统。第四章重在探索全面提升中国纳税人尊严水平的基本途径与对策。第五章重在探索"税痛"性质、结构与类型等要素和纳税人尊严之间的相关机理,探寻通过消减"税痛"途径和措施,全面提升纳税人总体尊严水平的理想与现实途径。第六章重在探索公共产品优劣与纳税人尊严之间的相关机理,探寻通过公共产品优化,全面提升纳税人尊严总体水平之道。第七章重在探索税收营商环境与纳税人尊严之间的相关机理,探寻通过税收营商环境优化,全面提升纳税人尊严总体水平之道,同时兼及中国税收营商环境优化的现实选择与未来展望等问题的思考。第八章重在探索企业税收合规评价提升纳税人尊严之道,兼论目前中国存在的问题与对策。第九章重在探索大数据与纳税人尊严之间的相关机理问题,探寻借助大数据力量,全面提升纳税人尊严总体水平之道。同时还关注了大数据视域下中国纳税人尊严总体水平提升必须直面的主要挑战与对策等问题。第十章重在探索财税现代化与纳税人尊严之间的相关机理,旨在通过实质性财税现代化,全面提升纳税人尊严水平的现代途径,同时也关注了通过中国式财税现代化,全面提升纳税人尊严总体水平所面临的时代性挑战与对策等问题。第十一章旨在回顾、总结和展望未来纳税人尊严水平总体提升所面临的主要挑战，同时展望未来前景等问题。

总之，纳税人尊严总体水平之高低、强弱与久暂等，与国运兴衰紧密相关。具体是，纳税人尊严总体水平越高、越强、越久，则国运越兴盛。相反，纳税人尊严总体水平越低、越弱、越短，则国运越衰落。因此，捍卫和敬畏纳税人尊严意味着捍卫国运兴盛，意味着国运可持续兴盛动力与能量的汇聚。温家宝总理曾在2010年新春团拜会上说，政府"要让老百姓活得更有尊严"！因此，我们"要给人的自由和全面发展创造有利的条件，让他们的聪明才智竞相迸发"[1]。党的十八大以来，习近平总书记也多次围绕人权、尊严问题发表重要论述，并结合中国历史和现实指出："尊重和保障人权是中国共产党人的不懈追求。"[2] 道理就在于，尊重和保障人权制度创新本身就是一种公共产品，就意味着对每个国民的尊严或纳税人尊严的捍卫与敬畏，有助于每个国民和纳税人获得"尊贵、庄严的愉悦型心理体验"——尊严。事实上，捍卫和敬畏纳税人尊严，也就是捍卫和敬畏每个国民的尊严。逻辑上，这既是优良财税制度与财税治理的内在要求和历史使命，也是中国式财税制度与财税治理现代化的应有之义与终极目标，更是中国式现代化的本质要求和中国共产党人的不懈追求。

---

[1] 温家宝:《让百姓活得"更有尊严"有三方面含义》，中央政府门户网站，www.gov.cn，2010年2月27日。

[2] 习近平:《尊重和保障人权是中国共产党人的不懈追求》，求是网，2022年6月24日。

目 录

序一   01
序二：两种尊严观的比较   04
敬畏纳税人尊严（自序）   09

第一章　导　论   001

    一、纳税人尊严之内涵   002
    二、纳税人尊严之结构分析   017
    三、纳税人尊严之类型分析   020
    四、纳税人尊严之性质分析   026
    五、结语   033

第二章　纳税人尊严影响要素系统分析   034

    一、影响纳税人尊严之宏观、总体要素   034
    二、影响纳税人尊严之中观、系统要素——财税体制   045
    三、影响纳税人尊严之微观、外在要素——教育要素   047
    四、影响纳税人尊严之微观、内在要素——个体修养要素   051
    五、结语   054

第三章　提升纳税人尊严的一般与主要途径　055

一、提升纳税人尊严总体水平的宏观、总体途径　055
二、提升纳税人尊严总体水平的中观、系统途径　062
三、提升纳税人尊严总体水平的微观、个体途径　065
四、提升纳税人尊严总体水平的主要途径　067
五、结语　081

第四章　提升中国纳税人尊严之道　082

一、提升中国纳税人尊严必须直面的理论挑战　082
二、全面提升中国纳税人尊严必须直面的实践挑战　087
三、全面提升中国纳税人尊严的因应对策　093
四、结语　104

第五章　以"税痛"消减提升纳税人尊严　106

一、"税痛"的内涵与本质　107
二、"税痛"的结构　112
三、"税痛"的性质与特征　115
四、"税痛"的类型　123
五、"税痛"产生的根源　127
六、"税痛"发生机理分析　130
七、"税痛"的量之计算机理　137
八、"税痛"的质之计算机理　141
九、"税痛"及其机理研究的价值　143

十、结语　　　　　　　　　　　　　　　　　　　146

第六章　以公共产品优化提升纳税人尊严　　　　147

一、"公共""产品"的内涵与本质　　　　　　　148
二、"公共产品"的内涵与本质　　　　　　　　153
三、公共产品的结构与类型　　　　　　　　　　161
四、公共产品的质量体系及其评估标准　　　　　166
五、公共产品该由谁来提供　　　　　　　　　　169
六、结语　　　　　　　　　　　　　　　　　　174

第七章　以税收营商环境优化提升纳税人尊严
　　　　——兼论中国的现实选择与未来展望　　175

一、税收营商环境的内涵与本质　　　　　　　　176
二、现行税收营商环境评价标准及其优劣评价　　178
三、伦理视域税收营商环境标准体系优化构想　　182
四、兼论中国的现实选择与未来展望　　　　　　187
五、结语　　　　　　　　　　　　　　　　　　213

第八章　以企业税收合规评价提升纳税人尊严
　　　　——兼论中国存在的主要问题与对策　　215

一、企业税收合规评价的内涵与本质　　　　　　216
二、企业税收合规评价的类型　　　　　　　　　222
三、企业税收合规评价的主体资格　　　　　　　226

四、企业税收合规评价的标准	228
五、企业税收合规评价的根据	233
六、企业税收合规评价的功能与作用	238
七、企业税收合规评价的步骤与方法	239
八、兼议目前中国企业税收合规评价中存在的问题与因应策略	245
九、结语	250

第九章 借用大数据力量提升纳税人尊严
——兼论中国面临的挑战与对策 253

一、大数据时代的基本特征与社会影响力	254
二、大数据与"信息不对称"的关系	256
三、大数据对纳税人尊严及其权利与义务生态系统的影响机理分析	257
四、大数据视域下提升纳税人尊严和权利与义务保障的一般途径	268
五、兼论中国纳税人尊严提升及其权利与义务保障必须直面的挑战与对策	273
六、结语	282

第十章 以财税现代化提升纳税人尊严
——兼论中国面临的挑战与对策 283

一、"财税现代化"概念采信	284
二、财税现代化与纳税人尊严相关机理分析	287

三、财税现代化提升纳税人尊严的基本途径　　290
　　四、中国式财税现代化的基本特征　　291
　　五、兼论以中国式财税现代化提升纳税人尊严面临的挑战
　　　　与对策　　293
　　六、结语　　307

第十一章　结　语　　309

　　一、提升纳税人尊严总体水平的思想途径　　310
　　二、直接提升纳税人尊严总体水平的基本途径　　312
　　三、间接提升纳税人尊严总体水平的宏观途径　　314
　　四、提升纳税人尊严水平的具体途径　　316
　　五、结语　　316

参考文献　　319
后　记　　341

第一章
导　论

　　"尊严"一词高频进入寻常百姓视野，或是因为温家宝总理在2010年新春团拜会上的讲话："我们所做的一切都是要让人民生活得更加幸福、更有尊严。"[①]"尊严"意味着国民创造性潜能的全面发挥。它有赖于全社会"应该且必须"给予每个国民之最大自由及其异化之消除。广义而言，"纳税人"属于"百姓"或国民范畴。如果将纳税人分为实在与潜在的话，纳税人与百姓或国民，不过是不同的表述与说法而已。因此，"要让人民生活得更加幸福、更有尊严"，也就是"要让每一个纳税人活得更有尊严"！全社会"应该且必须"给予每个纳税人和每一位国民最大自由，并全面消除税收异化。由于实在或潜在纳税人既是社会治理的对象，也是社会物质与精神财富的创获者，更是税收治理的主体管理者，逻辑上，全社会每一位纳税人尊严的有无、大小、多少与久暂等，便与每一位纳税人和每一位国民个体利益或福祉总量的增进，与全社会的繁荣与进步紧密相关。

　　目前，国内外关于"纳税人尊严"问题的理论研究与实践状况实在

[①] 李抒望：《让人民生活得更有尊严》，《中国青年报》2010年4月5日。

堪忧，不仅亟待理论界给予特别关注和回应，而且需要实践者的特别重视。基于此，本章拟从"纳税人尊严"的内涵、结构、类型与实现途径等基本问题切入，以期深化对"纳税人尊严"问题的研究，为经济社会的高质量、可持续发展提供有效的智力支持与精神价值导向系统。

一、纳税人尊严之内涵

"纳税人尊严"由"纳税人"与"尊严"两个词构成，要全面理解其内涵与本质，必须首先弄清"纳税人""尊严"各自的内涵与本质。

（一）何谓"纳税人"

关于"纳税人"的界定，通常是指"法律、行政法规规定负有纳税义务的单位和个人"[①]。问题是，对"纳税人"内涵的这一界定，就逻辑而言，存在诸多缺陷有待弥补。比如，此论一方面将"法定"纳税人等同于"德定"纳税人，缩小了纳税人的内涵；另一方面又将纳税人内涵仅仅局限于纳税人义务，忽视了纳税人内涵中实有和应有的权利部分；同时，还忽视了成为纳税人的充要条件——权力之合法性等。笔者认为，"纳税人"是"纳税人权利与义务的统一体。而且，唯有在能够按照纳税者自己税收意志管理的税制下，纳税者才可能成为真正意义上的'纳税人'。而使一个国家和社会的纳税者最大最多成为'纳税人'的前提是其税权的合法性程度高"[②]。

笔者采信"纳税人"的这一界定至少告诉我们，"纳税人"作为一个行为主体，必须具备以下特征。

他（她）应是一个能够自主的活动者——主体，即必须同时具有趋利避害与自主选择的能力。即，纳税人要成为一个完整意义上的"纳税

[①]《中华人民共和国税收征收管理法》，法律出版社2015年版。
[②] 姚轩鸽：《纳税人新论》，《阴山学刊》2012年第2期。

人",必须具有"分辨好坏利害的能力",必须具有"为了保持自己存在而趋利避害的选择能力"①。即凡是主体,必须同时具备"趋利避害"与"自主选择"的能力,缺少其中之一,便是不完整和不完备的。比如说,如果缺少了趋利避害的能力,便排除了人的动物性,割裂了人与其他生命体的关系;如果缺少了自主选择的能力,又意味着将人与动物等生命混为一体,降低了"人之为人"的独特性。可见,唯有在自由的境遇下,一个纳税者才可能同时既具备趋利避害的能力,也具备自主选择的能力,才会成为一个真正意义上的"纳税人"。道理正如普罗泰戈拉所言,因为"人是万物的尺度,是存在者存在的尺度,也是不存在者不存在的尺度"②。事实上,"从苏格拉底开始,人真正作为人而成为探讨的主题,成为在社会中具有精神生活的人。"③是因为,"人是具备理性和意思的动物,因而是一种伦理的存在;人在物质世界之外,还追求精神世界的价值。"④一句话,唯有权利与义务统一于一体的纳税者,才是真正的"纳税人",才是税收治理体系规范优劣评价的真正主体。

要使纳税人成为纳税人的充要条件是税权的合法性及其监督的有效性。因为"权利是权力保障下的利益索取或要求,义务是权力保障下的利益奉献"。正如王海明先生所言:"权利是一种具有重大社会效用的必须且应该得到的利益,因而也就是应该受到权力或法律保障的利益;义务是具有重大或基本社会效用的必须且应该的利益之付出,因而也就是应该受到权力或法律保障的利益之付出。"⑤也就是说,"应该且必须"作为权利与义务统一体的纳税人,才是真正的"纳税人","应该且必

---

① 王海明:《新伦理学》(上),商务印书馆2008年版,第154页。
② 北京大学外国哲学史教研室编译:《西方哲学原著选读》(上卷),商务印书馆2009年版,第54页。
③ [德]胡塞尔著,吕祥译:《现象学与哲学的危机》,国际文化出版公司1988年版,第165页。
④ 梁慧星:《为权利而斗争》,中国法制出版社2000年版,第328-329页。
⑤ 王海明:《新伦理学》(中),商务印书馆2008年版,第827页。

须"以税权合法性及其监督的有效性作为充要条件。因为"权力是指管理者拥有且迫使被管理者不得不服从的一种力量",其合法性来源于被管理者的同意和认可,税权合法性来源于纳税人的同意和认可。法国政治学者莫里斯·迪韦尔热就说:"权力的合法性只不过是由于本集体的成员或至少是多数成员承认它为权力。如果在权力的合法性问题上出现共同同意的情况,那么这种权力就是合法的。不合法的权力则不再是一种权力,而只是一种力量。"[①]哈贝马斯也认为,"'合法性'是指一种政治秩序值得被人们认可"[②]。而"所谓合法性危机也就是被管理者没有给合法性系统提供足够的支持动机"[③]。问题是,仅有税权的合法性,还不足以使纳税人成为"真正的纳税人"。因为纳税人作为权利和义务的统一体,根本说来,这种权利与义务的交换和分配,还必须符合公正平等道德原则。即不公正、不平等的权利与义务统一体下的纳税人,还不属于真正意义上的"纳税人"。或者说,真正意义上的"纳税人",一定是权利与义务公正平等交换和分配的统一体,是征纳税人权利与义务公正平等交换的统一体。当然,也是纳税人之间权利与义务公正平等分配的统一体,包括征税人之间权利与义务公正平等分配的统一体。逻辑上,税权监督的有效性,便成为真正纳税人的充要条件。因为税权监督的有效性会影响纳税人作为权利与义务统一体的内在公正性与平等性。税权运行过程中的寻租与腐败,本身就是对税收公正平等的最大挑战和伤害。

根本说来,由于税权合法性来自政体性质与类型,纳税人是否成为真正意义上的纳税人,取决于所在国家或社会实行的是哪种政体,即实行的是专制政体,还是寡头政体,或者是民主政体。民主制下的税权合

---

① [法]莫里斯·迪韦尔热著,杨祖功译:《政治社会学》,华夏出版社1987年版,第117页。
② [德]哈贝马斯著,陈学明译:《合法性危机》,台湾时报出版公司1994年版,第132页。
③ 同上,第132页。

法性及其监督有效性相对较大,生活其中的纳税人,最接近真正意义上的"纳税人";寡头制下的税权合法性及其监督有效性次之,距离真正意义上的"纳税人"比专制政体下的较近,比民主政体下的较远;专制政体下的税权合法性及其监督有效性最小,距离真正意义上的"纳税人"最远,而且严格说来,专制政体下不存在真正意义上的"纳税人",只有纳税者,只有利益的交换,无所谓纳税人权利与义务交换。

(二)"尊严"的内涵

关于"尊严"的内涵,更是众说纷纭,也不知耗费了古今中外多少智者的心血,令人特别郁闷的是,至今尚未达成基本共识。

一方面,有众多的思想家认为"尊严"根本不可界定。因为"尊严"是一个千变万化的伦理学概念,其形式不断变化,难以捉摸,也不可能被定位。德国著名法哲学家赫斯特也认为,作为一个重要的哲学、伦理和法律概念,"尊严"却一直没有一个清晰可辨的含义。而且,即便是在视"尊严"为全部社会秩序最高价值的德国,其宪法法院也一直避免对"尊严"进行定义。[1]更有学者认为:"尊严是个滑溜溜的概念。"[2]美国生物伦理学者麦克林甚至撰文主张《尊严是个无用的概念》,并宣称"放弃人的尊严的概念不会带来任何损失"[3]。伯格瑞克和艾伦也认为:"尊严是一个空洞的概念。尊严概念作为权利要求的潜在基础应该被抛弃,除非,并且直到它的起源、本质、相关性和意义被确定。"[4]也

---

[1] 甘绍平:《作为一项权利的人的尊严》,《哲学研究》2008年第6期。
[2] Charles Foster, *Human Dignity in Bioethics and Law*, Ox—ford and Portland, Oregon: HART publishing, 2011, ppxvii-xviii.
[3] 转引自王晖:《人之尊严的理念与制度化》,《中国法学》2014年第4期。
[4] M. Bagaric and J. Allan, *The Vacuous Concept of Dignity*, Journal of Human right, 2006(5), pp257-269.

有当代学者因为意识到"尊严"一词被滥用,一再呼吁对其进行限制。[①]在海外学者南森看来,"正是因为这一概念变得如此流行,它的论证和它特定的意义变得相当模糊、隐约、含混。"[②] 当然也有学者主张,尽管康德关于"人是主体"的观点对德国基本法第1条的解释产生了很大影响,但"两千多年的哲学史,都未能就什么是尊严的问题,提供明确的、令人信服的答案。因此,对人的尊严进行清晰的界定,是不可能的"[③]。现实在于,即使局限在"权利"范围内,"尊严"概念的司法解释,在不同国家和地区,也存在不同的理解。

另一方面,伴随着高科技的飞速发展与价值的多元化,社会却亟待对"尊严"一词有一个相对清晰的界定。因为"尊严"一词一直以来总被反复援引,目的就是对抗"人的被异化和被解构",而且总是高频率地出现在人们的视野之中。因此,便有不少学者主张"尊严"一词是可以被界定的。在他们看来,"尊严"或许是一个成问题的概念,但是对我们的道德和法律词汇而言,又确确实实是一个重大而有意义的词。[④] 因此,我们必须认真对待!或者说,尽管"尊严"一词的确切含义说不清道不明,但伴随国际人权法的发展和宪治、法治的进步,至少在法学界,这一问题是有答案的。认为对"尊严"的界定,应当采取"相当兼收并蓄"的态度,并需要"人在其自我反思和自我评价的哲学和历史进程中进行了的不同类型的论证和陈述"[⑤]。事实上,古今中外的思想家对

---

① John Witte J.R, *Between Sanctity and Depravity:Human Dignity in Protestant Perspective*,In:Robert P. Kraynak and Glenn Tinder, In Defense of Human Dignity:essays for our times, Notre Dame:University of Notre Dame, 2003, p121.
② Nathan Rotenstreich, *Man and His Dignity*, Jerusalem:Magnes Press, 1983, p9.
③ 谢立斌:《中德比较宪法视野下的人格尊严》,《政法论坛》2010年第7期。
④ Stephen Riley, *Human Dignity:Comparative and Con—ceptual debates*, International Journal of Law in Con—text, Vol.6, Issue 02, June 2010, pp117–138.
⑤ Nathan Rotenstreich, *Man and His Dignity*, Jerusalem:Magnes Press, 1983, p9.

"尊严"一词的界定从来就没有停止过,一直在孜孜以求。

1.国外学者对"尊严"的界定

古罗马时期就有智者从"外在的社会地位"的角度界定"尊严",认为"尊严感是一个重要因素,它不但作为在社会中自我显赫地位的表现,而且作为帝王权力的国家总体形象的反映"[1]。康德则从"人之为人"的本质和价值效应角度界定"尊严",认为"一个有价值的东西能被其他东西所替代,这是等价;与此相反,超越于一切价值之上,没有等价物可替代,才是尊严"[2]。并在《道德形而上学的奠基》中指出:"构成某物唯有在其下才能是目的自身的那个条件的东西,则不仅具有一种相对的价值,亦即一种价格,而且具有一种内在的价值,亦即尊严。"[3] 而且,"规定一切价值的立法本身必须具有一种尊严,亦即无条件的、无与伦比的价值。"[4] 德国学者蒂德曼则从"尊严"与人权的关系角度进行界定,认为"人的尊严是人权的源泉"。日本学者真田芳宪认为,"人的尊严"正是人类应实现的目的,人权只不过是为了实现、保护人的尊严而想出来的一个手段而已。[5] 同时,有学者认为,人的尊严是奠定在人的权利基础上的,即从权利角度界定"尊严"。而瑞士学者沙伯尔明确指出:"人的尊严是一项权利,即不被侮辱。"[6] 学者丹尼尔·苏尔麦斯也坦言,尊严不是或者尊重自主,或者尊重公平,而是这两个概念的基础。即尊严是"为什么应该尊重自主"和"为什么应该公平待人"等问题的答案。[7] 用一句话来说,"尊严是权利的基础,而不是权利

---

[1] 龙晟:《人性尊严法律概念之历史》,《法治论丛》2008年第4期。
[2] [德]康德著,苗力田译:《道德形而上学原理》,上海人民出版社1986年版,第87页。
[3] [德]康德:《康德著作全集》(第4卷),中国人民大学出版社2005年版,第443页。
[4] 同上,第444页。
[5] [日]真田芳宪著,鲍荣震译:《人的尊严与人权》,《外国法译评》1993年第2期。
[6] 甘绍平:《人权伦理学》,中国发展出版社2009年版,第2页。
[7] 程新宇:《关于人的尊严之争论现状及其原因》,《华中科技大学学报》2015年第6期。

的同义词。"[1]

与此同时，近代法国思想家帕斯卡尔则从思想属性对"尊严"进行了界定，认为人的全部尊严就在于"思想"。[2]弗里德利希·席勒从人的精神属性界定"尊严"，认为"通过道德力量统治本能，是精神的自由，而精神自由在现象中的表现就叫作尊严"[3]。弗洛伊德也从"阶层"视域界定"尊严"，认为尊严是指"公认的已经确立的社会等级制度中的一个阶层，例如，国王的尊严、贵族的尊严或者主教的尊严"，"只是个人较高社会地位的一种功能或标志"[4]。当代西班牙著名哲学家费尔南多·萨瓦特尔在其《哲学的邀请——人生的追问》一书中，则试图从人与人的关系属性和权利视角界定"尊严"，认为"人的尊严就是人与人之间的相互承认，而人权或人的根本权利就是人的'尊严'最详尽的宣告"[5]。英国学者杰克·唐纳利还尝试从人的内在本质与社会关系视角界定"尊严"，认为"人的尊严的观念表达了对于人的内在（道德）本质和价值以及他或她与社会的正确（政治）关系的特殊理解"[6]。苏联学者施什金则从个人价值角度界定"尊严"，认为人的尊严，若就这个概念的最一般的意义而言，正是意味着个人本身（即不论他的地位、职业、民族、肤色等）的价值。任何个人都与其他个人是平等的，任何个人都不

---

[1] Daniel P. Sulmasy, *Human Dignity and Human Worth*, in: J. Malpas and N. Lickiss(eds.) Perspec—tive on Human Dignity: A Conversion, 2007, pp9-18.
[2] [法]帕斯卡尔著，何兆武译：《思想录》，商务印书馆1985年版，第157-158页。
[3] [德]弗里德利希·席勒著，张玉能译：《秀美与尊严》，文化艺术出版社1996年版，第142页。
[4] [奥]西格蒙德·弗洛伊德著，何桂全等译：《论文明》，国际文化出版社2000年版，第4页。
[5] [西]萨瓦特尔著，林经纬译：《哲学的邀请——人生的追问》，北京大学出版社2007年版，第155页。
[6] [英]杰克·唐纳利著，王浦劬等译：《普遍人权的理论与实践》，中国社会科学出版社2001年版，第72页。

能在对其他个人的关系上享有特权。①学者奇希克瓦泽则从价值评价角度界定"尊严",认为尊严是对人的价值的主客观评价的结合,主观方面是人的自我评价,客观方面是个人的社会评价和社会承认。②马克思主义者则从价值效应角度对"尊严"进行了界定,认为"尊严就是最能使人高尚起来、使他的活动和他的一切努力具有崇高品质的东西,就是使他无可非议、受到众人钦佩并高出于众人之上的东西"③。国外也有学者认为"尊严"的本质在于:"每个人都会同意的是人的尊严是核心性的,而不是它为何或如何是核心性的。"④因为"每个人都同意"是"人之为人"的前提,是成为主体的前提,即主体必须具有"趋利避害和自主选择"的能力。也就是说,"每个人都同意"是人之主体性能否成立的前提,即唯有人之主体性的自由展示与绽放,人的尊严才可能被真正重视和尊重,并被有效地保护和捍卫。

2. 国内学者对"尊严"的界定

国内虽然也是人言人殊,但大多数学者还是认为"尊严"是可界定的。著名民法学家梁慧星教授就将尊严与人权连接起来进行界定,认为"尊严"是指"公民作为一个'人'所应有的最起码的社会地位并应受到社会和他人的最起码的尊重"⑤。民法学教授王利明则从价值评价角度界定"尊严",认为"尊严"是"公民基于自己所处的社会环境、地位、声望、工作环境、家庭关系等各种客观条件而对自己的社会价值的自我认

---

① [苏]施什金:《共产主义和人道主义》,载沈恒炎、燕宏远主编:《国外学者论人和人道主义》(第二辑),社会科学文献出版社1991年版,第415-416页。
② [苏]B·奇希克瓦泽、E·卢卡绍娃著,范习新译:《社会主义人权概念》,社会科学文献出版社1991年版,第57页。
③《马克思恩格斯全集》(第40卷),人民出版社1982年版,第6页。
④ Chr.Mc Crudden, *Human Dignity and Judicial Interpretation of Human Rights*, p678.
⑤ 梁慧星:《中国人身权制度》,《中国法学》1989年第5期。

识和评价"①。学者夏勇还从"终极权威"视角界定"尊严",认为"广义的人的尊严与价值是指与终极权威相通的平等人格以及自利、自主、自由本身的尊严"②。学者陈刚则尝试从"个人需求"以及"对动物式盲目生活的超越"角度界定"尊严",认为"尊严是个人的本质属性和基本需求",即"人的尊严在于对动物式盲目生活的超越,在于能自觉地追求真善美,追求自由,创造价值,树立主体意识,确立人格思想"③。学者李累则试图从宪法视域对"尊严"进行界定,认为"人的尊严"是宪法的最高价值,认为在"国家—人"的关系上,人是目的:每一个人被善待,其内在价值受尊重;人人享有自我实现的权利。④学者韩跃红、孙书行则是从人的"身份或地位"角度界定"尊严",认为"人的尊严就是指人的尊贵和庄严,指人具有一种高于物和其他生命形式的,且令他人敬畏、独立而不可侵犯的身份或地位"⑤。学者甘绍平则从权利的本质属性出发对"尊严"进行界定,认为"尊严从本质上讲就是不受侮辱的权利"⑥。

坦率地说,为了求索"尊严"的内涵与本质,历代思想家披荆斩棘,做了异常艰辛的探索与努力,从不同角度逐渐接近了"尊严"概念的内核。一个共识是,不论各自对"尊严"界定的角度、视域、出发点等有何不同,其共同指向却与人的存在、价值等权利相关。道理正如生存主义思想家保罗·蒂里希所言,因为"人最终关切的,是自己的存在及意义,'存在,还是不存在'这个问题,在这个意义上是一个终极的、无条件的、整体和无限的关切的问题"。康德则一再强调:"尊严

---

① 王利明:《改革开放中的民法疑难问题》,吉林人民出版社1992年版,第65页。
② 夏勇:《人权概念起源》,中国政法大学出版社1992年版,第105页。
③ 陈刚:《人的哲学》,南京大学出版社1992年版,第179页。
④ 李累:《宪法上人的尊严》,《中山大学学报(社会科学版)》2002年第6期。
⑤ 韩跃红、孙书行:《人的尊严和生命的尊严释义》,《哲学研究》2006年第3期。
⑥ 甘绍平:《作为一项权利的人的尊严》,《哲学研究》2008年第6期。

就是权利被尊重。"①就"尊严"的汉语词义而言，无疑也与这一界定大致吻合。因为"尊"字作动词时有敬重、推崇、重视等义；作形容词时有尊贵的、高贵的等义。"严"字作形容词时具有严厉的、严肃的等义；作动词时具有畏惧、忌惮、远望等义。二字连用之"尊严"，则具有庄重肃穆、尊贵威严，崇高庄严，含有尊贵的地位或身份，不容侵犯的地位、身份或权利等义。因此，笔者曾经认为，所谓尊严，是指"人的权利被尊重，是指每个人的权利被尊重，也就是每个国民的权利被尊重。事实上，人的尊严、权利与国民的尊严、权利，其概念虽有差异，但基本可以通用"②。但现在看来，笔者的这一界定也存在不周延的地方。因为没有将权利的享有与实现，和义务的履行与担当结合起来理解"尊严"的内涵。深究是因为，一方面尊严有"权利与义务的逻辑相关性"；另一方面尊严也有"权利与义务的道德相关性"③。具体来说，狭义的权利（法定）是指权力保障下的利益索取或要求，义务（法定）是指权力保障下的利益奉献和给予。而且对人而言，最重要的尊严是"人的尊严"，既是指"法定权利"享有之尊严，也包含法定义务履行之尊严。逻辑上，如果脱离法定义务的履行和担当而界定法定权利之尊严，或者脱离法定权利享有之尊严而界定法定义务之"尊严"，都无助于对"尊严"内涵的全面科学理解。而"德定权利"范畴之"尊严"亦然，需要二者的互动与联动，即从权利与义务统一体的属性去理解和界定"尊严"。

进而言之，尊严既具有"权利与义务的逻辑相关性"，因为权利与义务二者具有相辅相成的关系，有权利必有义务，有义务必有权利；也具有"权利与义务的道德相关性"，因为存在一个主体自我与客体自

---

① [德]康德著，苗力田译：《道德形而上学原理》，上海人民出版社1986年版，第87页。
② 姚轩鸽：《论财税体制与国民尊严的关系及其启示》，《道德与文明》2014年第3期。
③ 王海明：《新伦理学》（中），商务印书馆2008年版，第809页。

我之间的德定、法定权利与义务的问题，即主体自我与客体自我之间的"德定"权利与义务交换公正与否的"尊严"问题。逻辑上，脱离权利和义务任何一方而界定"尊严"，特别是无视权利与义务交换的平等性去界定"尊严"的内涵，都是不完备、不完满、不周延、缺乏科学性的。因此，狭义的"尊严"，是指人的法定权利与义务实现了平等交换，满足了主体需要、欲望、目的与兴趣等衍生物之后，主体所获得的尊贵、庄严的愉悦型心理体验。而狭义"尊严"之实现，无疑有赖于权力的合法性及其权力运行过程中监督与制衡的"闭环性"及其有效性。逻辑上，如果权力合法性欠缺，权力运行过程缺乏制度性有效监督与制衡，人之法定"尊严"便无从实现。因为权力合法性及其监督的有效性，是保证权利与义务交换平等与否的充要前提。而权力合法性，正如迪韦尔热所言，来源于本集体的成员或至少是多数成员的承认。[①]因此，就本质而言，狭义的"尊严"是指行为主体——人在权力（也就是暴力强制与行政强制力量）保障下之利益索取与付出之平等交换，且满足了主体需要、欲望、目的与兴趣等衍生物之后，所获得的尊贵、庄严的愉悦型心理体验。广义"尊严"的内涵意味着，主体——人在舆论和教育两种非权力强制力量保障下之利益索取与付出之平等交换，且满足了主体需要、欲望、目的与兴趣等衍生物之后，所获得的尊贵、庄严的愉悦型心理体验。同样，如果非权力力量缺乏被管理者——国民的认可和同意以及有效监督的话，便无法保障主体——人能获得尊贵、庄严的愉悦型心理体验，活得有尊严。

因此，笔者认为，全面科学的"尊严"内涵，一是既应包含人的法定尊严，也应包括人的"德定"尊严。即尊严是指在权力（暴力强制与行政强制力量）和非权力（舆论与教育力量）保障下之利益索取与付出

[①] [法]莫里斯·迪韦尔热著，杨祖功译：《政治社会学》，华夏出版社1987年版，第117页。

的平等交换,且满足了主体需要、欲望、目的与兴趣等衍生物之后所获得的尊贵、庄严的愉悦型心理体验。二是尊严是权利与义务的统一体,具体表现为法定和"德定"权利与义务的统一体。三是尊严也是主观权利与客观权利的统一体。因此,如果缺少其中任何一方——法定和"德定"的,主观的和客观的,都不可能全面准确地认识和把握"尊严"之内涵与本质。

由此观之,目前学界关于"尊严"内涵的界定,或存在如下主要缺憾:

第一,忽视了"尊严"是权利与义务统一体的本质属性,仅就"权利"的享有探讨"尊严"的内涵,比如康德以及国内诸多学者大多如此。

第二,忽视了尊严的法定与"德定"统一体之属性,多以法定尊严为核心,忽视尊严的"德定"内涵;或者以"德定"尊严为主,忽视尊严的法定内涵。集中表现为对尊严内涵的把握既缺乏全面性,更缺乏科学性。

第三,忽视了"尊严"是自我权利与义务统一体的属性,仅仅从自我与他人与社会的关系属性去探讨"尊严"的内涵。因此,缺乏从主体资格角度认知和把握"尊严"内涵的自觉。

第四,忽视了"尊严"是基本权利(人权)与非基本权利统一体的属性,多从人权(人的基本权利)角度界定"尊严",忽视人的非基本权利层次上"尊严"的内涵。

第五,既忽视了"尊严"实现的充要条件——权力合法性及其运行过程中监督的有效性问题,也忽视了尊严实现的重要条件——非权力力量(舆论和教育)的合法性及其运行过程中监督的有效性问题,结果仅仅满足于对"尊严"内涵的浅表性与枝节性认知与把握。

第六,集体性忽视了"尊严"是主体需要、欲望、目的与兴趣等衍生物满足之后所获得的尊贵、庄严的愉悦型心理体验这一根本属性。也就是说,显然忽视了尊严主体性感受内涵这一核心的要素。

(三)"纳税人尊严"的内涵与本质

弄清了"纳税人"和"尊严"的内涵,逻辑上,"纳税人尊严"的内涵便呼之欲出。遗憾的是,关于"纳税人尊严"问题的研究,据笔者在中国知网的检索,目前只有汤礼春先生的一篇旅美税收随笔《纳税人的尊严》,而且文章仅仅局限于"纳税人有了真正的尊严,才能更加促进社会的纳税意识广泛提高,才能促进社会各方面建设的发展,这些,对我们每个公民来说都是有益的"的表述,同时仅仅简单认为,"纳税人是一种尊严,是一种地位"①。截至目前,我国并未对"纳税人尊严"的内涵形成基本共识,而且对其并未表现出足够的重视。尽管就"纳税人尊严"涉及的内容——纳税人权利与义务而言,也有不少学者进行研究,特别是对纳税人权利保护问题的关注与重视,应该说,多年来已经有不少研究者呕心沥血,贡献了不少精品成果,与此同时,媒体也一直在关注纳税人权利保障这一重要税收治理的现代化问题,但"纳税人尊严"与"纳税人权利"终究是两个完全不同的概念,在现代税收治理体系中具有不同的权重与指涉,亟待厘清和区别对待。

如前所述,"纳税人"是指纳税人权利与义务的统一体。而且,唯有在能够按照纳税者自己税收意志管理的税制下,纳税者才可能成为真正意义上的"纳税人"。而使一个国家和社会的最多纳税者成为"纳税人"的前提是其税权的合法性程度高。就是说,"'尊严'既包含法定尊严,也包括'德定'尊严,是在权力(暴力强制与行政强制力量)和非权力(舆论与教育力量)保障下之利益索取与付出之平等交换,且满足了主体需要、欲望、目的与兴趣等衍生物之后所获得尊贵、庄严的愉悦型心理体验。"因此,"纳税人尊严"便是指作为权利与义务统一体的纳

---

① 汤礼春:《纳税人的尊严》,《税收征纳》2012年第6期。

税人，在税权（主要是指暴力强制与行政强制力量）和非税收权力（主要是指舆论与教育力量）保障下之涉税利益索取与付出之平等交换，且满足了纳税人涉税需要、欲望、目的与兴趣等衍生物之后所获得之尊贵、庄严的愉悦型心理体验。

全面科学的"纳税人尊严"的内涵，至少应包含如下要义。

第一，"纳税人尊严"是指纳税人权利与义务平等交换的统一体，既是指征、纳税人之间权利与义务平等交换的统一体，也是指征、纳税人各自之间权利与义务平等交换的统一体，即征、纳税人主体自我与客体自我之间权利与义务平等交换的统一体。如果没有上述税收主体之间权利与义务的平等交换，"纳税人尊严"便无从谈起，特别是征、纳税人之间权利与义务的平等交换更是如此。可见"纳税人尊严"之基石，乃在于税收主体权利与义务的公正平等交换，特别是征、纳税人之间权利与义务的公正平等交换。

第二，税权合法性及其监督的有效性，乃是税收主体尊严享有和实现之前提或充要条件。一方面是因为，税权合法性及其监督的有效性，决定纳税人之间权利与义务交换的平等性与公正性，同时也决定征税人之间权利与义务交换之平等性与公正性；另一方面是因为，税权是否具有合法性及其监督是否有效，决定纳税人在税收治理体系中权利主体地位的多寡及其稳固与否，决定纳税人涉税需要、欲望、目的与兴趣等衍生物的满足与否，也决定纳税人尊贵、庄严的愉悦型心理体验的强弱、大小与久暂等，当然也决定征税人涉税需要、欲望、目的与兴趣等衍生物的满足与否，决定征税人尊贵、庄严等愉悦型心理体验的强弱、大小与久暂等。必须说明的是，税权合法性及其监督的有效性，是受制于国家最高权力的合法性及其监督之有效性的，即受制于一个国家实行的是哪种政体。

第三，"纳税人尊严"有狭义与广义之别。狭义的"纳税人尊严"特指纳税人的"法定尊严",是指纳税人在合法税权保障下之利益索取与付出的平等交换,以及涉税需要、欲望、目的与兴趣等衍生物满足后,主体获得的尊贵、庄严等愉悦型心理体验。广义"纳税人尊严"是指纳税人的"德定尊严",即纳税人在舆论和教育两种税收非权力保障下之利益索取与付出的平等交换,以及纳税人涉税需要、欲望、目的与兴趣等衍生物满足后,获得的尊贵、庄严等愉悦型心理体验。

第四,"纳税人尊严"既直接依赖于当前税制之优劣,也间接受制于一个国家的政体选择。因为税制是指在税权保障下之征、纳税人之间权利与义务交换的规范体系,主要是由一对根本权利与义务交换规范体系(征、纳税人之间权利与义务交换规范体系)和两组基本权利与义务交换规范体系(征税人之间权利与义务交换规范体系、纳税人之间权利与义务交换规范体系)构成。税权的合法性及其监督制衡的有效性,乃是保证征、纳税人之间权利与义务交换公正平等的充要条件。而税权的合法性及其监督制衡的有效性,根本说来取决于一个社会选择的是哪种政体。即在民主制度下税权保障的征、纳税人权利与义务交换,其公正平等性相对较大,纳税人涉税需要、欲望、目的与兴趣等衍生物相对容易满足,既能"取之于民,用之于民",更能最大限度地"用之于民之所需",最终有助于纳税人主体激发、催生、感受到尊贵、庄严等愉悦型心理体验——尊严。相反,专制、寡头制政体下税权保障的征、纳税人权利与义务交换,其公正平等性相对较小,无助于纳税人主体激发、催生、感受到尊贵、庄严等愉悦型心理体验。

第五,"纳税人尊严"的主体是纳税人,不能忽视纳税人之尊贵、庄严等愉悦型心理体验。由于"纳税人尊严"是征纳税行为事实之客体属性与主体需要、欲望、目的与兴趣等衍生物之主观属性相互联动的统一体,纳税人涉税需要、欲望、目的与兴趣等衍生物具有层次性,"纳税人尊严"也具有层次性。事实上,"纳税人尊严"起码具有最低、基本与高级之层次性。

二、纳税人尊严之结构分析

如果把一个事物作为整体分解为若干部分，被划分的事物与所分成的事物之间是整体与部分的关系。而作为一个事物类型的各个具体事物则不然，每个都具有该事物的属性，缺少任何一个，并不影响该事物之为该事物。[1] 因此，结合上述我们对"纳税人尊严"内涵之界定，纳税人尊严结构便有规范之表层结构、内容与形式之基本结构、完整结构与深层结构之分。

（一）表层结构

就纳税人尊严规范之表层结构而言，纳税人尊严是由纳税人主体资格、涉税需要、欲望、目的与兴趣等衍生物，涉税利益客体（公共产品），以及纳税人涉税权利和义务分配规范这"四部分"构成。就其"结构"内涵而言，如果缺少其中任何一部分，纳税人尊严便是残缺不全的，便不成为纳税人尊严。就是说，如果纳税人主体资格不成立或缺位，比如不具备"趋利避害或自主选择"的能力，纳税人尊严便无从谈起；同样，如果纳税人缺少涉税需要、欲望、目的与兴趣等衍生物，或者缺少涉税利益客体（公共产品），纳税人尊严同样无从谈起；自然，如果缺少公正平等的纳税人涉税权利和义务分配规范体系，纳税人尊严也无从谈起。由此可进一步发现，以往关于"纳税人尊严"界定的缺憾，主要是对"纳税人尊严"结构的理解不全面，仅仅将"纳税人尊严"的一个方面作为其全体进行观察和分析，因此容易以偏概全。如果对"纳税人尊严"的理论认知存在缺陷，必然会带来"纳税人尊严"实践上的走偏。

---

[1] 王海明：《伦理学方法》，商务印书馆2003年版，第33-34页。

（二）基本结构

就纳税人尊严之基本结构"内容与形式"而言，"纳税人尊严内容"是指"纳税人在履行缴纳税款义务过程或之后，特别是在平等交换到高性价比公共产品与服务，且满足了其涉税需要、欲望、目的与兴趣等衍生物"；"纳税人尊严形式"是指纳税人能获得"尊贵、庄严等愉悦型心理体验"。而且，纳税人尊严之内容与形式，既可能一致和统一，也可能不一致和冲突，主要表现为三种：内容大于形式、内容小于形式与内容等于形式。

首先，纳税人尊严"内容大于形式"意味着，纳税人在履行缴纳税款义务过程或之后，特别是在平等交换到高性价比公共产品与服务之后，涉税需要、欲望、目的与兴趣等衍生物已经满足，但纳税人并没有感受获得"尊贵、庄严等愉悦心理体验"。具体原因在于，对纳税人尊严的认知水平不高，或者情感感受力不足。但无疑，这属于特例。

其次，纳税人尊严"内容小于形式"意味着，纳税人在履行缴纳税款义务过程或之后，因为不平等交换的公共产品（主要是征税人权利大于纳税人义务、征税人权利大于自己的义务），其涉税需要、欲望、目的与兴趣等衍生物并没有得到完全满足，但纳税人却被认为获得了"尊贵、庄严的愉悦心理体验"，即感受到了虚幻的"纳税人尊严"。在这种情形下，就形式或者社会舆论而言，以为纳税人获得了"尊贵、庄严的愉悦心理体验"，但就实质而言，纳税人涉税需要、欲望、目的与兴趣等衍生物并没有得到满足，并未真正感受到实质性的"尊贵、庄严的愉悦心理体验"。

最后，纳税人尊严"内容等于形式"意味着，一方面，纳税人在履行缴纳税款义务过程或之后，涉税需要、欲望、目的与兴趣等衍生物得到满足；另一方面，纳税人也真正感受到了相应的"尊贵、庄严的愉悦心理体验"。无疑，纳税人尊严"内容等于形式"属于理想形态，即在现实中，这种状态并不真正存在，只是一个努力的目标与方向而已。因为一方面，满足本身就是一个充满主观性的东西，每个纳税人的感受不可能完全相同；另一方面，就满足涉税需要、欲望、目的与兴趣等衍生物之对象——公共产品和服务而言，也不可能达到理想层次，其具有相对性、特殊性等特点。

（三）完整结构

由于纳税人尊严的实质或内容属于税收价值范畴，即纳税人尊严是权利与义务规范制定的内在根据，是征纳税行为客体固有属性与税收终极目的发生关系时产生的效用——价值，因此，纳税人尊严价值判断便成为纳税人尊严价值的思想形式。这意味着，如果纳税人尊严价值判断与税收价值，即"征纳两利"价值一致，便可能制定优良的纳税人尊严规范和标准；反之，如果纳税人尊严价值判断与税收价值，即"征纳两利"价值不一致，则可能制定低劣的纳税人尊严规范和标准。因此，纳税人尊严完整结构意味着，它是由"征纳两利"价值、纳税人尊严价值判断与纳税人尊严规范和标准三者构成，且缺一不可。事实上，一个社会纳税人尊严总体水平如何，关键要看评价纳税人尊严的标准体系是否优良。如果评价纳税人尊严的标准体系符合"征纳两利"价值，以此获得的纳税人尊严评估结果便是可信的，纳税人尊严的内容与形式便一致，纳税人在履行缴纳税款义务过程或之后，特别是在完成平等权利与义务交换之后，其涉税需要、欲望、目的与兴趣等衍生物便会得到相对满足，容易获得尊贵、庄严的愉悦心理体验，内容与形式一致；相反，如果内容与形式不一致，更多时候就会表现为"形式大于内容"，即纳税人无法全面、真正感受到"尊贵、庄严的愉悦心理体验"，最多不过满足虚幻的"尊贵、庄严的愉悦心理体验"而已。

（四）深层结构

由于价值是由客体固有属性与主体目的二者构成，税收价值是由

"征、纳税行为客体固有属性"与"税收终极目的"二者构成,是征、纳税行为客体固有属性与税收终极目的二者发生关系时产生的效用。因此,纳税人尊严之深层结构便意味着,它是由"征纳税行为客体固有属性、税收终极目的、税收价值、税收价值判断以及纳税人尊严规范"五者构成,且缺一不可。或者说,是由"纳税人尊严行为事实如何之客体固有属性、纳税人尊严体系构建之终极目的、纳税人尊严价值、纳税人尊严价值判断以及纳税人尊严规范"五种要素构成。逻辑上,优良纳税人尊严评价标准,便必须经过对纳税人尊严行为客体固有属性的科学认知,对纳税人尊严构建之终极目的的科学认知,再经由对"纳税人尊严价值、价值判断"的正确认知,方能推导制定出。因此,唯有在对纳税人尊严行为,也就是征、纳税行为客体固有属性和税收创建之终极目的的认知"全真"的情况下,同时在纳税人尊严价值判断正确的前提下,方可获得并制定出优良的纳税人尊严评价标准。

纳税人尊严水平的总体优化和提升,是一个系统性工程,既需要理论的创新与突破,也需要实践的运筹与策略,绝非一蹴而就、唾手可得、手到擒来之事。既在于我们能对纳税人尊严的内涵与本质有科学的认知,也在于我们对纳税人尊严权利与义务分配规范体系及其评价标准的实质性优化,但根本则在于我们对税权的优化,即在于我们对税权合法性的提升及其监督有效性的强化。具体来说,我们必须经过对纳税人尊严行为客体固有属性的科学认知,并从对纳税人尊严终极目的之科学认知,获得丰裕的纳税人尊严价值,再经由正确的"纳税人价值判断",方能推导制定出科学优良之纳税人尊严规范体系,从而使纳税人真切获得"尊贵、庄严的愉悦型心理体验"。

三、纳税人尊严之类型分析

与纳税人尊严结构不同,纳税人尊严类型是对纳税人尊严的一种外部划分，意味着作为纳税人尊严类型的各个具体纳税人尊严，每一个都具有该纳税人尊严的类型属性，缺少任何一个并不影响该纳税人尊严成为该"纳税人尊严"。

（一）纳税人尊严可根据不同标准进行划分

理论上，由于类型是对事物的一种外部分类，划分标准不同，纳税人尊严类型便不同，即有多少种划分标准，便有多少种纳税人尊严的类型。如果以负税人作为分类标准，便有直接税纳税人尊严与间接税纳税人尊严；以纳税人作为分类标准，就有自然人纳税人尊严与法人纳税人尊严，也有中央级纳税人尊严与地方纳税人尊严；如果根据纳税人的所有制性质进行划分，则有民营企业纳税人尊严与国有企业纳税人尊严（严格说来，按照纳税人的定义，国有企业纳税人并不存在尊严问题。——笔者注）；如果按照中国目前的税种分类，便有"商品和劳务税、所得税、资源税、财产和行为税、特定目的税"五大类纳税人尊严；如果以区域为标准划分，便有东部、西部与中部纳税人尊严；如果以国别划分，即有中国纳税人尊严与外国纳税人尊严。

事实上，确实有多少个划分标准，便会有多少种纳税人尊严的类型。比如美国学者 Oliver Sensen 将尊严按照时间标准分为古代范式、传统范式和当代范式。[①]借此标准，纳税人尊严便可分为古代纳税人尊严、传统纳税人尊严与当代纳税人尊严。当然，亦可将其分为纳税人秩序性尊严与纳税人普遍性尊严。[②]按照丹尼尔·苏尔麦斯的尊严分类，便有纳税人被赋予的尊严、内在的尊严与派生的尊严制类型。[③]按照伦纳

[①] Oliver Sensen, *Kant's Conception of Human Dignity*, Kant—Studien, 2009(3), pp309-311.
[②] 韩德强：《人的秩序性尊严之构成——论尊严形态在不平等社会关系中的现实性》，《文史哲》2008年第3期。
[③] Daniel P.Sulmasy, *Human Dignity and Human Worth*, in : J.Malpas and N.Lickiss(eds.) Perspec—tive on Human Dignity : A Conversion, 2007, pp9-18.

特·努登费尔特（Lennart Nordenfelt）的标准，可分为纳税人价值的尊严、道德的尊严、身份的尊严与普遍的人类尊严等四类。[①] 按照多伦·舒尔岑纳的标准，纳税人尊严还可分为浓厚与稀薄两类。[②] 当然，也可以按照阶级的标准，对纳税人尊严进行分类。[③] 或者按照社会形态之不同，将纳税人尊严划分为原始社会、奴隶社会、封建社会、资本主义社会、社会主义社会、共产主义社会的尊严，等等。

当然，还可根据纳税人尊严的界定，将其分为内容纳税人尊严与形式纳税人尊严；根据满足纳税人尊严的对象——公共产品之结构，将其分为物质类纳税人尊严、社会类纳税人尊严与精神类纳税人尊严；根据纳税人所满足尊严之价值大小，将其分为一般纳税人尊严与重要纳税人尊严；根据尊严的时间属性，将其分为近期纳税人尊严、中期纳税人尊严与远期纳税人尊严；根据尊严心理体验的久暂，将其分为暂时性纳税人尊严与永久性纳税人尊严；根据尊严实现的过程与结果，将其分为过程型纳税人尊严与结果型纳税人尊严；根据尊严的创造性与自我实现，将其分为创造型纳税人尊严与自我实现型纳税人尊严。

（二）具有实践意义的纳税人尊严类型分析

毋庸置疑，上述关于纳税人尊严的分类，都不同程度地有助于对纳税人尊严问题认知的深化，但是对深化纳税人尊严认知真正具有价值的分类，无疑始终贯穿于对尊严普遍性与特殊性、绝对性与相对性、客观性与主观性等基本性质的分析。

1. 如果以尊严的普遍性与特殊性作为分类标准，便有纳税人普遍性尊严与特殊性尊严。固然，不同国家、不同社会、不同时代都有不同

[①] Lennart Nordenfelt, *The Varieties of Dignity*, Health Care Analysis, Vol.12, No.2, June 2004.
[②] Michael Walzer, Thick and Thin: Moral Argument at Home and Abroad, Notre Dame: University of NotreDame Press, 1994, p2.
[③]《马克思恩格斯选集》(第3卷)，人民出版社1995年版，第448页。

的纳税人尊严及其评价标准,但这仅仅说明纳税人尊严具有多样性与特殊性,并不可据此否认纳税人尊严的普遍性。而纳税人尊严之所以具有特殊性与普遍性之别,是因为纳税人尊严之价值具有特殊性与普遍性。纳税人尊严之普遍价值,是指一切社会共同的纳税人尊严价值,是一切社会的纳税人尊严价值。因此,凡是与这种普遍尊严价值相符的尊严评价标准,便是普遍纳税人尊严,是纳税人普遍的尊严。而所谓特殊的纳税人尊严价值,则是指一定社会所特有的纳税人尊严价值及其评价标准。因此,凡是与这种尊严价值相符的纳税人尊严,便属于特殊纳税人尊严。

但问题在于,纳税人尊严的普遍性与特殊性之分类是相对的,而且十分抽象和不确定,且仅仅具有理论研究价值。而具有实践价值之纳税人尊严分类,则具有纳税人共同尊严与特定尊严之别。或者说,具有实践价值之纳税人尊严分类,是指共同纳税人尊严与特定纳税人尊严。所谓纳税人共同尊严或者共同纳税人尊严,是指任何纳税人都认同和应该遵守的尊严标准,是适用于人类一切社会、一切纳税人的尊严,是一切社会、一切纳税人都应该认同和遵守的尊严标准。而纳税人特定尊严,或者特定纳税人尊严是指人类社会不同之尊严,是一些纳税人应该认可和遵守,另一些纳税人可以不认可或不遵守之尊严,是仅仅适用于一定社会之纳税人尊严及其标准。

2. 如果以尊严的绝对性与相对性作为分类标准,便有绝对性纳税人尊严或者纳税人绝对性尊严,以及相对性纳税人尊严或者纳税人相对性尊严。绝对性纳税人尊严或者纳税人绝对性尊严,无疑具有终极性与唯一性,而且是一个共同尊严,它与其他纳税人共同尊严的区别仅在于,其他纳税人共同尊严仅仅是一切社会、一切纳税人认同和应该遵守之尊严,却不是一切纳税人的一切涉税利害行为都应该认可和遵守之尊严。因为从纳税人尊严终极原则之绝对性看,纳税人绝对性尊严应是一切社会、一切纳税人的一切涉税利害行为都应该认可和遵守的尊严。也就是一切纳税人在任何条件下都应该认可和遵守的尊严，是在任何条件下都没有例外，而且绝对应该认可和遵守的尊严及其标准。相反，其他纳税人共同尊严，则是一切纳税人的一些涉税利害行为应该认可和遵守，但另一些涉税利害行为可以不认可和遵守的尊严，也就是一切纳税人在一定条件下应该认可和遵守的尊严，是纳税人相对性尊严，自然是在与其他纳税人尊严发生冲突时，可能被推翻和取代之纳税人尊严。而纳税人绝对性尊严，无疑有助于增进全社会和每个纳税人的福祉总量（包括尊严），有助于全社会和每个纳税人在履行完纳税义务之后，满足其涉税需要、欲望、目的与兴趣等衍生物，并能获得"尊贵、庄严的愉悦型心理体验"。

3. 如果以尊严的客观性与主观性作为分类标准，便有客观性纳税人尊严及其标准或者纳税人客观性尊严，与主观性纳税人尊严及其标准或者纳税人主观性尊严。毋庸置疑，纳税人尊严标准是一种国民与国家之间的征纳契约、约定和协议，是以每一个纳税人的意志为转移的，是主观任意、可以自由选择的。以纳税人共同尊严为例，是指适用于一切社会、一切纳税人的尊严及其标准，是超社会、超历史、超时代的，其变化与社会的发展变化无关，也不会因社会的不同而不同、变化而变化。或者说，人们对于一切社会、一切纳税人的涉税利害行为尊严之价值判断，是发展变化的。即纳税人共同尊严是受其影响的。因为人们制定任何尊严标准，都是在一定的尊严价值判断指导下进行的。即纳税人尊严价值判断是怎样的，在其指导下所制定的尊严标准，也就是纳税人共同尊严标准便是怎样的。如果尊严价值判断有所不同，因之所倡导和制定的纳税人共同尊严标准便会有所不同。无疑，纳税人尊严标准的分歧大小，取决于相应的纳税人尊严价值判断之简单及其复杂程度。

又比如纳税人特定尊严，是指仅仅适用于一定社会的纳税人尊严，是一定社会而非一切社会的纳税人尊严及其标准。而且,纳税人特定尊严,依其与社会发展的关系分为两种:一种纳税人特定尊严及其标准之变异,与具体社会的发展变异无关,完全取决于人们的涉税意志,是可以自由选择的、有主观任意性的;另一种纳税人特定尊严及其标准的变异,则是被该社会的具体变异决定的。纳税人特定尊严及其标准的变异原因极为广泛和复杂,这意味着,我们只能说社会的发展变异,只是一般地决定纳税人特定尊严及其标准,并不能具体地决定某一种纳税人特定尊严及其标准。一个社会究竟选择哪一种纳税人特定尊严及其标准,与具体社会的变异无关,是主观任意的,可以自由选择的。

4.如果以尊严的主客观本性为根据,还可以将其分为纳税人优良尊严及其标准与纳税人恶劣尊严及其标准。这是因为,首先,纳税人尊严及其标准的主观性,是其拥有优劣之分的前提。只有在纳税人尊严及其标准是主观、任意的条件下,才可能有优劣之分;反之,如果纳税人尊严及其标准是客观必然、不可自由选择的,便不可能具有优劣之分。其次,纳税人尊严价值的客观性是纳税人尊严可分为优良与恶劣的根据。因为人们所制定的纳税人尊严及其标准,应该与纳税人尊严价值相符。相符者便是优良的(即正确的、科学的)纳税人尊严及其标准;不符者则是恶劣的(即不正确的、不科学的)纳税人尊严及其标准。

必须指出的是,纳税人尊严及其标准,没有真假,只有对错优劣。即与纳税人尊严价值相符者,虽非真理,却是优良的纳税人尊严及其标准;与纳税人尊严价值不符者,虽非谬误,却是恶劣的纳税人尊严及其标准。就是因为,优良纳税人尊严及其标准,必定与纳税人尊严价值相符。根本说来,则是因为优良纳税人尊严必定与纳税人尊严目的和纳税人尊严之涉税行为事实客观本性相符。因为纳税人尊严价值是纳税人尊严行为事实对于纳税人尊严目的之效用。而且,纳税人尊严涉税行为事实如何之客观本性,即人性。优良纳税人尊严及其标准,必定符合人性，每一个纳税人也能够且应该遵守。相反，凡是违背人性的恶劣纳税人尊严及其标准，或者纳税人恶劣尊严标准，每个纳税人不但很难做到，也不应该遵守。就纳税人尊严之目的而言，优良纳税人尊严及其标准意味着，最终一定能够增进每个纳税人的利益或福祉总量。自然，优良纳税人尊严及其标准，必定是每个纳税人都能够且应该遵守的，是可普遍化的。不可普遍化的纳税人尊严及其标准，必定是恶劣的纳税人尊严及其标准。因为在康德看来，这是"道德的普遍符合性"，"只有行为对规律自身的普遍符合性，只有这种符合才应该充当意志的原则。这就是，除非我愿意自己的准则也变为普遍规律，我不应行动。"[1]纳税人尊严亦然。

（三）小结

纳税人尊严是主观性与客观性的统一物。就其内容而言，即指纳税人尊严价值、目的和征纳行为事实而言，它是客观的、不以人的意志为转移的。但就其形式是纳税人尊严标准、是纳税人的主观心理体验而言，则是主观的，是以人的意志为转移的。因此，纳税人尊严标准的优劣性，完全是客观的、不以人的意志为转移的。即不论纳税人的尊严意志与愿望如何，只有与纳税人尊严价值相符而且能促进其目的实现的纳税人尊严标准，才是优良的、正确的。相反，如果与纳税人尊严价值不符，便会阻碍其目的实现，注定是恶劣的、错误的纳税人尊严标准。

四、纳税人尊严之性质分析

纳税人尊严之结构与类型研究告诉我们，其性质可概括如下。

---

[1] George Sher, *Moral Philosophy：Selected Readings*, Harcourt Brace Jovanovich, Publishers New York, 1987, p155.

(一)纳税人尊严的主观性与客观性

从纳税人尊严的界定可知,唯有纳税人涉税需要、欲望、目的与兴趣等衍生物得到满足,才可能真正感受到有实质性的尊严感,即"尊贵、庄严的愉悦型心理体验"。因此,纳税人涉税需要、欲望、目的与兴趣等衍生物得到满足,无疑是纳税人尊严的客观内容;而纳税人主体之涉税需要、欲望、目的与兴趣等衍生物满足后之"尊贵、庄严的愉悦型心理体验",则是纳税人尊严的主观形式。因此,纳税人尊严既具有主观性,也具有客观性,是主观性与客观性的统一体。

1.纳税人尊严的主观性

纳税人尊严的主观性意味着,纳税人尊严是一种情感,是一种心理,或者是一种态度,属于主体意识范畴。或者说,纳税人尊严是主观的,会依照纳税人的主观感觉而转移。即一个纳税人的尊严感究竟如何,主要取决于他履行完纳税义务之后的心理是否愉悦。如果他觉得愉悦,那他作为一个纳税人就可能获得了"尊贵、庄严的愉悦型心理体验"——尊严感;相反,如果他履行完纳税义务之后并未感觉到愉悦,没有"尊贵、庄严的愉悦型心理体验"——尊严感,却获得了一种痛苦、屈辱的心理体验,便意味着他没有感觉到尊严,没有"面子"。同理,如果获得的"尊贵、庄严的愉悦型心理体验"大、强、久等,则纳税人尊严感便大、强、久等;如果获得的"尊贵、庄严的愉悦型心理体验"小、弱、短等,则纳税人尊严感便小、弱、短等。

2.纳税人尊严的客观性

就纳税人尊严的客观性而言,一个纳税人是否拥有和获得尊严,以及获得的尊严之大小、强弱与久暂等,取决于满足其涉税需要、欲望、目的与兴趣等衍生物之客观性质,比如公共产品的性价比的高低(比如数量、质量和结构等)、合意性等因素。因此,尽管一个纳税者觉得自己有尊严便有尊严,但他究竟得到了何种尊严,以及得到的尊严是大是小、是强是弱、是长久还是短暂等,是否真正获得了真实的尊严感,却并不完全受制于他对纳税人尊严的主观感觉与心理体验。比如,一个纳税者究竟获得的是低级物质层次的尊严,还是中级社会层次的尊严,或者是高级精神层次的尊严,以及得到的尊严是大是小、是强是弱、是长久还是短暂等,并不完全取决于他的主观感觉和心理体验。关键要看,一个纳税人履行了纳税义务之后,社会满足其涉税需要、欲望、目的与兴趣等衍生物之对象——公共产品的客观性质及其性价比的高低、结构的合理性、供给的可持续性等因素,即取决于这些公共产品满足其生存与发展之完满程度的客观性质如何,或者说,取决于这些公共产品满足的是纳税人何种层次,以及哪种类型的涉税需要、欲望、目的与兴趣等衍生物。具体来说,这些公共产品和服务满足的是纳税人生存类的涉税需要、欲望、目的与兴趣等衍生物之后的尊严,还是一个纳税人发展级次的涉税需要、欲望、目的与兴趣等衍生物之后的尊严,等等。

3. 纳税人尊严是主观性与客观性的统一体

纳税人尊严是主观性与客观性的统一体。必须说明的是,就纳税人尊严的主观性与客观性关系而言,纳税人尊严之主观性无疑是被动的、被决定的、次要的方面;而纳税人尊严的客观性,也就是涉税需要、欲望、目的与兴趣等衍生物之满足,以及生存与发展的完满则是主动的、具有决定意义的,是主要的方面。也就是说,纳税人尊严的客观性主导和决定了纳税人尊严的主观性。而纳税人尊严的客观性表现为政府供给和生产的公共产品之性价比高低,以及合意性大小,结构合理性,数量多寡等。质言之,政府供给和生产的公共产品之性价比高低,会主导纳税人尊严感的大小、高低、多少及其久暂。

深究是因为人的需要,包括纳税人的需要,本身就具有客观性。而需要的这种客观性,在马克思看来,它是人的一种"天然必然性"①。人的需要包括肉体需要,是伴随着劳动的出现而产生的"新的需要",可分为三个层次:物质生活需要(衣、食、住、行等)和精神生活需要(思想、文化、情感、认知、审美等),以及作为二者统一的综合需要(生存、享受、发展等)。"我们首先应当确定一切人类生存的第一个前提,也就是一切历史的第一个前提,这个前提是:人们为了能够'创造历史',必须能够生活。但是为了生活,首先就需要吃喝住穿以及其他一些东西。因此,第一个历史活动就是生产满足这些需要的资料,即生产物质生活本身。"②

(二)纳税人尊严的真实性与虚幻性

纳税人尊严既然既具有主观性,又具有客观性,是主观形式与客观内容的主客统一物,逻辑上,纳税人尊严——"尊贵、庄严的愉悦型心理体验",便既可能与其客观内容——满足涉税需要、欲望、目的与兴趣等衍生物对象——公共产品的客观性质相符合、相一致,也可能不相符、不一致。因此,纳税人尊严的主观形式与客观内容的相符问题会变得比较复杂。比如,如果一个纳税人履行了纳税义务之后,并没有完全满足其涉税需要、欲望、目的与兴趣等衍生物,甚至不知道所纳之税,政府用在哪里了、用了多少、谁用了,但他却认为自己已经获得了尊严,便属于主观形式与客观内容不一致、不相符状态,属于具有"虚幻性"的纳税人尊严。又比如,尽管一个纳税人履行了一定的纳税义务后,其涉税需要、欲望、目的与兴趣等衍生物得到部分满足,但他却自认为是完全满足,总体体验到了尊严,从理想角度看,这也属于不真实或者虚幻性的纳税人尊严。同样,尽管一个纳税人履行了一定的纳税义

---

① 《马克思恩格斯全集》(第1卷),人民出版社1995年版,第439页。
② 同上,第78—79页。

务后，其涉税需要、欲望、目的与兴趣等衍生物大、强、久，但自以为小、弱、短，也属于不真实或者虚幻性的纳税人尊严。

推而可知，真实纳税人尊严意味着，一个纳税人履行了纳税义务之后，完全满足了其涉税需要、欲望、目的与兴趣等衍生物，而且非常清楚所纳之税，政府是用在哪里了、用了多少、谁用了。显然，这属于具有真实性的尊严，即获得了"尊贵、庄严的愉悦型心理体验"，主观形式与客观内容相符合，相一致。无疑，只是获得部分满足，比如较强、较大、较长久等，也清楚所获得的"尊贵、庄严的愉悦型心理体验"较强、较大、较长久等，也属于具有真实性的尊严，主观形式与客观内容相符合，相一致。逻辑上，所谓虚幻纳税人尊严，就是指纳税人尊严之客观内容与主观形式不相符合，也就是仅仅具有主观形式，但没有相应客观内容的纳税人尊严，是仅仅具有所谓纳税人真实的"尊贵、庄严的愉悦型心理体验"，实际上其涉税需要、欲望、目的与兴趣等衍生物并未获得真实满足，没有真正感受到"尊贵、庄严的愉悦型心理体验"。严格说来，仅仅具有"尊贵、庄严的愉悦型心理体验"的纳税人尊严，属于纯粹的主观性纳税人尊严。可见，纳税人尊严之虚幻性是纯粹主观纳税人尊严的本性所在，受制于纳税人尊严的主观性。

进而言之，与虚幻的纳税人尊严不同，真实的纳税人尊严则是指客观内容与主观形式相符的纳税人尊严——既具有尊严的主观形式，又具有相应客观内容的纳税人尊严。逻辑上，纳税人尊严是由纳税人尊严之主观性与客观性共同决定的。就是说，一方面，凡是真实纳税人尊严，要么是客观纳税人尊严，要么是基于客观纳税人尊严之主观纳税人尊严。而且，凡是客观纳税人尊严，都是真实纳税人尊严。另一方面，凡是虚幻纳税人尊严，都是主观纳税人尊严。而且，凡是主观纳税人尊严，却未必是具有虚幻性的纳税人尊严。因为，如果主观纳税人尊严，具有相应的客观内容——涉税需要、欲望、目的与兴趣等衍生物得到真实满足,而基于客观纳税人尊严——纳税人涉税需要、欲望、目的与兴趣等衍生物满足并得到"尊贵、庄严之愉悦"的真实心理体验,便不属于虚幻纳税人尊严,属于真实纳税人尊严范畴。问题是,如果主观纳税人尊严,并不具有相应的客观内容,而是脱离了客观纳税人尊严,即纳税人涉税需要、欲望、目的与兴趣等衍生物只是得到虚幻性满足的心理体验,便属于虚幻的纳税人尊严。

必须指出的是,纳税人尊严的虚幻性与真实性并不意味着一个纳税人只应追求真实的纳税人尊严,或者只应追求虚幻的纳税人尊严。因为现实中每个纳税人总会在一些方面得不到真实的尊严,但在另一些方面则完全可能得到真实的尊严。因此,当一个纳税人在得不到真实尊严的时候,或者说得不到真实的"尊贵、庄严的愉悦型心理体验"的时候,似乎不应该拒绝追求虚幻的纳税人尊严。但当一个纳税人可能得到真实尊严的时候,则不应该仅仅满足于得到虚幻的纳税人尊严。这岂不是说,每个纳税人既应该追求真实尊严,也应该追求虚幻尊严?答案无疑是:当一个纳税人能够得到真实尊严的时候,就应该追求真实的尊严,但当一个纳税人无法得到真实尊严的时候,则不妨自足于虚幻的尊严。因为能得到虚幻的尊严,总比得不到任何尊严要好一些。

这是因为,不论纳税人真实的尊严还是虚幻的尊严,都既可能是应该的、好的、对的,也可能是不应该的、坏的、错的。因此,当一个纳税人能得到真实尊严时,真实尊严对其就是应该的、好的、对的,而虚幻尊严对其则是不应该的、坏的、错的。但是,当一个纳税人不能得到真实尊严的时候,虚幻尊严或对其也是应该的、好的、对的,而真实尊严对其则是不应该的、坏的、错的。因为纳税人的虚幻尊严与真实尊严,其效用性是一样的,或是同样的好,或是同样的坏;或是同样的应该,或是同样的不应该;或是同样的对或正确,或是同样的错或不正确。换句话说,因为虚幻尊严主要是纳税人涉税需要、欲望、目的与兴趣等衍生物得到虚幻满足之愉悦的心理体验；真实尊严是纳税人涉税需要、欲望、目的与兴趣等衍生物得到真实满足之愉悦的心理体验。而每个纳税人的生存与发展，显然有赖于其涉税需要、欲望、目的与兴趣等衍生物的真实满足而非虚幻满足，应该追求真实的纳税人尊严；而虚幻满足所能给予纳税人的，不过属于一种精神安慰，但唯有在真实尊严无法实现时，才具有一定的精神安慰价值。

（三）纳税人尊严的相对性与绝对性

纳税人尊严也是相对性与绝对性的统一。因为对不同的纳税人而言，其对尊严的心理体验，即对"尊贵、庄严的愉悦型心理体验"，便会因人、因时、因地而异，呈现一种相对性。或者说，不同税种、不同地域、不同时段以及不同国家等的纳税人，各自在履行了纳税义务之后，其对涉税需要、欲望、目的与兴趣等衍生物得到满足的尊严评价肯定是不同的。即每个纳税人对"尊贵、庄严的愉悦型心理体验"也是不同的，甚至大相径庭，不仅表现在形式与数量方面，同时还会表现在内容与质量方面。

就纳税人尊严的数量相对性而言，不同的纳税人或者同一个纳税人在不同时期，对涉税之"尊贵、庄严的愉悦型心理体验"从量上看是不同的，比如大小、强弱、久暂等。就纳税人尊严的质量相对性而言，则是指不同的纳税人，或者同一个纳税人，在不同发展阶段和过程，在不同区域内，各自在履行了纳税义务之后，对涉税需要、欲望、目的与兴趣等衍生物之满足，以及生存与发展之完满性的认知和感受也是不同的，自然对"尊贵、庄严的愉悦型心理体验"也会不同，甚至大相径庭。

就纳税人尊严的绝对性而言，一个纳税人的尊严不会因主体不同而不同。即纳税人尊严不以个别纳税人主体的不同为转移，对于任何纳税人主体都同样是尊严，是任何纳税人在履行了纳税义务之后，涉税需要、欲望、目的与兴趣等衍生物满足后，都能获得"尊贵、庄严的愉悦型心理体验"。比如对纳税人的尊重和礼貌，提供高性价比的公共产品与服务，公正平等地对待每一个纳税人等，无疑对任何纳税人而言，都会有助于其"尊贵、庄严的愉悦型心理体验"的满足，都会觉得有尊严。纳税人相对尊严则意味着，它是纳税人履行纳税义务之后，其特殊的涉税需要、欲望、目的、兴趣及其衍生物等满足后各自感受到的"尊贵、庄严的愉悦型心理体验"。纳税人绝对尊严意味着，它是纳税人履行纳税义务之后，其普遍的涉税需要、欲望、目的、兴趣及其衍生物等满足后之"尊贵、庄严的愉悦型心理体验"。

必须说明的是，纳税人尊严之相对性与绝对性的关系与其主观性和客观性之关系有所不同。纳税人尊严客观性决定主观性，但纳税人尊严之相对性与绝对性的关系却并非如此。特殊的相对的纳税人尊严，与普遍的绝对的纳税人尊严，二者是不可分离和独立的。而普遍的绝对的纳税人尊严及其标准，无非是一切特殊的相对的纳税人尊严之共同的、普遍的、抽象的成分。任何普遍的绝对的纳税人尊严，都完全存在于各种特殊的相对的纳税人尊严之中；同时，任何特殊的相对的纳税人尊严，都完全包含着普遍的绝对的纳税人尊严。

五、结语

总之，影响纳税人尊严的要素是多维度、多层次、动态的，既有宏观、总体的要素，比如政治、经济、道德、文化等要素；也有中观、系统的要素，比如财税体制之优劣等；还有微观、个体的要素，如外在教育要素与内在个体修养要素等。因此，纳税人尊严实现的一般途径便可分为宏观、中观、微观、个体等途径。而且，要提升中国纳税人的总体尊严水平，必须直面历史与现实的挑战，并提出科学理性的因应对策。

第二章
纳税人尊严影响要素系统分析

从"纳税人尊严"之界定看，作为权利与义务统一体之纳税人尊严，是指在税权（主要指暴力强制与行政强制力量）和非税收权力（主要指舆论与教育力量）保障下之涉税利益索取与付出平等交换，且满足了纳税人涉税需要、欲望、目的与兴趣等衍生物后所获得的"尊贵、庄严的愉悦型心理体验"。因此，影响纳税人尊严的主要因素，既有宏观制度方面的原因，也有征、纳税人之间权利与义务交换之自由、公正与否方面的原因，还有公共产品性价比高低方面的原因，更有纳税人主体心理体验能力等方面的原因。整体而言，影响纳税人尊严水平高低、强弱与久暂等的要素，既有宏观、总体要素，也有中观、系统要素，还有微观、个体要素。纳税人尊严影响要素系统分析的价值和意义在于，可为全面提升纳税人尊严总体水平，探索出一般或基本的途径与方法。

一、影响纳税人尊严之宏观、总体要素

影响纳税人尊严水平之高低、强弱与久暂等的宏观、总体要素，即总体决定一个国家和社会纳税人尊严水平高低、强弱与久暂的要素。具体来说，这些宏观、总体影响要素主要是指经济、政治、道德与文化体

制四大方面或类型。

（一）经济体制优劣对纳税人尊严的影响

从纳税人尊严的界定可知，纳税人要获得尊严感，即获得真实的"尊贵、庄严的愉悦型心理体验"，必须基于纳税人尊贵、庄严类需要、欲望、目的、兴趣及其衍生物的满足。而能满足纳税人这些需要的东西，既有物质类的，也有精神类的，还有社会类的。根据心理学家马斯洛的需要层次理论，纳税人尊严可分为"低级需要""中级需要""高级需要"三个层次。而在能满足纳税人尊严这三个层次需要的对象中，物质类对象——产品（公共产品与私人产品）之多寡，无疑与一个国家和社会的总体经济发展水平紧密相关。即一个国家和社会的公共产品生产与供给的质量之优劣和数量之多寡及其可持续性，间接关涉这个国家和社会纳税人总体尊严获得满足之程度，关涉这个国家和社会纳税人总体获得"尊贵、庄严的愉悦型心理体验"之规模大小与程度之深浅、强弱、久暂等。而私人产品的质量和数量，显然会直接影响一个国家和社会纳税人获得"尊贵、庄严的愉悦型心理体验"的规模大小及其程度之深浅、强弱、久暂等。合而言之，一个国家和社会的公共产品与私人产品供给质量和数量及其可持续性，会对这个国家和社会纳税人的"尊贵、庄严的愉悦型心理体验"总体产生或直接或间接的影响。而且，这种影响会呈现为一种相互交叉、彼此融合叠加的复合状态。就广义纳税人概念而言，即实在纳税人与潜在纳税人的内涵与外延而言，国民与纳税人二者是同一个概念。逻辑上，一个国家和社会公共产品的供给质量与数量及其可持续性，既会总体、间接影响这个国家和社会纳税人尊严的满足程度，诸如大小、强弱、久暂等，也会总体或直接或间接地影响这个国家和社会每个国民尊严的满足程度，诸如大小、强弱、久暂等。同时，一个国家和社会私人产品供给的质量与数量，同样会总体、直接影响这个国家和社会纳税人尊严的满足程度，诸如大小、强弱、久暂等。而且，纳税人尊严的物质需要、欲望、目的、兴趣及其衍生物等之满足程度，诸如大小、强弱、久暂等，一定优先于纳税人尊严之高级需要、欲望、目的、兴趣及其衍生物等之满足程度，即纳税人物质需要、欲望、目的、兴趣及其衍生物等之满足，优先于纳税人高级需要、欲望、目的、兴趣及其衍生物等之满足。

当然，由于公共产品有很多类型，纳税人尊严及其感受也会有不同的类型与层次。毋庸置疑，公共产品的供给质量与数量及其可持续性，不论是物质类的，还是社会类的，或是精神类的，都与税收紧密相关。因为"经济是税收的源泉，经济决定税收，而税收又反作用于经济，即税收既能阻碍经济增长又能促进经济增长，这是税收与经济关系的一般原理"①。而经济与税收的这种孪生关系，在胡安·格拉贝特（Juan Gelabert）看来是因为，"每种财政制度实现其收入最大化的能力，在很大程度上取决于经济发展。"②但《税收经济学》一书的作者伯纳德·萨拉尼耶则谨慎地认为："在对税收史的回顾中，我们得到的最重要的启示，也许就是经济发展水平在很大程度上决定着税收的形式及其容量。"③即就税收的本质而言，它是一种为公共产品的生产和供给筹集资金的活动，是国民与国家之间就公共产品交换价款缔结、履行原初及衍生契约的活动。在纳税人那里，税收是国民支付国家所提供之公共产品与服务的价款；在征税人那里，税收是政府代为筹集的生产和供给公共产品之资金。质言之，因为税收与经济联系紧密，经济越发达，税收的基础

---

① 刘建民：《税收增长与经济增长关系的理论分析和实证研究》，《财经理论与实践》2005年第6期。
② [法]胡安·格拉贝特：《第十五章 财政负担》，载理查德·邦尼著，沈国华译：《经济系统与国家财政——现代欧洲财政国家的起源：13—18世纪》，上海财经大学出版社2018年版，第563页。
③ [法]伯纳德·萨拉尼耶，马先标、刘兴坤译：《税收经济学》，中国人民大学出版社2017年版，第2页。

越牢固，税收收入来源越广泛，可持续性就越强。或者说，税收越丰裕，则反哺经济越有力有效，便可形成良性循环，从总体上可持续地有助于纳税人尊严需要、欲望、目的、兴趣及其衍生物等满足，从而促使更多的纳税人获得更多更可持续之"尊贵、庄严的愉悦型心理体验"。

毋庸置疑，一个国家和社会唯有可持续提供完备的市场经济体制类公共产品与服务，才能可持续地发展经济，不断满足纳税人及其国民物质类生存与发展之需要、欲望、目的、兴趣及其衍生物，直接为纳税人"尊贵、庄严的愉悦型心理体验"奠定物质基础，同时也会为高性价比公共产品的生产和供给奠定物质基础，间接为纳税人物质类尊严需要、欲望、目的、兴趣及其衍生物之满足奠定物质基础，能更多感受到"尊贵、庄严的愉悦型心理体验"，直接获得"尊贵、庄严的愉悦型心理体验"。同时，也能为纳税人中级和高级尊严需要、欲望、目的、兴趣及其衍生物之满足奠定物质基础。道理正如马斯洛心理学所揭示的，因为总体而言，高级需要的满足是以低级需要的满足为前提的。纳税人尊严也是如此，纳税人高级尊严的实现，总是以纳税人低级、中级尊严的满足与实现为前提。因为，"需要越高级，必定便越少自私。饥饿是极度利己主义的，它唯一的满足方式就是满足自己。但是，对于爱和自尊的追求却必然关涉他人；而且，关涉他人的满意。"[1] 在马克思看来则是因为，"这里所说的个人不是他们自己或别人想象中的那种个人，而是现实中的个人。也就是说，这些个人是从事活动的，进行物质生产的，因而是在一定的物质的、不受他们任意支配的界限、前提和条件下活动着的。"[2] 在中国古代先贤那里，比如管仲就认为，乃是因为"仓廪实而知

---

[1] Abraham H.Maslow, *Motivation And Personality*, Second Edition, Harper & Row, New York, 1954, p100.
[2]《马克思恩格斯选集》(第1卷)，人民出版社1995年版，第71-72页。

礼节，衣食足而知荣辱"①。也正是在这个意义上，马克思一再强调，"首先必须创造新社会的物质条件，任何强大的思想或意志力量都不能使他们摆脱这个命运。"②诚哉斯言！

相反，如果一个社会生产和供给的是计划经济或命令经济类公共产品，即政府及其官员在资源配置中起决定作用，国民虽然作为财富创获主体，但既不能按照自己的意愿创获私人产品，为自己创获财富的行为作主，又不能根据自己的意愿创获和获得高性价比的公共产品，逻辑上便无法获得纳税人尊严，即无法获得"尊贵、庄严的愉悦型心理体验"。当然，仅有经济的发展，如果缺少财富的公正平等分配类公共产品，也无助于纳税人真正感受到"尊贵、庄严的愉悦型心理体验"。就是因为，经济是影响纳税人尊严以及国民尊严获得感的基础性因素，但并非唯一决定性的因素。一般而言，如果生产和供给完备市场经济体制类公共产品，经济就会高质量可持续发展，纳税人以及国民尊严的总体获得感就比较大而强；相反，如果生产和供给的是计划经济或者命令经济类公共产品，经济便不会可持续高质量发展，纳税人以及国民尊严的总体获得感就比较小而弱，且不可持续。

（二）政治体制优劣对纳税人尊严的影响

关于"政治"的内涵，本文采信孙中山先生的界定，即政治是一种对众人之事的管理活动。孙中山先生认为，"政就是众人之事，治就是管理，管理众人之事就是政治。"③只是"管理众人之事"，并不都是政治。因为"政治"仅仅是一种权力管理："权力可以说是政治的标志。"④从狭义而言，政治是社会对于人们行为的权力管理，也就是对于人们行

---

① 管子著，李山注解：《管子·牧民》，中华书局2009年版。
②《马克思恩格斯全集》（第4卷），人民出版社1958年版，第332页。
③ 马起华：《政治学论》，台湾商务印书馆1977年版，第6页。
④ 同上，第12页。

为"应该且必须"如何之权力管理,换句话说,是指"仅为管理者所拥有且被社会承认的强制力量,是人们必须且应该服从的力量"之权力管理。而这种权力力量,既有暴力强制,诸如判刑、收监、枪杀、体罚等,也有行政强制,诸如处分、降职、降薪等。而且,由于政治的核心是法治,依靠权力规范——法律,政治便是指借助法律这种权力规范,对重大利害社会行为进行的管理。从广义而言,也应包括非权力管理,也就是依靠舆论强制与教育强制力量对公共事务的管理。即广义"政治"也包括德治,德治是指依靠非权力规范——道德对公共事务进行的管理,是社会凭借非权力力量对于人们行为所进行的"应该而非必须"如何之管理。这种非权力管理,一方面表现为使人自愿服从的强制力量(比如教育——思想的灌输、熏陶、培养等),另一方面则表现为舆论强制(人们的议论、谴责、赞扬、批评等)。[1]

逻辑上,一个社会的政治清明程度,也就是"德—福一致"规范体系(道德与法)公正与否,便与这个社会的纳税人尊严之实现及其总体水平紧密相关。道理如胡安·格拉贝特(Juan Gelabert)所言,因为"经济条件创造了税收的可能性,但最终是政治条件决定任何一个特定统治者能否得益于自己国家财富的普遍增加"[2]。就其本质而言,则是因为权力是保障征、纳税人之间涉税权利与义务平等交换的充要条件。权利是权力保障下的涉税利益索取或要求,义务是权力保障下的涉税利益奉献。因此,权力合法性及其监督制衡的有效性,便是保障征、纳税人之间权利与义务平等交换的充要条件。即一个国家和社会的权力合法性与合意性越大,政治清明度越高,即"德—福越一致",则征、纳税人之

---

[1] 王海明:《新伦理学》(上),商务印书馆2008年版,第408页。
[2] [法]胡安·格拉贝特:《第十五章 财政负担》,载理查德·邦尼著,沈国华译:《经济系统与国家财政——现代欧洲财政国家的起源:13—18世纪》,上海财经大学出版社2018年版,第600页。

间权利与义务平等交换的可能性就越大,纳税人涉税需要、欲望、目的、兴趣及其衍生物满足的可能性便越大,"尊贵、庄严的愉悦型心理体验"获得之可能性也就越大;相反,权力合法性与合意性越小,政治清明度便越低,"德—福越难一致",征、纳税人之间权利与义务平等交换的可能性越小,纳税人涉税需要、欲望、目的、兴趣及其衍生物满足的可能性就越小,获得"尊贵、庄严的愉悦型心理体验"之可能性也就越小。权力合法性及其监督制衡的有效性,会从根本上决定一个国家和社会的政治清明度,进而决定这个国家和社会"纳税人尊严"的实现程度及其总体水平。这是因为,权力合法性与合意性取决于一个社会选择的是何种政体,是专制的、寡头的还是民主的?毋庸讳言,政体既直接关系国家最高权力的合法性与合意性及其监督的有效性,也关涉一个国家和社会税权的合法性与合意性及其监督的有效性,最终决定一个国家和社会纳税人尊严水平之高低、强弱与久暂等。

进而言之,一个社会对国家最高权力使用过程的监督制衡的质效如何,会直接影响这个社会征、纳税人之间权利与义务平等交换之可能性的大小。即对一个国家最高权力使用过程的监督制衡的质效水平越高,征、纳税人之间权利与义务平等交换的可能性就越大,税收权力滥用和寻租的可能性就越小,"德—福越一致",纳税人涉税需要、欲望、目的、兴趣及其衍生物满足的可能性就越大,"尊贵、庄严的愉悦型心理体验"获得的可能性便越大、强、久等;相反,对一个国家最高权力使用过程的监督制衡的质效水平越低,则征、纳税人之间权利与义务平等交换的可能性就越小,"德—福越难一致",纳税人涉税需要、欲望、目的、兴趣及其衍生物满足的可能性就越小,"尊贵、庄严的愉悦型心理体验"获得的可能性也就越小。需要强调的是,尽管影响国家最高权力使用过程监督制衡质效的要素有很多,但主要有三项:一是对国家最高权力监督制衡的终极目的是什么;二是对国家最高权力监督制衡的工具如何？比如机制是否健全、工具是否先进、是否形成了"闭环"（上下、内外、德法等）等；三是对国家最高权力监督制衡的结果如何。因为对国家最高权力使用过程监督制衡的质效越低，权力异化问题便越严重，政治腐败就越严重，政治清明度便越低，"德—福越难一致"，纳税人尊严被无视和蔑视的可能性就越大，越难获得"尊贵、庄严的愉悦型心理体验"。因为权力异化意味着，认同权力的人数很少，公共权力被少数官员及其特权阶层所霸占，会使本该为国民服务的权力沦为少数人剥夺、剥削大多数人的工具和手段。即权力的合法性及其监督制约的有效性，会从总体上决定一个社会的纳税人尊严及其国民尊严的总体水平。关键是一个国家和社会的政治清明度，既决定纳税人权利与义务主体"尊贵、庄严的愉悦型心理体验"的认知水平，同时也决定满足纳税人尊严需要、欲望、目的、兴趣及其衍生物之对象——公共产品性价比之高低及其供给数量多寡与久暂等。即一个国家和社会的纳税人尊严水平，总体受制于这个社会的政治清明程度，即"德—福一致"制度与机制的公正与否。用一句话来说，政治制度的优劣会直接决定一个国家和社会的纳税人尊严总体水平之高低、强弱与久暂等。

（三）道德体制优劣对纳税人尊严的影响

道德是指人际利害行为"应该"如何之非权力规范，它是法的价值导向系统。逻辑上，一个社会的治理道德规范体系的优劣，直接决定一个社会治理的法律规范体系的优劣。即道德规范体系越优良、先进，则法律规范体系越优良、先进；道德规范体系越恶劣、落后，则法律规范体系越恶劣、落后。由于一个社会的制度规范体系由道德规范与法律规范构成，因此，一个社会的道德规范体系越优良、先进，则这个社会的法律规范体系越优良、先进，这个社会的制度规范体系也越优良、先进；相反，一个社会的道德规范体系越恶劣、落后，则这个社会的法律规范体系越恶劣、落后，这个社会的制度规范体系便越恶劣、落后，这个社会的纳税人尊严总体水平也会越低。

众所周知,"制度是国家和社会制定、认可或奉行的一定的行为规范体系,亦即一定的法(包括法律、政策和纪律)和道德的体系。"① 康芒斯认为,制度是集体行动控制个体行动的运行规则。② 诺思认为,制度是一系列被制定出来,旨在约束主体福利或效用最大化利益的个人行为的规则、守法程序和守法行为的道德伦理规范。③ 在日本学者青木昌彦看来,"制度是关于博弈任何进行的共有信念的一个自我维系系统。"④ 国内学者基本持同论,郑杭生认为:"社会制度指的是在特定的社会活动领域中围绕着一定目标形成的具有普遍意义的、比较稳定和正式的社会规范体系。"⑤ 唐代兴认为:"制度乃一种普遍的社会生存式样、法式,它构成为人们生存活动必须遵守的共同标准、准则。"⑥ 黄少安认为:"制度是至少在特定社会范围内统一的、对单个社会成员的各种行为起约束作用的一系列规则。"⑦ 张宇燕认为:"制度的本质内涵不外乎两项,即习惯和规则。"⑧ 陈颐认为:"制度是人们在社会生活中自然形成和创造出来的决定人们行为的文化现象。"⑨

笔者认为,所谓"制度",不过是人际利害行为"应该"如何之非权力规范——道德规范(德定权利与义务规范)与"必须"如何之权力规范——法律规范(法定权利与义务规范)的总和。而且,制度作为一

---

① 王海明:《国家学》,中国社会科学出版社2012年版,第1216页。
② [美]康芒斯:《制度经济学》,商务印书馆1994年版,第10—12页。
③ [美]诺思:《经济史中的结构与变迁》,上海人民出版社1994年版,第21—22页。
④ [日]青木昌彦:《比较制度分析》,上海远东出版社1997年版,第11页。
⑤ 郑杭生:《社会学概论新修》,中国人民大学出版社1987年版,第253页。
⑥ 唐代兴:《制度创新的伦理思考》,《阴山学刊》2014年第4期。
⑦ 黄少安:《产权经济学》,山东人民出版社1995年版,第90页。
⑧ 张宇燕:《经济发展与制度选择:对制度的经济分析》,中国人民大学出版社1992年版,第120页。
⑨ 陈颐:《简论以制度为学科对象的社会学》,《社会科学研究》1988年第3期。

种典型的公共产品(即具有非竞争性与非排他性特征。——笔者注),又是以财税作为物质基础的。因此,道德体制之优劣,便决定着"德—道一致"与否,也会从宏观、总体上影响一个社会纳税人尊严的实现程度及其可持续性。即道德体制越优良,法律体制越优良,制度规范也就越优良,纳税人越容易获得"尊贵、庄严的愉悦型心理体验";相反,道德体制越落后,法律体制越落后,制度规范也就越落后,"德—道越难一致",纳税人越难获得"尊贵、庄严的愉悦型心理体验"。用一句话来说,一个社会道德体制之优劣,会从宏观、总体上间接影响这个社会的纳税人尊严水平之高低、强弱与久暂等。

深究其因,因为优良道德规范绝非任意制定,是从对人际利害行为心理事实如何之规律以及社会创建道德终极目的之"真"的认知,再经由"己他两利"道德价值与价值判断推导出来的。因此,优良道德意味着,它是根据人际行为心理事实如何之规律或纳税人主体觉悟实际制定的,是由最低道德原则——"不损人"、基本道德原则——为己利他与最高道德原则——无私利他三者构成的。因此,纳税人尊严也可相应分成最低、基本与最高三个层次。唯有基于征纳行为事实如何之规律的纳税人尊严道德体系,方可动员各个觉悟层次的纳税人追求尊严的热忱,满足其涉税尊严,发挥纳税人尊严在现代税收治理与国家治理中的基础性、支柱性与保障性等职能和作用。同时,也唯有基于征纳行为事实如何之规律构建的纳税人尊严道德体系,才是大多数纳税人愿意长期追求和能够可持续遵守的纳税人尊严。思想家莱利因此认为,"不理解尊严的普遍化运动,就不能理解其用法的多样性,也不能理解将其单纯解读成高贵的同义词所犯的时代错误。"[①] 用一句话来说,唯有基于纳税

---

① Stephen Riley, *Human Dignity: Comparative and Con—ceptual debates*, International Journal of Law in Con—text, Vol.6, Issue 02, June 2010, pp117–138.

人主体行为心理规律道德规范体系导引下的尊严体系——权利与义务规范体系，才是公正平等和可持续的，才是有助于纳税人总体尊严水平可持续提升的。

（四）文化体制优劣对纳税人尊严的影响

一个社会文化体制的优劣及其发达程度，也与纳税人尊严的获得程度总体相关。因为，一个国家的文化体制越优良越发达，该国纳税人尊严的认识水平便普遍较高，即对纳税人尊严的客观内容——涉税需要、欲望、目的、兴趣及其衍生物的认知越深刻、明确，对"尊贵、庄严的愉悦型心理体验"越自觉和充分；相反，如果一个国家的文化体制低劣落后，则该国纳税人尊严的认识水平便普遍较低，对纳税人尊严的客观内容——涉税需要、欲望、目的、兴趣及其衍生物的认知越模糊和肤浅，对"尊贵、庄严的愉悦型心理体验"便越缺乏自觉。事实上，一个国家和社会的文化体制越优良，则其纳税人尊严认识的总体水平便越高，纳税人尊严获得的可能性就越大；反之，一个国家和社会的文化体制越落后，则其纳税人尊严认识水平便比较低，纳税人尊严获得程度便比较低。必须强调的是，决定一个国家和社会文化体制优劣的核心要素在于其全体国民拥有"思想自由"度之大小和多少及其可持续性，即一个国家和社会的"思想自由"空间越大，言论与出版自由空间越大，这个国家和社会的文化体制便越优良，越有助于对纳税人尊严认知的深化，越有助于纳税人尊严总体水平的提高；相反，一个国家和社会的"思想自由"空间越小，言论与出版自由空间越小，这个国家和社会的文化体制便越落后，越不利于对纳税人尊严认知水平的提高，越会降低纳税人尊严的总体水平。

综上所述，决定一个国家纳税人尊严总体水平高低的宏观因素有四：一是这个国家和社会实行的是哪种经济体制？实行的是市场经济体制，还是计划经济体制？二是这个国家和社会实行的是哪种政体？

是民主的，还是专制的，或者是寡头制的？三是这个国家和社会实行的是哪种道德体制？是以"无私利他"作为唯一评价标准的道德体制，还是以"无私利他"作为最高道德评价标准？是以"为己利他"作为基本评价标准，还是以"纯粹利己"作为最低道德评价标准的道德体制？四是这个国家和社会实行的是以自由精神为主导的文化体制，还是以强力"强制"为主导的文化体制？

二、影响纳税人尊严之中观、系统要素——财税体制

影响纳税人尊严的中观、系统要素，即财税体制。一方面在于这个国家和社会实行的税制本身之优劣，另一方面在于这个国家和社会实行的预算制度本身之优劣。

（一）税制优劣对纳税人尊严的中观、系统影响

就税制优劣对纳税人尊严的中观、系统影响而言，既可通过税负轻重直接影响纳税人"尊贵、庄严的愉悦型心理体验"获得感之大小、多少、强弱与久暂等，也可通过征税方式的文明程度，间接影响纳税人"尊贵、庄严的愉悦型心理体验"获得感之大小、多少、强弱与久暂等。从表面看，国家和政府征税数量越小，纳税人尊严满足度越大。因为，征税数量少意味着纳税人可支配财富的增加，可用于满足其需要、欲望、目的、兴趣及其衍生物等私人产品获得的自由度便越大，越容易获得"尊贵、庄严的愉悦型心理体验"；相反，征税数量越大，则意味着纳税人可支配的财富越少，可用于满足其需要、欲望、目的、兴趣及其衍生物等私人产品获得的自由度便越小，越难体会到"尊贵、庄严的愉悦型心理体验"。但深究之，由于征税旨在为公共产品供给和生产筹集资金，公共产品也是满足纳税人需要、欲望、目的、兴趣及其衍生物等所必需，即公共产品供给和生产数量之多少、质量之高低、可持续之久暂，更会或直接或间接地影响纳税人尊严的实现程度，并与私人产品一

起，影响需要、欲望、目的、兴趣及其衍生物等的满足程度。逻辑上，为了增进纳税人尊严的总体水平，便必须直面公共产品与私人产品供给的平等与配比问题。一方面，国家和政府既不能不征税，也不能征太多的税；另一方面，国家和政府征税应该讲道德，即文明征税。问题是，纳税人尊严的总体水平之高低、强弱与久暂等的最终评价权，是掌握在纳税人手里，即由纳税人说了算，还是掌握在征税人手里，由征税人说了算？

进而言之，征税方式的文明程度也是中观、系统影响纳税人尊严的重要因素。具体来说，征税是否遵从人道自由、法治、平等、限度和政治、经济与思想自由原则，是否遵从公正道德根本原则，以及诚信、节俭、便利等重要道德原则，也会或直接或间接地影响纳税人需要、欲望、目的、兴趣及其衍生物等的满足，从而影响纳税人尊严的获得程度，决定纳税人能否直接体会和感受到"尊贵、庄严的愉悦型心理体验"。

事实上，征税对纳税人尊严的中观、系统影响，是通过税制本身之优劣实现的。因为税制是"税收"与"制度"的合称，制度是一种规范。税制是一种征、纳税人行为"应该和必须"如何的"德—法"规范体系。税收法定"必须"如何之规范体系即税法，税收"德定"应该如何的规范体系即税收道德。事实上，税制本身优劣与纳税人尊严水平是直接相关的。

（二）预算制度优劣对纳税人尊严的中观、系统影响

预算制度优劣对纳税人尊严的中观、系统影响，既可通过"用之于民"之税款数量的大小与多少来产生影响，也可通过"用之于民"及其"用之于民之所需"的质量或文明程度高低来产生影响。就"用之于民"税款的数量多少对纳税人尊严水平的影响而言，一方面主要在于通过供给和生产公共产品的数量多少与大小等影响纳税人尊严水平的高低，获

得感的多少、久暂与强弱等；另一方面则在于，可通过"取之于民，用之于民"之税收及规费的文明程度或方式，即"用之于民之所需"的公共产品性价比高低，或直接或间接地影响纳税人尊严的导向、强弱与久暂等。道理在于，公共产品的质量或性价比的高低，与税款的征收与使用过程的文明程度紧密相关，自然也会直接影响纳税人需要、欲望、目的、兴趣及其衍生物等的满足程度，决定纳税人"尊贵、庄严的愉悦型心理体验"程度之大小、强弱与久暂等。

（三）小结

合而言之，财税制度越优良，越有助于筹集到公共产品生产和供给所需的公共资金，越有助于高性价比公共产品的可持续生产和供给，越有助于纳税人尊严类需要、欲望、目的、兴趣及其衍生物之满足，纳税人越容易获得"尊贵、庄严的愉悦型心理体验"；相反，财税制度越低劣，越难筹集到公共产品生产和供给所需的公共资金，越难供给和生产高性价比的公共产品，越难满足纳税人尊严类需要、欲望、目的、兴趣及其衍生物之满足，纳税人越会感受到"卑贱、耻辱等痛苦型心理体验"。

三、影响纳税人尊严之微观、外在要素——教育要素

教育作为一种外在的影响要素，也会影响纳税人"尊贵、庄严的愉悦型心理体验"之大小、强弱与久暂等。这是因为纳税人尊严通常体现为一系列涉税权利与义务交换的规范体系（道德与法），纳税人尊严教育便意味着，可通过教育的途径和方法，使一个纳税人个体遵守这些尊严类道德与法律规范，并内化为纳税人的内在尊严品质，使其真正遵守尊严规范，获得履行纳税人义务和享受纳税人权利后的"尊贵、庄严的愉悦型心理体验"。由于纳税人尊严教育的主体是国家和社会，因此，纳税人尊严教育意味着，它是国家和社会对每个纳税人尊严品质

进行培养的方法。也就是国家和社会将外在的纳税人尊严规范（道德与法），转化为每个纳税人内在的尊严品质，使每个纳税人遵守尊严规范。当然，国家和社会作为纳税人尊严教育的主体，主要是指国家和社会的代表或领导者——征税人，对被领导者——纳税人进行尊严品质培养。但归根结底，是征纳税人相互间的尊严品质培养。

逻辑上，由于纳税人尊严教育方法有优劣，便会影响纳税人个体尊严品质的优劣。必须提醒的是，教育方法是影响纳税人个体尊严品质的微观、外在、个体要素。就是说，纳税人尊严教育方法越科学、优良，个体纳税人的尊严品质越容易造就和形成。

问题或在于，纳税人尊严教育方法的优劣，只是影响纳税人尊严品质的微观、外在、个体重要要素，并非根本和唯一要素。一般而言，纳税人尊严规范及其尊严教育方法越优良，个体纳税人尊严品质的培养效率越高，个体纳税人尊严水平越高；相反，纳税人尊严规范及其尊严教育方法越低劣，个体纳税人尊严品质的培养效率越低，个体纳税人尊严水平越低。

具体来说，教育要素的影响机理如下：

（一）"言教"对纳税人尊严之影响

"言教"是微观、外在影响纳税人个体尊严知识教育的指导要素。因为一个纳税人个体尊严缺失的重要原因，多在于其缺乏尊严类的知识和智慧，即在于一个纳税人对涉税尊严知识的无知。比如，仅仅看重小的、眼前的涉税尊严，忽视大的、长远的涉税尊严，甚至以"卑贱、耻辱等痛苦型心理体验"作为"尊贵、庄严的愉悦型心理体验"，等等。因此，纳税人尊严教育的首要任务便在于如何提高纳税人的尊严认识、知识与智慧。纳税人尊严知识教育通常是征税者通过语言，向纳税者传授尊严认识、知识和智慧，从而提高纳税人对尊严的认识。通常主要是借助官方的税收宣传、社会舆论、传媒说教、著书立说、学术报告、知识讲授、对话讨论和文艺熏陶等形式进行，旨在使纳税人懂得为什么应该做和究竟怎样做一个有尊严的纳税人之道理，即使受教育者——纳税人懂得为什么应该做和究竟怎样做一个内化优良尊严规范的纳税人。必须说明的是，言教既是确证和传授纳税人尊严知识、认识和智慧的主要方法，也是确证和传授优良纳税人尊严观的主要途径。而且，唯有遵从优良纳税人尊严规范的言教，才是正确、科学的纳税人尊严教育；相反，则是错误、低水平的纳税人尊严教育。

（二）"奖惩"对纳税人尊严之影响

"奖惩"是微观、外在影响纳税人个体尊严知识教育的感情因素。"奖惩"作为一种尊严教育方法意味着它会使一个纳税人有尊严的行为得到奖励，使其无尊严的行为受到惩罚。无疑，每个纳税人既是尊严的受教育者，同时也是尊严的教育者；既是奖惩的主体或施予者，也是奖惩的客体或对象。但在实践中，由于征税人拥有税权，能更多给予纳税人奖惩，比如公开表彰奖励或惩罚等；而纳税人之间的奖惩，多属于非权力类，比如舆论类的奖惩，像议论、名声等。就奖惩的外延来看，既有物质奖惩，主要作用于纳税人物质需要、生理需要的满足；也有社会奖惩，主要作用于纳税人社会需要的满足，比如自由、尊严等；还有精神奖惩，主要作用于纳税人精神需要的满足，比如舆论奖惩等。奖惩之所以能影响纳税人尊严水平，是因为奖惩会增进或减少纳税人尊严类的物质利益、社会利益与精神利益，满足或阻碍其物质需要、社会需要和精神需要之满足，增进或降低"尊贵、庄严的愉悦型心理体验"。

每个纳税人追求尊严之需要，无疑都是以奖惩、利益和快乐为根本动因、根本动力。因此，奖惩便成为每个纳税人做一个有美德尊严之人的根本源泉和动力。事实上，奖惩不但有助于纳税人追求尊严，而且是每个纳税人追求尊严，增强每个纳税人做一个有尊严纳税人之需要的途径和方法。问题在于，奖惩作为增强纳税人尊严感情的有效方法不是无条件的。因为只有公正的奖惩，才能够有效增强纳税人尊严感情；不公正的奖惩，则会削弱纳税人尊严感情，降低纳税人"尊贵、庄严的愉悦型心理体验"。而奖惩机制作为影响每个纳税人尊严的微观、外在、个体要素，关键在于纳税人尊严奖惩机制和行为的公正性。

（三）"身教"对纳税人尊严之影响

"身教"是微观、外在影响纳税人个体尊严教育的意志要素。身教是指纳税人尊严教育者——征税人，通过自己躬行纳税人尊严规范，而使受教育者——纳税人遵从尊严规范的教育方法。道理如孔子、孟子所言，"其身正，不令而行；其身不正，虽令不从。""苟正其身矣，于从政乎何有？不能正其身，如正人何？"[①]"未闻枉己而能正人者也"[②]。如果教育者——征税人不仅能言教，而且能公正奖惩，同时还能坚持身教，以身作则，便能与受教育者——纳税人产生情感上的共鸣，即征税人诚实公正、言行一致，便会增强受教育者——纳税人欲求做一个遵从尊严规范之人的感情和欲望，从而克服与之冲突的其他感情和欲望，引发纳税人遵从尊严规范的实际行为。可见，身教是引导受教育者——征税人遵从尊严规范的教育方法，也是引导受教育者——纳税人确定、执行尊严行为动机的教育方法。或者说，身教是锻炼受教育者——纳税人尊严意志的教育方法，也是影响纳税人尊严的微观、个体、外在要素。

（四）"榜样"对纳税人尊严之影响

"榜样"是微观、外在影响纳税人个体尊严的综合教育方法和要素。树立榜样作为影响纳税人尊严的教育方法，是指教育者——征税人引

---

① 杨伯峻：《论语译注·子路》，中华书局1980年版。
② 杨伯峻：《孟子译注·万章章句上》，中华书局1980年版。

导受教育者——纳税人，模仿某些纳税尊严品质高尚者，从而使受教育者——纳税人的尊严品质与其所模仿者的尊严品质接近、相似乃至相同的一种教育方法。树立榜样不仅是影响纳税人尊严的微观、外在、个体的综合教育方法，也是影响纳税人尊严品质形成的综合因素之一。因为在通常情况下，纳税人尊严理想是比较抽象、笼统、模糊和非现实的，不便操作和实现。纳税人尊严之言教、奖惩与身教，虽然有助于受教育者——纳税人形成抽象、笼统、模糊和非现实的尊严理想，但唯有榜样——当其成为受教育者——纳税人的尊严理想或人格实现时，才有助于纳税人尊严理想的现实化、具体化，从而便于操作。因为"人只能用人来建树"，也"只有人格才能影响到人格的发展和规定"[①]。

四、影响纳税人尊严之微观、内在要素——个体修养要素

与纳税人尊严教育不同，纳税人尊严修养是指纳税人的自我尊严培养，是纳税人个体将社会尊严规范转化为自己内在尊严品质的方法，也是影响纳税人尊严不可忽视的微观、内在要素，主要包括学习、立志、躬行与自省四个方面。个体关于纳税人尊严知识的"学习"，既是微观、内在提高纳税人尊严认识和形成尊严品质的修养方法，也是微观、内在、个体影响纳税人尊严的个体要素；个体关于纳税人尊严的"立志"，既是陶冶纳税人个体尊严感情的微观、内在、个体修养方法，也是影响纳税人尊严的微观、内在、个体要素；个体纳税人尊严的"躬行"，既是培养纳税人个体尊严意志的微观、内在、个体修养方法，也是影响纳税人尊严的微观、内在、个体要素；纳税人尊严的"自省"，既是微观、内在、个体影响纳税人尊严认识、感情和意志的综合修养方法，也是影响纳税人尊严的微观、内在、个体要素。具体分述如下。

---

① 苏霍姆林斯基语，转引自崔相录：《德育新探》，光明日报出版社1987年版，第132页。

(一)"学习"对纳税人尊严之影响

纳税人尊严"学习"是指纳税人"后天获得的、有意识的、能够形成尊严个性的反应活动",也是纳税人后天获得的、有意识的、能够形成尊严个性的行为意识。教育学家鲍尔和希尔加德曾言:"学习是指一个主体在某个规定情境中的重复经验引起的对那个情境的行为或行为潜能的变化。不过,这种行为的变化是不能根据主体的先天反应倾向、成熟或暂时状态(如疲劳、酒醉、内驱力等)来解释的。"[1]王海明先生认为:"所谓学习,亦即习得,就是有机体后天获得的、有意识的、能够形成个性的反应活动,是有机体后天获得的、有意识的、能够形成个性的行为——意识或知情意是行为的内在要素——反应活动,是有机体后天获得的有意识的能够形成个性的知、情、意、行之反应活动。"[2]因此,纳税人尊严学习既是指纳税人个体后天获得的有意识且能够形成尊严个性的"知、情、意、行之反应活动",也是每个纳税人后天获得的能够形成其尊严人格的知、情、意、行之活动,即尊严认识学习、感情学习、意志学习与行为学习。只是问题在于,纳税人尊严学习虽然不是提高尊严所有要素的全面修养方法,却是首要的、最重要的和最主要的微观、内在、个体修养方法,是影响纳税人尊严的"首要的、最重要的和最主要的要素"。因为只有获得尊严知识的学习方法,才能够创造和确证优良的纳税人尊严观。

(二)"立志"对纳税人尊严之影响

"立志"既是陶冶纳税人个体尊严感情的修养方法,也是影响纳税人尊严的微观、内在、个体要素。纳税人立志是指一个纳税人树立做一个有尊严纳税人的愿望、目标和理想。由于立志所陶冶和形成的,不仅

---

[1] [美]G·H·鲍尔、E·R·希尔加德著,邵瑞珍译:《学习论——学习活动的规律探索》,上海教育出版社1987年版,第22页。
[2] 王海明:《新伦理学》(下),商务印书馆2008年版,第1706页。

是纳税人个体的尊严感情,而且是一个纳税人个体全局、整体、根本的尊严感情。因此,立志就成为一种陶冶和形成纳税人个体整体的、全局的、根本的尊严感情修养方法,同时也成为影响纳税人个体尊严感情的整体、全局、根本要素。或者说,立志既是使一个纳税人行为长期遵守尊严规范的根本方法,也是使社会外在尊严规范内化为每个纳税人内在尊严品质、从而获得"尊贵、庄严的愉悦型心理体验"之根本方法,是微观、内在、个体影响纳税人尊严的长期且根本的要素。

(三)"躬行"对纳税人尊严之影响

"躬行"既是培养纳税人个体尊严意志的微观、内在修养方法,也是影响纳税人尊严的微观、内在要素。因为一个纳税人如果仅仅有尊严学习和尊严立志而不"躬行",仅仅只是知道为什么应该做一个有尊严的纳税人,树立做一个有尊严之纳税人的愿望、目标和理想,却不可能真正成为一个有尊严的纳税人。要真正成为一个有尊严的纳税人,就必须"躬行",必须遵从纳税人尊严规范,长期按照纳税人尊严规范做事,从事符合纳税人尊严规范的实际活动。逻辑上,躬行纳税人尊严规范,便成为实现纳税人尊严志向、做一个有尊严纳税人的唯一微观、内在、个体途径和方法,也是成为影响个体纳税人尊严品质的唯一微观、内在、个体要素。道理在于,如海德格尔所言,"人从事什么,人就是什么"[1]。也如荀子所言,因为"不闻不若闻之,闻之不若见之,见之不若知之,知之不若行之。学至于行而已矣"[2]。

(四)"自省"对纳税人尊严之影响

"自省"既是纳税人个体尊严认识、感情和意志的微观、内在、个体综合修养方法,也是影响个体纳税人尊严的微观、内在、个体重要要

---

[1] [德]海德格尔著,王庆节、陈嘉映译:《存在与时间》,生活·读书·新知三联书店1987年版,第288页。
[2] (清)王先谦著,沈啸寰、王星贤整理:《荀子集解·儒效》,中华书局1988年版。

素。"自省"即内省、反省，就是自己查看、审视和检查自己，也就是纳税人自己查看、审视和检查自己是否遵从尊严规范，是否有尊严地活着。就纳税人尊严的内在自我修养而言，"自省"意味着一个纳税人对自己涉及尊严的行为动机与行为效果，及其所表现的对个人尊严认识、感情和意志之价值的自我检查。这是纳税人尊严品质形成和修养的依据与基础，也是培养纳税人个体尊严认识、感情和意志的微观综合修养方法，更是影响个体纳税人尊严的微观综合因素。但一个纳税人唯有拥有正确的尊严自省，才能遵守优良、正确的尊严规范，实现优良、正确的尊严理想，最终成为一个能内化优良尊严规范的有尊严的纳税人，成为一个能内化优良尊严规范之君子、仁人和圣人型的纳税人；反之，则会成为一个无尊严、粗鄙的纳税人。

五、结语

综上所述，国家治理制度建设是影响纳税人尊严的宏观、总体要素。这意味着，国家制度建设，诸如经济体制、政治体制、道德体制与文化体制建设，尽管不能保证具体提升每个纳税人个体的尊严境界，但有助于提高一个国家和社会纳税人尊严的总体境界和水平。财税体制则是影响一个国家和社会纳税人尊严的中观、系统要素，同样既无法提高一个国家和社会纳税人尊严的总体境界，也无法保证每个纳税人个体尊严境界和水平的提升，但有助于纳税人群体尊严境界和水平的提高。就尊严教育与修养而言，尽管无助于提高整个国家和社会纳税人尊严的总体境界与水平，也无助于提升整个国家和社会纳税人的中观、系统境界和水平，但有助于一个国家和社会个体纳税人尊严水平和境界的提升。

第三章
提升纳税人尊严的一般与主要途径

纳税人尊严是指纳税人在履行纳税义务过程或之后所获得的"尊贵、庄严的愉悦型心理体验"。透过纳税人尊严,既可管窥一个社会经济、政治、道德、文化体制之优劣与文明程度之高低,也可衡量一个国家财税治理体系之优劣与文明位阶之高低。逻辑上,从纳税人尊严保护切入探索财税体制优化之道,推进社会文明转型进程,具有不可小觑的理论价值与实践意义。基于上一章对影响纳税人尊严之宏观总体、中观系统与微观个体要素和机理的分析可知,提升纳税人尊严的一般途径,无非宏观总体、中观系统与微观个体三种。

一、提升纳税人尊严总体水平的宏观、总体途径

逻辑上,提升纳税人尊严总体水平的一般途径如下。

(一)通过国家经济制度优化,从宏观、总体上提升纳税人的尊严水平

毋庸置疑,提升纳税人尊严总体水平的物质基础在于生产力的发展。这个道理,马克思、恩格斯早就精辟地指出:"必须创造新社会的

物质条件，任何强大的思想或意志力量都不能使他们摆脱这个命运。"①而且在马克思看来，"全部人类历史的第一个前提无疑是有生命的个人的存在。因此，第一个需要确认的事实就是这些个人的肉体组织以及由此产生的个人对其他自然的关系。"②但经济制度的优化，首在选择何种经济制度，是选择计划经济体制，还是市场经济体制？笔者认为，人类至今有八种经济体制类型可供选择。③

众所周知，计划经济又叫统治经济、命令经济，是指社会资源配置最高权力主要掌握在政府及其官员手中，即生产什么、如何生产，以及为什么、为谁生产等重要决策权是掌握在政府及其官员手中的一种经济体制。在计划经济体制下，每个社会成员在生产什么、如何生产，以及为什么、为谁生产等方面是没有自主决定权的。因此，根本说来，计划经济是一种缺乏基本公正的经济制度，自然不可能大力发展生产力。逻辑上，计划经济体制既不能直接满足纳税人私人产品类需要、欲望、目的和兴趣等衍生物，也无法间接满足纳税人公共产品类需要、欲望、目的和兴趣等衍生物，无法使纳税人享受到"尊贵、庄严的愉悦型心理体验"。一个国家和社会如果奉行计划经济体制，就不可能真正拥有纳税人尊严。而且在计划经济条件下，根本就不存在真正意义上的"纳税人"，更何谈"纳税人尊严"？

市场经济是一种使每个国民或者社会成员享有经济自由的经济体制，也就是生产什么、如何生产，以及为什么、为谁生产等创获财富的重要决策权，掌握在每个国民或者社会成员手中。因此在市场经济前提下，社会资源的最高配置权是掌握在每个国民或者社会成员手中的，即

---

① 《马克思恩格斯全集》（第4卷），人民出版社1958年版，第332页。
② 《马克思恩格斯选集》（第1卷），人民出版社2012年版，第146页。
③ 姚轩鸽：《经济体制的起源、类型及选择新论——兼论社会主义市场经济体制的抉择》，《西安联合大学学报》2000年第1期。

市场经济的每个参与者，便是创获财富活动的主体责任者，这有助于激发每个国民或者社会成员的首创精神与积极性，从而大力发展生产力，高效率创获私人产品，并为公共产品的生产和供给提供坚实的物质保障。既可直接满足纳税人私人产品类需要、欲望、目的和兴趣等衍生物，还能间接满足纳税人公共产品类需要、欲望、目的和兴趣等衍生物，使纳税人享受到"尊贵、庄严的愉悦型心理体验"。而且，人类几千年的探索也证明，市场确实具有自动配置社会资源的功能。而市场所具有的这种功能，不是任何政府——不论它拥有多少专家——的智慧或知识所能够正确解决的。正如亚当·斯密所言，"这是人类的智慧或知识在任何时候都做不到的"[1]，即市场机制可以"自然而然地予以正确解决"。深究是因为，"竞争制度是一种通过价格和市场体系而进行无意识协调的精巧机制。它是汇聚千百万形形色色的个人的知识和行为的信息处理器。它不具有中枢神经系统的智力，却解决可以想象到的关涉数以千计的未知的变量和关系的最复杂的问题。"

要通过经济制度优化，从宏观、总体上提升全社会纳税人的尊严水平，关键在于政府职能划分要科学，既不能越位，也不能缺位，不能既当裁判员，又当运动员。即政府必须守土有责，恪守本分。弗里德曼就说："政府应该是仲裁者而不应该是当事人。"[2] 但必须强调的是，"自由市场的存在当然并不排除对政府的需要。相反地，政府的必要性在于，它是'竞赛规则'的制定者，又是解释和强制执行这些已被决定的规则的裁判者"[3]。因此，我们需要通过建立完备的市场经济体制，从宏观、

---

[1] Adam Smith, *An Inquiry into The Nature And Causes of The Wealth of Nations*, Vol.2, Clarendon Press.Oxford, 1979, p687.

[2] [美]米尔顿·弗里德曼、罗斯·弗里德曼著，胡骑、席学媛、安强译：《自由选择》，商务印书馆1982年版，第10页。

[3] [美]米尔顿·弗里德曼著，张瑞玉译：《资本主义与自由》，商务印书馆1986年版，第16页。

总体上提升全社会纳税人的尊严水平。道理很简单，因为"仓廪实而知礼节，衣食足而知荣辱"[①]。在亚当·斯密看来，则是因为"每个人都不断地努力为他所能支配的一切资本找到最有利的用途。确实，他所追求的是他自己的利益而不是社会的利益。但是，他对自己利益的追求自然会——毋宁说必然会——引导他选择最有利于社会的用途"[②]。质言之，因为"为己必利他"是市场机制的基本功能与道德原则。

（二）通过国家政治制度与治理模式优化，从宏观、总体上提升纳税人的尊严水平

毋庸置疑，我们可通过国家政治制度与治理模式的优化，从宏观、总体上提升纳税人的尊严水平。道理在于，一方面，政治制度优化意味着国家权力及其财税权力合法性与合意性的增大，意味着权力监督机制的有效性提高，意味着权力寻租与腐败机会和空间的减少，关键意味着全社会"税—富—致""税—福—致"制度类公共产品供给与生产质效的总体提升。具体意味着，国民与国家之间、征纳税人之间、征税人之间、纳税人之间权利与义务交换的公正平等，即基本权利与义务交换更加符合完全平等原则，非基本权利与义务交换更加符合比例平等原则。因此，便有助于纳税人尊严类需要、欲望、目的和兴趣等衍生物的满足，可享受到"尊贵、庄严的愉悦型心理体验"。逻辑上，纳税人不仅乐于而且勇于追求纳税人尊严、遵从纳税人尊严类"德—法"规范，也愿意做个有尊严的纳税人。

另一方面，政治治理模式优化意味着，财税权力运行过程监督也是有效、有力的，可以防止财税权力的滥用与寻租，保障纳税人的基本权利，保证财税权利与义务交换的公正平等，从而有助于纳税人尊严类需

---

① 管子著，李山注解：《管子·牧民》，中华书局2009年版。
② Adam Smith, *An Inquiry into The Nature And Causes of The Wealth of Nations*, Vol.1, Fifth Edition, Methuen & Co.Ltd.London, 1930, p419.

要、欲望、目的和兴趣等衍生物的满足，可享受到"尊贵、庄严的愉悦型心理体验"。

政治制度优化意味着国家治理最高权力体系合法性的提升。由于国家最高权力的合法性来自被管理者——全体国民的同意和认可，因此，选择何种政体便与国家治理最高权力的合法性紧密相关。具体来说，政治制度优化意味着必须选择并实行民主政体，这是根本和关键。也就是说，要通过政治制度优化，从宏观、总体上提升纳税人尊严水平，就必须选择、追求和建立完备的民主制度。唯有此，方可建立"税—福一致"政治清明的制度平台，才能真正"把权力关进制度的笼子"，有效遏制权力的寻租与腐败，消除国民与国家之间权利与义务交换中存在的不公正现象，有效遏制影响纳税人尊严总体水平提升的消极因素。事实上，选择并实行民主政体，乃是总体提升纳税人尊严水平的核心或根本途径。在卢梭看来，"因为凡是属于专制政治统治的地方，谁也不能希望从忠贞中得到什么。专制政治是不容许有任何其他主人的，只要它一发令，便没有考虑道义和职责的余地。最盲目的服从乃是奴隶们所仅有的唯一美德。"[①] 诚哉斯言！

同时，通过政治制度与治理模式优化，从宏观、总体上提升全社会纳税人尊严水平，也是纳税人尊严情感培育的一种基本途径与方法。因为，"德—福一致"政治清明制度平台的建立意味着，"主权在民"现代国家治理原则的制度性"嵌入"，意味着全体国民权利主体地位的落实，意味着国民作为国家主人地位基础的夯实。用一句话来说，意味着这个国家是属于每个国民自己的，国民应该爱这个国家，而且对国家的爱也是真实、真诚的，每个纳税人和国民，就容易感受到"尊贵、庄严的愉悦型心理体验"；相反，在专制政体下，国民对国家便很难产生真实、

---

① [法]卢梭著，李常山译：《不平等的起源和基础》，商务印书馆1959年版，第145页。

真诚之爱,因为,这个国家仅仅属于少数拥有强制力量的权贵,只会让纳税人感受到"卑贱、耻辱等痛苦型心理体验"。

(三)通过国家道德制度优化,从宏观、总体上提升纳税人的尊严水平

通过国家制度道德与治理道德优化,我们可从宏观、总体上提升纳税人尊严水平。因为国家制度道德是建立优良国家治理道德价值的导向系统。国家制度道德与治理道德优化意味着这种国家道德是符合"己他两利"人际行为心理规律,符合道德创建终极目的——增进全社会和每个国民利益或福祉、幸福与尊严总量的,同时也是符合真理性纳税人尊严核心价值的。具体来说,这种国家道德是基于国民的不同觉悟层次,既建立了以"无私利他"为最高道德原则的评价体系,也建立了以"为己利他"为基本道德原则的评价体系,同时也建立了以"纯粹为己"或者"不损人"为最低道德原则的评价体系。唯有这样的多层次道德评价体系,才能广泛动员不同觉悟层次国民和纳税人追求尊严的道德热忱,自觉选择和践行适合自己觉悟层次的纳税人尊严规范,从而享受到"尊贵、庄严的愉悦型心理体验",提升整个社会的纳税人尊严水平;相反,则会让每个纳税人感受到"卑贱、耻辱等痛苦型心理体验"。

(四)通过国家文化制度优化,从宏观、总体上提升纳税人尊严水平

通过国家文化制度优化,我们可从宏观、总体上提升纳税人尊严水平。全体国民文化素质的提高,比如全社会文化程度的提高等,有助于每个国民和纳税人懂得应该追求和享有纳税人尊严的道理。而关键在于,如何给予全体国民和每个纳税人更多的思想自由,即言论和出版自由。因为这是大批量催生全社会真理性纳税人尊严智识的前提,也是不断深化纳税人尊严认知、全面提升纳税人尊严认知水平的前提。

其实关于"文化"的概念,至今尚未有一个统一的界定。据专家统计,在1871—1951年间,就有164条之多。人类学的鼻祖泰勒认为:

"文化是复杂的整体,它包括知识、信仰、艺术、道德、法律、风俗以及其他作为社会一分子所习得的任何才能与习惯,是人类为使自己适应其环境和改善其生活方式的努力的总成绩。"问题在于,"文化"的确切对词是什么?本书采信学者张远山的观点,即文化的确切对词是"造化"。"造化"是"文化"天造地设、不可移易的确切对词。[①] 唯有"造化"才是"文化"真正的价值实体,是文化价值得以产生的源泉与根据,或可将一切人类活动总称的"文化",与没有人类因素介入的自然"造化"区别开来。庄子讲:"伟哉造化!又将奚以汝为?"又说:"今以天地为大炉,以造化为大冶,恶乎往而不可哉?"[②] 而且,只有这样的"文化"才是顺应"造化"规律的文化,是人类真正需要的文化,也是优良的文化。

当然,相对于"造化","文化"是有优劣之别的,顺应"造化",遵行大道规律的变化则为优良文化,是人类需要的文化,是有助于人类文明进步的文化;而悖逆"造化",违背大道规律的变化则为落后文化,是人类需要清除和改变的文化,是无助于、有害于人类基本生活秩序的文化。因为"文化"是人的一切活动造成的变化,而"造化"则是指人与人之间有关利害的行为心理事实如何的规律,是一切"文化"必须顺应的规律。所以笔者认为:"文化是人的一切活动造成的变化,其核心是一种规范。"[③] 因为人的一切活动,都是一种社会活动,便有利害冲突需要调节,就需要一定的规范,主要是道德与法律规范。道德是调节一切利害关系的"应该"如何的非权力规范,法律是调节重大利害活动的"应该且必须"如何的权力规范。而且,道德是法律的价值导向系统。

[①] 张远山:《"文化"的对词——兼论"文化相对主义"与"文化保守主义"之误区》,《书屋》2006年第4期。
[②] [清]郭庆藩:《庄子集释·大宗师》,中华书局1985年版。
[③] 引自拙文《"税文化"要义新探——兼论现行"税文化"的困境与出路》,载姚轩鸽:《税道德观:税收文明的伦理省察与探寻》,西北大学出版社2017年版,第111-112页。

事实上,"文化"也是一种道德原则的实现精神,是诸如人道、自由、平等、法治、限度及其公正等道德原则的实现精神,是一定的道德与法的规范转化为人们稳定心理品质的过程。逻辑上,要从宏观、总体上提升纳税人尊严水平意味着必须提高全民族的文化素质,即促进人道、自由、平等、法治、限度及其公正等道德原则实现文化体制的实质性"嵌入",关键是自由、公正与公共福祉核心价值的深度"嵌入"。

二、提升纳税人尊严总体水平的中观、系统途径

财税制度与治理过程优化,是提升纳税人尊严总体水平的中观、系统途径。一要通过税制结构性优化的途径提升,二要通过预算制度结构性优化的途径提升。具体阐述如下:

(一)通过税制结构性优化途径提升

就税制结构性优化途径而言,既可通过征税总额的多少与增速的快慢变化,直接提升全社会纳税人的尊严水平;也可通过征税方式的文明程度提高,间接提升全社会纳税人的尊严水平。就前者而言,国家征税总额与增速应该尽可能最小、最慢。因为根本说来,国家征税意味着对纳税人可自由支配财富空间的压缩,意味着纳税人可用于生产或购买私人产品资金的减少,客观上会消减纳税人私人产品与公共产品类需要、欲望、目的和兴趣等衍生物,并阻滞其满足,结果便难以使纳税人群体享受到"尊贵、庄严的愉悦型心理体验"。

征税是对纳税人经济自由的一种侵害,尽管其手段是一种"必要的恶"(结果或有利于纳税人从政府那里交换到可影响纳税人尊严的公共产品。——笔者注)。逻辑上,一方面国家和政府既应尽可能地减税,也应尽可能地降费,扩大纳税人的经济自由,满足其私人产品的需要、欲望、目的和兴趣等衍生物,使其更多感受到"尊贵、庄严的愉悦型心理体验"。目前全世界掀起的减税降费浪潮,其理论依据就在这里。当

然，减税也有一个度的平衡问题，因为公共产品的生产与供应，毕竟需要基本的资金支持——"巧妇难为无米之炊"。另一方面，政府的征税方式是否合乎文明规则？即是否合乎人道、自由、平等、法治、限度、公正以及诚信、便利与节俭等重要道德原则。因为这些道德原则，也会影响纳税人尊严的感受度，有助于增加或者消减纳税人"尊贵、庄严的愉悦型心理体验"。即这些道德原则"嵌入"税收治理活动的过程，或者说"嵌入"税收立法、执法与司法活动的过程，也会因其"嵌入"的深度、广度与速度等，或直接或间接地影响纳税人尊严感，影响纳税人"尊贵、庄严的愉悦型心理体验"之深浅、强弱、久暂与快慢等。不文明、不道德的征税方式，会因为其背离文明价值，特别是通过税收立法、执法与司法活动，或直接或间接地拉低纳税人"尊贵、庄严的愉悦型心理体验"，只会让纳税人感受到"卑贱、耻辱等痛苦型心理体验"。举例来说，如果征税能确实遵照"未经同意不得征税"道德原则的话，税负轻重就不会成为影响纳税人尊严大小、久暂与快慢等的根本要素。因为凡是经过纳税人同意的征税，对纳税人而言，即便是强制，也是纳税人对自己涉税意志规则的强制，他也是有自由的、有尊严的，会感受到"尊贵、庄严的愉悦型心理体验"。但是，如果征税"未经纳税人同意"的话，就是税负再轻，纳税人也会心存抵制与异化感。因为这样的征税方式，忽视了纳税人在税收治理活动中的权利主体地位，这种征税本身就是对纳税人尊严的一种侵害，只会让纳税人感受到"卑贱、耻辱等痛苦型心理体验"。

（二）通过预算制度结构性优化途径提升

就预算制度结构性优化途径而言，既可通过用于国民的税收总额之多少与增速的快慢变化，直接影响全社会每个国民和纳税人尊严水平的高低、强弱与久暂等，也可通过用于国民税款方式的文明程度变化，直接影响全社会每个国民和纳税人尊严水平的高低、强弱与久暂等。就前者而言，不论用之于国民的税款数量为多少，还是用之于国民税款速度之快慢，或者用之于国民税款之久暂等，都会直接影响公共产品生产和供给的数量大小与质量高低，从而提高或者拉低全社会和每个纳税人尊严的总体水平。深究是因为，政府"取之于民"的税费，"用之于民"的越多，便越有助于公共产品生产和供给数量的增加、质量的提高、可持续性的维持，越有助于纳税人公共产品类需要、欲望、目的和兴趣等衍生物的满足，越容易使其感受到"尊贵、庄严的愉悦型心理体验"；相反，"用之于民"的税费越少，便越会消减公共产品生产和供给的数量与质量，越难满足纳税人公共产品类需要、欲望、目的和兴趣等衍生物，纳税人也就越难以感受到"尊贵、庄严的愉悦型心理体验"，只会感受到"卑贱、耻辱等痛苦型心理体验"。就后者而言，用税方式文明程度位阶的高低，也会影响纳税人尊严的大小、深浅、快慢与久暂等。因为政府用税越是遵从人道、自由、平等、法治、限度、公正以及诚信、便利与节俭等道德原则，意味着国家和政府"取之于民"的税费"用之于民之所需"的可能性越大，不仅在预算立法、执法与司法过程中，每个国民和纳税人会直接感受到"尊贵、庄严的愉悦型心理体验"，而且就预算旨在生产和供给高性价比的公共产品而言，用税方式文明位阶越高，则纳税人和每个国民公共产品类需要、欲望、目的和兴趣等衍生物越容易满足，越容易感受到"尊贵、庄严的愉悦型心理体验"；相反，用税方式的文明位阶越低，则纳税人和每个国民的公共产品类需要、欲望、目的和兴趣等衍生物越难得到满足，越难感受到"尊贵、庄严的愉悦型心理体验"，只会感受到"卑贱、耻辱等痛苦型心理体验"。

由此可见，财税制度结构性优化，乃是提升全社会纳税人尊严水平的中观、系统途径。而且，不论是在每个纳税人和国民参与财税活动的过程中，还是就财税活动的结果而言，财税制度本身的优劣，多会直接影响全体国民和每个纳税人"尊贵、庄严的愉悦型心理体验"的获得，进而影响整个国家治理水平之高低，以及国运的兴衰。

三、提升纳税人尊严总体水平的微观、个体途径

纳税人尊严水平提升之微观、个体途径，一是指微观、外在、个体的教育途径，二是指微观、内在、个体的修养途径，具体分述如下：

（一）通过微观、外在、个体教育途径提升纳税人尊严水平

就影响纳税人尊严之微观、外在、个体教育途径而言，是指社会通过外在教育途径，也就是借助一定的社会舆论强制与社会教育强制两种途径，提升个体纳税人尊严感，使其能真正懂得追求"尊贵、庄严的愉悦型心理体验"的道理，也学会感受"尊贵、庄严的愉悦型心理体验"的知识和方法。

为此，一是要重视通过"言教"的途径与方法，提升纳税人尊严感。二是要重视通过"奖惩"的途径与方法，提升纳税人尊严感。三是要重视通过"身教"的途径和方法，提升纳税人尊严感。四是要重视通过"榜样"的途径和方法，提升纳税人尊严感。

（二）通过微观、内在、个体修养途径提升纳税人尊严水平

就影响纳税人尊严之微观、内在、个体修养途径而言，主要是指借助学习、立志、躬行与自省四种内在修养功夫，不断创造个体纳税人获取"尊贵、庄严的愉悦型心理体验"的途径和方法。其中，"学习"是提高纳税人尊严认识和形成尊严品质的微观、内在、个体修养途径和方法；"立志"是陶冶纳税人个体尊严感情的微观、内在、个体修养途径和方法；"躬行"是培养纳税人个体尊严意志的微观、内在、个体修养途径和方法；"自省"是培育纳税人个体尊严认识、感情和意志的微观、内在、个体修养途径和方法。

综上，要全面提升一个社会和每个纳税人尊严水平的一般途径有三：一是宏观、总体途径，在于通过及时、充分地供给高质量的公共

产品，诸如经济、政治、道德与文化体制类的公共产品，提升全社会纳税人尊严的总体水平。二是中观、系统途径，在于通过供给高质量的中观公共产品，诸如通过优化财税体制，即通过优化征税与用税数量及其文明方式的途径，提升一个国家和社会的纳税人尊严总体水平。道理在马克思看来，因为人的尊严，包括纳税人尊严的实现，与一定的物质资料生产水平及其生产活动自由性的社会制度保障紧密相关。菲利普·霍奇基斯就认为："马克思对预示私人生活和人际关系的道德领域没有论述太多……他不思考屈从于另一个人的武断的意志的问题，马克思的自由以涉及一种从剥削的社会关系解放的概念得到更宽泛地界定。他似乎忽略了绝大多数尊严的根据。但我们可以相当确定，他认为如果没有公共生活领域的尊严，不可能有私人生活领域的尊严。"[1] 三是微观、个体途径，有外在教育和内在修养两种，即通过外在纳税人尊严教育，诸如言教、奖惩、身教与树立榜样等外在教育的途径与方法，以及通过内在纳税人尊严修养的途径，诸如学习、立志、躬行与自省等修养途径与方法，提升个体纳税人尊严水平。

坦率地说，如果一个国家和社会的经济、政治、道德与文化制度优良，这个国家和社会的纳税人尊严的总体水平与境界就高，大多数纳税人就能直接体会到"尊贵、庄严的愉悦型心理体验"。如果一个国家和社会的财税体制优良，则这个国家和社会的纳税人尊严的具体水平与境界就高，即纳税人群体便能直接体会到"尊贵、庄严的愉悦型心理体验"。如果一个国家和社会的纳税人尊严培养体制优良，即外在教育与内在修养机制优良，这个国家和社会的纳税人尊严的个体水平与境界便相对较高，会有很多个体纳税人能体会到"尊贵、庄严的愉悦型心理体

---

[1] Philip Hodgkiss, *A Moral Vision : Human Dignity in the Eyes of the Fouders of Sociology*, Sociological Review, 2013(3).

验"。必须说明的是，纳税人尊严是受特定社会历史条件和社会历史环境制约的，而且不同社会文化背景下的纳税人对纳税人尊严的理解也有差异。这个道理，正如学者李怡等所言，因为"作为人的尊严体现形式的各种权利，也都是以一定社会经济条件为基础。一个社会的人的尊严能在多大程度上实现，取决于这个社会的经济、文化、政治发展水平"[①]。诚哉斯言！

四、提升纳税人尊严总体水平的主要途径

就财税本质上是通过公共资金收支活动，为全体国民生产和提供公共产品，以期满足全社会和每个国民利益或福祉总量之终极目的而言，提升纳税人尊严总体水平的主要途径如下。

（一）要坚持"财税正当性"的核心价值导向

"财税正当性"是指征纳税利害行为是否正当，也是"财税正当"道德原则或规范得以推导出来的道德价值根据。就是说，任何财税正当道德原则或规范都必须符合"财税本质"——税收内在行为规律之"财税正当性"。因为"财税正当性"是财税正当道德规范得以产生的源泉和根据，也是税法与预算法正当性得以产生的源泉和根据。学者桑福德因此认为，税制改革方案应"从更多关注税收收入以及征税的经济效应，逐渐转向强调要同时具有合理性与合法性"[②]。就是因为，征税和用税目的是财税正当道德价值的主体标准。实践中，作为税收和预算立法目的之条款，在学者戴津伟看来，就应该"以提纲挈领的方式"规定"一部法律的价值宗旨与总体机能"，同时定下"一部法律的基调，对

---

① 李怡、易明：《论马克思的尊严观》，《马克思主义研究》2011年第10期。
② [英]桑福德著，张文春、匡小平译：《成功税制改革的经验与问题》(第1卷)，中国人民大学出版社2001年版，第5页。

法律规则的制定与解释都起到定位与指导作用"[1]。学者柯坚、王敏则认为,"立法目的既是一部法的价值选择及其展开具体制度设计的基础,也指导着法的实施。"[2] 因为,如果税收和预算的立法、修改和解释"没有明确的立法目的,法律制定就会无的放矢、杂乱无章"[3]。而且,由于"财税行为事实如何之固有属性"唯有通过税收和预算目的,才能获得"财税正当性"——财税正当道德价值之真理,并据此经过财税正当道德价值判断推导出优良的财税正当道德原则或规范。因此,税种的总体良善化,就应坚持"财税正当性"的核心价值导向。具体来说,财税法的实质良善化,必须以增进全社会和每个国民的利益或福祉总量作为终极目的或者判定其得失优劣的终极标准。即所有财税法的实质良善化,不能仅仅局限于聚财收入目的、宏观经济的调控目的与国民收入调节目的等,而且必须重视和防范聚财收入、宏观经济的调控与国民收入调节等具体目的与增进全社会和每个国民利益或福祉总量终极目的的矛盾与冲突问题。即当征纳税人主体之间的涉税利益没有发生根本性冲突、可以两全时,就要坚决遵从"不伤一人地增进所有人利益"之"帕累托最优原则"和价值,或者说,当此境遇之下,任何组织和个人都不得以集体或大多数人利益最大化为借口,剥夺哪怕是一个纳税人的权利。唯有在征纳税人主体之间的涉税利益发生根本性冲突且不可两全时,才能谨慎奉行"最大多数人的最大利益"之"最大净余额原则"和价值,而且还要在利益相关者同意的前提下,给予利益受损者基本满意的补偿。因为这是保证财税法基本秩序和重要功能与作用发挥的基础与价值导向系统。因此在张守文教授看来,"增值税(包括各个税种——笔者注)的

---

[1] 戴津伟:《立法目的条款的构造与作用方式研究》,《法律方法》2016年第2期。
[2] 柯坚、王敏:《论〈长江保护法〉立法目的之创设——以水安全价值为切入点》,《华中师范大学学报(人文社会科学版)》2019年第6期。
[3] 郜风涛:《文津法札》,中国法制出版社2011年版,第119页。

各类具体制度的价值取向并不完全相同；有时，同一制度也可能同时兼具多种价值，此类情形在其他税法制度中也普遍存在。"① 因此，在财税法"总则"中，必须明确财税法制定的终极目的是"增进全社会和每个国民的利益或福祉总量"。如此看来，杨志勇等学者的观点或值得商榷，因为他们认为："税制改革的基本走向是构建有效率的、促进公平的且能保证政府支出需要的税制。""任何一个国家税制存在的意义是为政府支出进行融资，因此，不管是什么样的税制结构，都应该以一定的财政收入总量为基础。"② 固然，"任何一个国家税制存在的意义是为政府支出进行融资"，但税制融资的终极目的，真正说来，只能是为公共产品和服务的生产和供给提供资金保证，政府有效运行的终极目的是保证公共产品的可持续生产与供给。试想，如果仅仅将聚财目的作为税制或税法立法、修改和解释的终极目的，终有一日，这种税制或税法岂不成为与民争利、竭泽而渔的敛财巨兽，最终背离财税体制创建的终极目的或初衷？

进而言之，要充分发挥财税在国家治理体系中的"基础性、支柱性与保障性"及其"枢纽性"重要功能和作用，一方面，财税法要实现实质性的良善化，就是要坚持敬畏和符合人性行为心理规律核心价值导向，即以符合征纳税人行为心理事实如何之规律为核心价值导向。道理在于，是否符合人性行为心理规律，直接决定税法良善化总量的高低及其可持续性之久暂。因为，凡是符合人性行为心理规律的财税法实质良善化，必定会被更多的征纳税人所遵从，征纳税成本都会降低。而现代行为心理学研究表明，人性行为心理规律由行为原动力规律、行为目的相对数量规律、行为手段相对数量规律、行为类型相对数量规律

---

① 张守文：《增值税的"转型"与立法改进》，《税务研究》2009年第8期。
② 杨志勇、杨之刚：《中国财政制度改革30年》，格致出版社2008年版，第122页。

等[①]构成。另一方面，财税法的实质良善化，应该且必须坚持"征纳两利"核心价值导向。因为"征纳两利"原则既是财税正当规则的内在根据和要求，同时也是财税正当原则。事实上，凡是背离"征纳两利"核心价值原则的财税法治化，终究也会背离财税法的终极目的。或者说，如果财税法的实质良善化有害于"征税人"，让政府收不到税，财税将无法发挥在国家治理体系中的重要作用；同样，如果财税法的实质良善化有害于"纳税人"，征税人最终将无税可收，又无从发挥财税在国家治理体系中的重要作用。

具体来说，财税法的实质良善化，应该坚持以下道德价值导向和原则：一是要坚持人道自由最高道德价值导向。一方面要"把纳税人和国民当人看"，尊重、理解纳税人和国民，给予纳税人和国民足够的人道关怀，征税至少不要伤及纳税人的基本生存与发展所需要的起码、最低或基本的权利；另一方面则要"使纳税人和国民成为人"，要助力每个纳税人和国民的自我价值实现，给予纳税人和国民更多的自由，激励激发纳税人和国民的首创精神。即在财税法实质良善化的实际操作中，

[①] 行为原动力规律：利己是引发每个人一切利害行为目的之根本非目的因，也是引发每个税收道德行为主体（征税人和纳税人）一切利害税收征纳行为目的之原动力。行为目的相对数量规律：税收行为主体（征税人和纳税人）的利己目的必超过其涉税行为总和的一半。一方面，目的利人、利己的行为必多于目的害人、害己的行为；另一方面，自爱又必多于爱人，因此，其目的利己的行为必多于目的利人的行为。行为手段相对数量规律：有统计性与非统计性之别，前者意味着，税收行为主体（征税人和纳税人）利己与害己之手段都是通过自己、利用自己，以依靠自己为手段，是依靠自己的两种相反表现；反之，利他与害他手段，都是通过社会和他人、利用社会和他人，以依靠社会和他人为手段，是依靠社会和他人的两种相反表现。后者意味着就一个社会税收行为的总和来说，首先，利他手段（利征或利纳）必定是恒久的，其他一切手段，比如损人（害征或害纳）、害己（害征或害纳）以及利己（利征或利纳）的手段之和也只能是偶尔的。就是说，就一个社会的多数税收行为来说，手段必定利他（利征或利纳）。行为类型相对数量规律：每个税收行为主体（征税人和纳税人）的税收行为，唯有"为己利他"与"损人利己"可能是恒久的，才可能超过其全部税收行为之一半；其余一切税收行为，比如"无私利他""单纯利己""纯粹害人""纯粹害己"的总和也只能是偶尔的，只能少于其全部税收行为之一半。参阅王海明：《人性论》，商务印书馆2005年版，第103-132页。

能以最低道德原则——纯粹利己为价值导向系统的,就不要用基本道德原则——为己利他为价值导向系统;能以基本道德原则——为己利他为价值导向系统的,就不要以最高道德原则——纯粹利他为价值导向系统。当然,能以"财税道德"调节的征纳税利害关系,最好就不要用"财税法"去调节。因为财税法是一种权力规范,凭借暴力强制与行政强制发挥作用,对纳税人和国民的自由和利益侵扰比较大而强烈,仅仅适用于对重大征纳税利害关系的调节;而财税道德尽管调节范围比较宽广,但对纳税人和国民自由的侵扰相对较小,仅限于舆论和教育的软强制。但就道德与法的本质而言,财税法的实质良善化的重点在于,既能将平等、法治与限度的自由一般原则,有效"嵌入"财税法规范,同时也能将政治、经济与思想自由的具体道德价值原则,有效"嵌入"财税法规范。道理正如盖伊·彼得斯所言,因为"只有在增值税(包括所有税法——笔者注)改革中全面体现相关法治逻辑,才能有效保护纳税人权利,保障纳税义务的依法履行,并有效实现国家建立增值税制度的目标"[1]。

二是要坚持公正的根本道德价值导向,即能将公正道德价值有效"嵌入"财税法规范。换句话说,财税法的实质良善化,关键在于要有助于征、纳税人主体之间重大利害相交换行为的平等,不仅纳税人之间的涉税权利与义务交换要实现——基本权利与义务交换的完全平等和非基本权利与义务交换的比例平等,而且征税人之间的涉税权利与义务交换也要实现基本权利与义务交换的完全平等和非基本权利与义务交换的比例平等(政府各部门之间、区域各政府之间等);更为重要和关键的是,征、纳税人之间的涉税权利与义务交换要实现基本权利与义务交换的完

---

[1] [美]B·盖伊·彼得斯著,郭为桂、黄宁莺译:《税收政治学:一种比较的视角》,江苏人民出版社2008年版,第55页。

全平等和非基本权利与义务交换的比例平等。换句话说，公正视域财税法的实质良善化，既要求能将社会根本正义的"贡献原则"真正"嵌入"财税法规范，也要求能将社会根本正义的"德才原则"真正"嵌入"财税法规范，同时还能将"平等总原则、政治平等原则、经济平等原则与机会平等原则"真正"嵌入"财税法规范。[1]难怪马斯格雷夫一再说："设计公平税制结构的任务就是要达到税负在人际的公平分配。""纵向公平或累进程度的问题必须根据作为一个政策目标的有关平等的社会价值来加以解决。""相反，恰恰是横向公平的履行才造成了税制结构设计上的大部分技术难题。"[2]当然，究竟何为公正分配，其本身充满复杂性与主观性。学者陈启修就认为，"在立法上，应要求左列二事。"其一，"课税须普及一般"；其二，"课税对于各人必须平等"[3]。而且无论如何，《增值税法（草案）》的修改与完善，公正价值"嵌入"乃是根本的道德价值取向，舍此，增值税法便存在结构性的缺陷。道理正如亚当·斯密所言，因为"社会存在的基础与其说是仁爱，毋宁说是正义"[4]。也如罗尔斯所言，因为"正义是社会制度的首要善，正如真理是思想体系的首要善一样。一种理论，无论多么高尚和简洁，只要它不真实，就必须拒绝或修正；同样，某些法律和制度，无论怎样高效和得当，只要它们

---

[1] 正义总原则是"等利害交换"；正义根本原则是"权利与义务相等"；社会根本正义的"贡献原则"是"贡献是权利的源泉和依据"；社会根本正义的"德才原则"即"德"与"才"是职务等权利的潜在的源泉和依据。并从中推导出了如下"四个社会根本正义分原则"，也即"平等总原则、政治平等原则、经济平等原则与机会平等原则"。王海明：《新正义论：国家制度与国家治理价值标准体系》，商务印书馆2022年版，第301-331页。
[2] [美]理查德·A.马斯格雷夫著，董勤发译：《比较财政分析》，格致出版社2017年版，第44-45页。
[3] 陈启修：《财政学总论》，商务印书馆2015年版，第223-224页。
[4] Adam Smith, *the Theory Of Moral Sentiments*, China Sciences Publishing House Chengcheng Books Ltd, Beijing, 1979, p86.

不正义,就必须改造或废除"①。

三是要坚持诚信、节俭、便利等重要道德价值导向,并将这些重要道德价值有效"嵌入"财税法规范。诚信道德价值导向意味着,征纳税人之间应该坚持"心口一致"与"言行一致"的道德价值取向,建立财税法规范修改的互信平台,征纳税人双方共同为一部科学优良财税法的诞生而努力。以增值税法的实质良善化为例,在英国财政学家米克·摩尔看来,因为"一个通常的假设是,'看得见'的税收比其他形式的税收更容易动员纳税人,让'间接税'同样可见是一种发展趋势。实际上,作为一种形式上的'间接税',增值税对于纳税人而言是高度可见的,很大一部分原因是这种税给他们带来了额外的、相对复杂的记录保存义务"。同时则是因为,"增值税本身具有的自我制约(self-checking)性质以及纳税人倾向于相信和自己一样的人也在纳税,会使增值税相对而言难以逃避。"②关于节俭、便利道德原则的重要性,正如莫里斯认为,"设计一个税收制度,既要尽可能简单、透明,提高经济和管理效率,避免对民众和各种经济活动进行随意和有差别的征税,又要使政府能够筹集到足够收入,满足支出需要和收入分配目标。"③因此张守文教授认为,增值税等税法的实质良善化,应遵循"一般法治逻辑,符合统一原则、公平原则、协调原则的要求,以增进改革和立法的合理性与合法性;同时,还应将增值税的基本原理与法治原则有机融合,体现税收领域的特殊法治逻辑,并据此确立增值税的立法模式、立法结构、立

---

① John Rawls, *A Theory of Justice*(*Revised Edition*), The Belknap Press of Harvard University Press Cambridge, Massachusetts, 2000, p3.
② [英]米克·摩尔,刘志广、王培康译:《发展中国家的财政收入、国家形成以及治理质量》,载刘守刚、刘志广主编:《财政政治的视界》(第一辑),上海财经大学出版社2022年版,第329页。
③ [英]詹姆斯·莫里斯著,湖南国税翻译小组译:《税制设计》,湖南人民出版社2016年版,第468页。

法内容等,从而不断提升增值税的立法质量"①。

当然,技术、实务操作层面的财税法良善化的价值也十分重要,不应被忽视和无视。就是因为,任何"一部法律制定的好坏,既取决于这部法律所体现的时代精神和价值取向,也体现在其专业性和统一性上。因此,对增值税的立法描述使用的各个法律术语必须符合税法的专业性,同时体现税法的统一性,即法律术语使用规范、表达准确、与法理和国际通用的术语表述一致,能够准确完整地反映行为模式、法定后果,充分体现法的适用范围、法的内容、法的效力等级三要素。同时,必须保持协调性和衔接性,不能出现税法空白、税法漏洞或与其他法律存在实质性冲突等情况"②。但就科学优良财税法的核心价值或根本要求而言,其核心价值导向系统的科学性与优良性,无疑属于"大体"和大节,对财税法体系之优劣的影响最大最深远,在此处的任何偏离和失误,都可能"谬以千里"。正如张守文所言,因为"立法理念、价值取向和立法级次等问题,都关系到增值税立法在总体上的改进。此外,要提高立法质量,还需要进一步改进立法技术,这尤其有助于解决增值税立法上的'量有余而质不足'的问题"③。

(二)要坚持"财税合法性"的基本价值导向

如前所述,"财税合法性"是指征税利害行为是否合"法"。"财税合法性"与"财税合法"不同,"财税合法"是指符合"财税法"权力规范,既是指符合广义的"国家制定的用以调节国家与纳税人之间在征纳税方面的权利及义务关系的法律规范",也是指符合狭义的"特指由全国人民代表大会及其常务委员会制定和颁布的税收法律",诸如"宪法、法律、行政法规、地方性法规、自治条例和单行条例"等各层次的税收

---

① 张守文:《增值税改革与立法的法治逻辑》,《政法论丛》2003年第2期。
② 蔡昌:《增值税立法的经济学分析》,《中国社会科学院研究生院学报》2016年第6期。
③ 张守文:《增值税的"转型"与立法改进》,《税务研究》2009年第8期。

法律。逻辑上，财税法的实质良善化，就必须坚持"财税合法性"基本价值导向，即合道性。而"提高立法级次，不仅对于完善税收法制建设非常重要，而且对于解决增值税领域的合法性问题，以及法律之间的协调问题，对于提高税法遵从度和运行实效，都甚有裨益"①。必须强调的是，财税法的实质良善化，即坚持"合法性"，一定"要合乎《宪法》的规定和精神，合乎《立法法》等相关法律的要求；同时，还应当真正合乎经济规律和相关原理，得到国民的拥护和遵循。因此，增值税法应当是体现经济规律和科学原理的、能够兼顾国家和国民利益的'良法'，这样才可能得到税法主体的普遍遵从"②。固然，"合法律"或"合法律性"，仅仅是税种税法实质良善化的现实要求，并非理想或科学的诉求。因为任何法律规定都无法避免和携带一些认知或文本的局限性，即不完备性乃是其先天性的缺陷。或者说，因为现实中的"合法律"未必"合德"，注定与理想境界的"合道"还有一定的差距，对此我们必须有理性的认知与清醒。

由于理论上的财税道德与财税法是一种包含与被包含的关系，"财税合法"自然也包含"财税合德"，即财税法的实质良善化也应合乎"财税道德"——合德。由于道德是法的价值导向系统，财税道德是财税法的价值导向系统，逻辑上，道德优、财税道德优，则法优、财税法优；反之，道德劣、财税道德劣，则法劣、财税法劣。但根本说来，因为"财税合法"中的"法"不等于"法律"，此"法"与"道""法律"接近。因此，"合法"不等于"合法律"，尽管二者之间有关系，理论上，越是优良的"规律"，越是接近"法"，即越合乎"法律"，即符合财税法的终极目的及其财税行为事实如何规律之效用性，因此财税法的实质

---

① 张守文：《增值税的"转型"与立法改进》，《税务研究》2009年第8期。
② 张守文：《增值税的"转型"与立法改进》，《税务研究》2009年第8期。

良善化，既取决于人们对社会创建财税制度，包括财税法终极目的之科学认知的真假，也取决于人们对征—纳税利害行为心理事实如何之规律科学认知之真假，并基于真理性财税法价值的丰裕度大小，再经过正确的财税法价值判断，才能推导制定出优良科学的财税道德，最后在这种优良科学的财税道德的导引下，助力财税法的总体实质良善化，从而提升纳税人的总体尊严水平。就是因为，任何一部科学优良财税法的制定和修改，都不是随意的，必须遵从上述科学方法和程序。唯有恶劣落后的财税法才是任意约定和修改的。税种税法总体的实质良善化，必须遵从立法、修法和解释的科学方法与程序，即必须将重点既放在对征纳税人重大利害涉税行为事实如何之规律的科学认知方面，同时也放在对财税法等终极目的的科学认知方面，放在人道自由、公正平等、诚信便利节俭等最高、根本与重要道德价值的财税法实质性"嵌入"方面。换句话来说，财税法的总体实质良善化，要将重点放在社会主义核心价值如何实现财税法规范的实质性"嵌入"方面，不能仅仅沉陷于财税法规则视域或层次上具体要素的优化及其各个要素之间关系的微调。如果长期沉陷于此，显然便会拉低纳税人的尊严水平。因为财税法之优劣，直接影响纳税人尊严水平之高低。

（三）要坚持财税权力优化的根本价值导向

财税法作为征纳税人主体之间利害行为"应该且必须"如何之权力规范，具体表现为征纳税人主体之间权利与义务缔结、履行的原初或衍生契约。而这种财税契约，既有法定的权利与义务原初及其衍生契约——财税法规范，也有德定的权利与义务原初及其衍生契约——财税道德规范。逻辑上，"权利是一种具有重大的社会效用的必须且应该的索取或要求；是一种具有重大的社会效用的必须且应该得到的利益；是一种具有重大的社会效用的必当得到的利益；因而也就是应该受到社会管理者依靠权力加以保护的利益索取或要求；说到底，也就是应该受到政治和法律保障的利益索取或要求"[①]。财税权力的合法性及其监督的有效性，便成为保证征纳税人之间基本权利与义务交换完全平等，非基本权利与义务交换比例平等的充要条件。即财税权力的合法性越大，监督的有效性越大，而且可持续性越长久，则征纳税人之间的基本权利与义务交换便越会趋于完全平等，非基本权利与义务交换越会趋于比例平等。而且，权力的合法性取决于被管理者或被统治者认可和同意的规模大小，财税权力同样。逻辑上，增值税等税收"立法是一个集思广益的过程，必须特别强调社会民主参与，形成一种良性的社会互动机制"[②]。财税法的实质良善化，有待于最大限度地获得民意的支持和认可，而且在财税权力"闭环式"监督方面能有较大的突破。而财税法的实质良善化，一定要坚持财税权力优化的根本价值导向。

具体意味着，第一，财税权力优化是财税法实质良善化的关键。财税权力的优劣，即合法性及其监督的有效性如何，将会大概率地影响财税法主体之间权利与义务交换体系的公正性，左右财税法结构及其秩序的稳定性。换句话说，因为财税权力的合法性及其监督的有效性，既关系财税立法权力，也关系财税执法权力，还关系财税司法权力的合法性及其监督的有效性。因此要实现财税法的实质良善化，坚持财税权力优化的根本价值导向原则，就应该且必须将其贯穿到财税法实质良善化的全过程。甚至可以说，在此领域哪怕是很小的突破与进展，便会事半功倍。第二，财税权力监督的有效性是财税法实质良善化的重中之重。因为财税权力在运行过程中，会影响征纳税人之间权利与义务交换关系的完全平等性与比例平等性，从而影响征纳税人之间权利与义务结构的稳定性与可持续性。毋庸讳言，如果财税权力在立法、执法与司法过程中

[①] 王海明：《新伦理学》（中），商务印书馆2008年版，第815页。
[②] 蔡昌：《增值税立法的经济学分析》，《中国社会科学院研究生院学报》2016年第6期。

得不到有效监督和制衡,就会大概率伤害征纳税人双方的利益,背离财税法立法、修改和解释的初衷,消减而不是增进全社会和每个纳税人的利益或福祉总量。为此,关键是我们要建立起有效的"上下、德法与内外"闭环式财税权力监督制衡机制。道理如阿克顿勋爵所言,因为"权力,不管它是宗教还是世俗的,都是一种堕落的、无耻的和腐败的力量",而且"权力趋向腐败,绝对权力绝对腐败"[①]。也如哈耶克所告诫的,"在税收这个领域,政府政策的专断趋势比其他领域更为凸显。"[②]所以,财税法的实质良善化,一定要重视对财税权力的监督和制衡。第三,增强纳税人和国民的权利意识是强化财税权力监督的有效手段。重点在于,能否真正理顺国民与国家、纳税人与征税人之间目的与手段的主次交换关系,消除"税收恩赐论"观念的误导,全面确立纳税人在财税法修改或财税治理体系中的权利主体地位,建立有效的纳税人权利与尊严保护制度与机制。

必须强调的是,一旦财税治理进入大数据、智能化时代,也就是数字经济时代,基于工业革命经济形态建构的财税制度体系,必然面临新的冲击与挑战。因为"大数据开启了一次重大的时代转型"[③],"数字经济的交易活动越来越简便、灵活,而增值税的课征规则仍在不断发展与创制中,缺乏简洁统一的标准来确定增值税税基显然会加大税收执行成本和遵从成本。"[④]数字经济"已经并正在深刻改变着经济和社会,税收地域管辖权冲突、以生产地纳税带来的地区间财力越来越不平衡等对增

[①] [英]阿克顿著,侯健译:《自由与权力:阿克顿勋爵论说文集》,商务印书馆2001年版,第342页。
[②] [英]哈耶克著,邓正来译:《自由秩序原则》,上海三联书店1997年版,第72页。
[③] [英]维克托·迈尔·舍恩伯格、肯尼斯·库克耶著,盛杨燕、周涛译:《大数据时代》,浙江人民出版社2013年版,第9页。
[④] 中华人民共和国财政部税政司译:《消费课税趋势(2012年版):增值税/货物服务税和消费税的税率、趋势以及管理问题》,中国财政经济出版社2014年版,第54页。

值税体制带来了根本性挑战"[①]。因此就征税人而言，便会因为大数据的"4V"[②]超强功能的诱惑，征税权力（包括增值税权力——笔者注）会优先借"大数据"之力扩张，即通过建构政府税务机关的征纳税信息不对称优势，高速提升聚财征税能力，便会对现行纳税人权利构成侵扰，打破原有的征纳税人权利与义务生态平衡系统。特别是在对征税权力借用大数据等高新技术扩权方面缺乏制度性制衡和监督的背景下，征税权力的扩张和滥用，或是一种大概率的必然趋势。预算权力同样。

以增值税纳税人为例，"数字经济下增值税的避税空间"也会扩大，[③]纳税人便会借用互联网、大数据等高新技术，通过建构自己的增值税信息优势，逃避纳税义务，打破原有的征纳税人权利与义务"生态"平衡，逻辑上，便亟待税收治理征税方面给予及时的应对。毋庸讳言，数字经济"对增值税征收带来的挑战很大部分在于税收遵从问题"[④]。因此数字经济时代，显然"有必要重新思考和修改一些过时的增值税/消费税等概念，并对增值税制度进行修改，即建立简洁、明确、均衡、中性和可持续的增值税/消费税制度"[⑤]。而"中国应建立健全针对跨境数字服务的增值税制度，进一步优化增值税税制，全面降低税收遵从负担和合规成本，加快信息共享机制和系统建设，并积极提高纳税主体的自愿遵从度"[⑥]。用一句话来说，财税法的实质良善化，必须对此有积极有效的

[①] 王卫军：《应对数字经济的挑战：从生产增值税到消费生产税》，《税务研究》2020年第12期。
[②] 4V：即 Volume（大量）、Velocity（高速）、Variety（多样）、Value（价值）。李倩星、王震：《拥抱大数据：新常态下的数据分析典型案例》，南方出版传媒2015年版，第5页。
[③] 薛伟：《数字经济下的增值税：征税机制、避税问题及征收例解》，《财会月刊》2021年第9期。
[④] 张馨予：《数字经济对增值税税收遵从的挑战与应对——欧盟增值税改革的最新进展及启示》，《西部论坛》2020年第6期。
[⑤] [奥]迈克·兰、[比]伊内·勒琼编，国家税务总局税收科学研究所译：《全球数字经济的增值税研究》，经济科学出版社2017年版，第226-227页。
[⑥] 张馨予：《数字经济对增值税税收遵从的挑战与应对——欧盟增值税改革的最新进展及启示》，《西部论坛》2020年第6期。

回应。尽管在美国税务高管协会（Tax Executives Institute）看来，"数字经济并未改变商业本质，只是使得商业运作成本更低、效率更高；电子商务仍然离不开建立、获取、存储、定价、运输等传统商业路径，供货商、软件开发者及储货仓等也都有各自的地理位置，这并不妨碍确定征税管辖权"[1]，但新技术对现行财税法体系的冲击与挑战已经迫在眉睫。对此，学者桑福德认为，"税制改革的发生源于对现行税制不满"，即"普遍认为各税种未能实现其设计的社会经济目标，而对现行税制不满一定程度上是因为经济发生重大变化"[2]。因此，能否积极回应大数据等高新技术对现行财税法等体系构成的冲击与挑战，更考验当代财税治理者的智慧与投身财税体制改革的道德勇气，也关乎纳税人尊严水平的高低、强弱与久暂等。

也就是说，目前财税法的实质良善化，其关键在财税权力合法性及其监督有效性两大领域内的攻防与博弈，具体会在财税立法、执法与司法三大权力领域展开，但重点则在于大数据财税权力合法性的提升与监督有效性的提升上，即如何扩大财税权力的合法性，如何有效规范政府财税立法、执法和司法者的自由裁量权，真正遏制财税权力的滥用和寻租。根本说来，这显然有待中国特色"全过程民主制"[3]优势的全面展示

---

[1] TEI. TEI comments on OECD request regarding the digitalization of the economy[EB/OL].（2017-10-12）[2019-01-31]. https：//www.tei.org/sites/default/files/advocacy_pdfs/TEI—Comments—OECD—Request—for—Input—on—Digitalization—Oct122017.pdf.

[2] ［英］锡德里克·桑福德（Cedric Sandford）著，张文春、匡小平译：《成功税制改革的经验与问题（卷一）：成功的税制改革》，中国人民大学出版社2001年版，第18-19页。

[3] 全过程民主包括民主选举、民主决策、民主管理、民主监督等过程。2019年11月2日，习近平总书记考察上海市长宁区虹桥街道基层立法联系点时，第一次提出"人民民主是一种全过程的民主"。2021年3月通过的《中华人民共和国全国人民代表大会组织法》修正草案与《中华人民共和国全国人民代表大会议事规则》修正草案中，"全过程民主"被明确写入这"一法一规则"。2021年7月1日，在庆祝中国共产党成立100周年大会上的重要讲话中，习近平总书记又特别提出要"践行以人民为中心的发展思想，发展全过程人民民主"，在其中加入了"人民"二字。谈火生：《全过程民主的深刻内涵》，《人民政协报》2021年9月29日。

与发挥。因为政治权力的合法性与监督的有效性，总体上决定了财税权力的合法性及其监督的有效性。

五、结语

总之，财税制度规则之优劣善恶，与纳税人尊严的高低、与国运的兴衰紧密相关。不断提升财税权力的正当性与合法性，是财税制度实质良善化的不二法门，也是直接提升纳税人尊严总体水平的不二法门。就财税制度实质良善化而言，我们既要坚持"财税正当性"的核心价值导向，也要坚持"财税合法性"的基本价值导向，更要坚持财税权力优化的根本价值导向。财税制度的实质良善化，不是随意约定和修改其有关条款就能实现和完成的，必须敬畏财税治理的大道规律和原理，遵从和运用科学的立法、修改和解释方法，或可实现和获得。

问题在于，财税制度与治理过程的实质良善化，仅仅是充分发挥财税在国家治理体系中特有功能和作用，以及提升纳税人尊严水平的重要举措之一。因为就政府的全部收入构成而言，税收只是其中一个相对稳定和重要的部分，除此之外，政府还有大量的非税收入与金融货币类的收入等。但无论如何，唯有全面提高整个财税制度的科学性与优良性，也就是"正当性与合法性"，才是充分发挥财税在国家治理体系中特有功能和作用的基本手段，才有助于全面提升纳税人的尊严水平。

第四章
提升中国纳税人尊严之道

基于未来国家治理可能遭遇的不确定性、国内外政治经济形势的复杂多变性以及实践的不易操作性等因素，对于身处社会主义初级阶段的当下中国而言，纳税人尊严保护任重道远，我们必须负重前行，直面一切可能遇到的理论尴尬与实践挑战，同时还应提出有效的因应之策，以期助力国运的可持续兴盛与"中国梦"的早日实现。中国纳税人尊严即中国纳税人"尊贵、庄严的愉悦型心理体验"。要全面提升中国纳税人尊严水平，我们必须自觉进行理论创新和实践探索，直面系统性问题与主要障碍，将纳税人尊严一般性目标与中国纳税人尊严的特定目标有机结合在一起，保持动态平衡，既要与纳税人尊严一般要求协调，不发生根本性冲突，同时又要与中国纳税人所处的时代要求相吻合，不脱离中国具体实际。

一、提升中国纳税人尊严必须直面的理论挑战

（一）在纳税人尊严基本理论方面

在纳税人尊严基本理论方面，提升中国纳税人尊严必须直面的主要挑战如下。

1.忽视"纳税人尊严"乃是权利与义务平等交换统一体的客观性。即仅仅关注纳税人尊严的"权利"意蕴,忽视了纳税人尊严的"义务"内涵。实践中,或者仅仅强调纳税人尊严的权利意义;或者仅仅强调征税人在纳税人尊严保护中的"义务",有意无意地忽视了征税人的权利;或者仅仅重视纳税人的义务,忽视纳税人的权利;或者仅仅重视纳税人尊严的非基本权利一面,忽视纳税人基本权利一面,等等。

2.忽视纳税人尊严享有和实现之前提与充要条件问题,就是忽视税权合法性与监督有效性等核心问题。如前所述,因为"权利是权力保障下的利益索取或要求,义务是在权力保障下的利益奉献或给予",税权合法性与监督的有效性,决定纳税人权利与义务交换的公正性与平等性,是保证纳税人权利与义务公正平等交换的充要条件,决定纳税人在税收治理体系中权利主体地位的稳固程度,决定纳税人涉税需要、欲望、目的与兴趣等衍生物的满足程度,决定纳税人"尊贵、庄严的愉悦型心理体验"之强弱、大小与久暂等。

3.忽视广义"纳税人尊严"问题,仅仅重视狭义"纳税人尊严"问题。具体来说,一方面仅仅重视纳税人的"法定尊严"问题,即狭义"纳税人尊严"的问题,也就是借助国家权力强制力量实现"纳税人尊严"的问题,却忽视借助财税非权力力量实现"纳税人尊严"的问题;另一方面则忽视广义"纳税人尊严"问题,即纳税人的"德定尊严"问题,即仅仅重视借助舆论和教育两种非权力力量实现"纳税人尊严"的问题,却忽视通过国家权力及其财税权力强制途径实现"纳税人尊严"的问题。显然,这种理论上的缺位和缺憾,便会带来实践领域的危害,从而只会拉低,而不是提升纳税人尊严水平。

4.忽视纳税人尊严间接、总体受制于一个国家制度类公共产品生产和供给质量与数量的问题,仅仅重视纳税人尊严直接依赖于当前税制的问题。即仅仅重视税收"取之于民,用之于民"领域的纳税人尊严问题，忽视税收更应"用之于民之所需"领域的纳税人尊严问题。换句话说，仅仅重视征税聚财视域的纳税人尊严数量问题，却忽视用税视域的纳税人尊严质量问题，也就是生产和供给的公共产品的性价比高低、结构性是否合理以及是否可持续等问题。

5.忽视纳税人作为税收治理主体的尊严问题，仅仅重视纳税人在履行纳税义务中的尊严问题。具体来说，就是忽视纳税人作为纳税人尊严终极评价主体的问题。或者说，比较重视纳税人在履行纳税义务环节中的尊严问题，却忽视纳税人或国民在用税环节的尊严满足问题。

6.忽视"纳税人尊严"觉悟的层次性问题，仅仅抽象地重视纳税人尊严的高标准层次——无私利他至善层次的实现问题。具体是，比较重视纳税人尊严的最高原则与要求，并作为唯一要求，同时忽视纳税人尊严的基本与最低原则和要求。其实践危害毋庸讳言，显然无法最大限度地动员和激发纳税人尊严认识、情感与意志，无助于提升全社会纳税人尊严的总体水平。

（二）在纳税人尊严结构认识方面

在纳税人尊严结构认识方面也存在诸多缺憾与不足，主要挑战如下。

1.比较重视纳税人尊严的表层结构问题，却忽视纳税人尊严的基本、完整与深层结构问题。即在实践中，比较重视纳税人主体资格，涉税需要、欲望、目的与兴趣等衍生物，涉税利益客体（公共产品）以及涉税权利和义务分配规范"四个部分"的纳税人尊严问题，却忽视纳税人尊严基本结构，即内容与形式相统一的问题，比如"内容大于形式"——满足未被感受问题，以及"内容小于形式"——虚幻满足等问题。

2.比较重视纳税人尊严的表层结构问题，却忽视纳税人尊严完整结构的问题，也就是忽视纳税人尊严价值及其价值判断等问题。其实践危害在于，容易导致纳税人尊严的内容与形式背离，关键是忽视纳税人尊严标准制定的科学性与优劣差异问题。逻辑上，这便容易为恶意剥夺纳税人尊严者提供理论"保护"与借口,即为"言行不一"者提供伤害纳税人尊严的模糊空间。

3.忽视纳税人尊严标准制定的科学方法与程序,自觉不自觉地抹杀纳税人尊严价值的层次性与标准的优良性等问题。但理性告诉我们,唯有优良纳税人尊严评价标准,才有助于一个国家和社会纳税人尊严总体水平的提升,有助于纳税人在履行缴纳税款义务过程或之后,特别是在完成征纳税人权利与义务交换之后,涉税需要、欲望、目的与兴趣等衍生物的满足,并获得"尊贵、庄严的愉悦型心理体验"。

显而易见,要实现纳税人尊严保护机制的总体优化,全面提升纳税人尊严水平,既需要纳税人尊严理论方面的创新与突破,也需要纳税人尊严实践方面的科学运筹与有效行动。

(三)在纳税人尊严类型认识方面

在纳税人尊严类型认识方面,中国纳税人尊严提升面临的主要挑战在于:特别重视纳税人尊严的特殊性、相对性与主观性等视域问题的研究,却忽视纳税人尊严的普遍性、绝对性与客观性等视域问题的研究。岂不知,纳税人尊严是主观性与客观性、相对性与绝对性的统一体。忽视任何一类纳税人尊严问题的研究,都存在理论上的缺陷与不足,潜藏着实践上的危害与风险。道理如康德所言,因为不具有"可普遍化性"[①]的道德(包括纳税人尊严规范——笔者注),其优良性都是经不起终极追问的。黑尔也认为,道德具有两个特性,"第二个特性通常被叫作可普遍化性。可普遍化性的意思是,一个人说'我应该',他就使他自己同意处在他的环境下的任何人应该。"[②]

---

① "可普遍化性"概念,最先由康德提出,最后由黑尔确立——笔者注。
② R.M.Hare, *Essays in Ethical Theory*, Clarendon Press Oxford, 1989, p179.

（四）在纳税人尊严性质认识方面

在纳税人尊严性质认识方面存在的主要缺憾与不足如下。

1.比较重视纳税人尊严的主观性视域问题的研究，却忽视纳税人尊严客观性视域问题的研究，特别是忽视纳税人尊严内容与形式背离问题的研究。因为纳税人尊严的主观性是被动的、被决定的，是次要的方面，而纳税人尊严的客观性，也即涉税需要、欲望、目的与兴趣等衍生物之满足，则是主动的、具有决定意义的，是主要的方面。用一句话来说，因为纳税人尊严的客观性主导和决定着纳税人尊严的主观性，所以不能忽视或者无视纳税人尊严的客观性。

2.重视纳税人尊严真实性视域问题的研究，忽视纳税人尊严虚幻性视域问题的研究。这是因为，纳税人尊严的虚幻性与真实性并不意味着一个纳税人只应追求真实的纳税人尊严而不应该追求虚幻的纳税人尊严。事实上，每个纳税人既应该追求真实尊严，也应该追求虚幻尊严。道理在于，当一个纳税人能够得到真实尊严的时候，显然应该追求真实性尊严；当一个纳税人得不到真实尊严的时候，也不妨自足于虚幻尊严。就是因为，纳税人真实尊严的实现有赖于其涉税需要、欲望、目的与兴趣等衍生物的真实满足而非虚幻满足，就应该追求真实的纳税人尊严；又因为，纳税人尊严的虚幻满足所能给予纳税人的，不过属于精神安慰，唯有在真实尊严无法实现时，纳税人尊严的虚幻性满足才具有精神安慰的价值。

3.重视纳税人尊严相对性问题的研究，忽视纳税人尊严绝对性问题的研究。其实践危害在于：否定纳税人尊严的绝对性，会挫伤纳税人追求绝对性尊严的积极性与主动性，进而会否认纳税人尊严评价标准的优良性，仅仅满足于低位阶的纳税人尊严，忽视对高位阶优良纳税人尊严标准理想目标的追求。

二、全面提升中国纳税人尊严必须直面的实践挑战

要全面提升中国纳税人尊严,在现实操作层面必须直面的主要挑战如下。

(一)就影响纳税人尊严的宏观、总体要素而言

目前中国纳税人尊严保护面临的主要挑战在于:

1.经济体制类公共产品供给不足。主要表现为:(1)市场经济处于低位阶、不完备状态,或者说,市场经济体制建设尚存在滞后、不健全、不完备的问题。(2)市场经济虽在社会资源配置中发挥决定性作用,但企业家组织化创获财富的主体地位缺乏有效的制度保障。(3)传统计划经济体制的惯性依然在阻滞市场经济体制的建立和发展,市场经济在资源配置中的决定性作用有待进一步提高。(4)政府在处理与市场经济的关系中,由于传统官本位文化与臣民意识的影响,错位与失位现象比较严重,"既当裁判,又当运动员"的现象尚未根除。(5)经济不公,特别是财富分配不公,即国民收入分配不公问题导致的纳税人财富分配"税—富不一致"问题尚未得到有效解决。据国家统计局发布的《中国统计年鉴2019》披露,中国各阶层收入及人数占比数据如下:

极低收入层:月收入在1000元以下,有5.6亿人;低收入层:月收入在1000—2000元之间,有3.1亿人。即中国社会目前90%的人月收入在5000元以下;62%的人月收入在2000元以下;月收入过万的只有7110万人。[①]

这些统计数据至少提醒我们,尽管目前中国已成为世界第二大经济体,但人均收入与发达经济体相比,差距仍然较大。因此,这既会影响私人产品供给和生产的质量与数量,无法使纳税人私人需要、欲望、目

[①] 中华人民共和国国家统计局编:《中国统计年鉴2019》,中国统计出版社2019年版。

的、兴趣等衍生物及时得到满足,无法直接感受到"尊贵、庄严的愉悦型心理体验",也会影响公共产品生产和供给的质量与数量,无法使纳税人的公共需要、欲望、目的、兴趣等衍生物得到满足,无法间接感受到"尊贵、庄严的愉悦型心理体验",会从总体上拉低纳税人的尊严水平与境界。

2.政治体制类公共产品供给不足。主要表现在:(1)基于社会主义初级阶段的现实国情,中国的民主制度尚处于初级的不完备位阶。比如,人大代表中的官员占比偏高的问题等。[①]毋庸讳言,人大代表结构的合理与否,必然影响财政决策水平的高低。因为"在经济人理性假定下,官员的短期行为则会受到民主代理人的监督约束,而影响代理人发挥民主监督功能的影响因素来自监督的成本和风险,进一步可根源于代理人的民主能力、独立性和充分性"[②]。而城乡民主制发展进程的不平衡[③]、人大预算监督职能弱化导致的"实质性监督不够"[④]等问题,也会直接导致预算审批程序的形式化、预算执行监督的表面化、决算报告审议的走过场等问题。[⑤](2)权力监督制衡机制有待完善和优化,亟待建立"闭环式"监督机制,彻底将权力关进"制度的笼子",从而遏制权力的寻租与腐败问题。(3)公民社会建设滞后,公民文化培育缺位。主要是传统官本位文化仍然占据主导地位,臣民意识的负面效应还在或明或暗地蔓延,直接影响国家治理与财税治理的现代化。(4)社会舆论的内外监督机制低效与失效问题严重,特别是外部舆论监督机制建设的滞后与

---

① 政府和两院(法院和检察院)的官员代表一般在40%～50%,有的甚至高达60%。周天勇:《完善人大代表的结构》,《四川统一战线》2007年第10期。
② 苏启林:《人大代表的民主代理影响公共支出的社会福利导向性吗?》,《经济社会体制比较》2014年第3期。
③ 是指文化程度水平相对较高的城市民主化,反倒落后于农村民主化的现象。
④ 赵雯:《地方人大预算审查监督简明读本》,复旦大学出版社2008年版,第166页。
⑤ 白志刚:《公共预算立法决策现状分析与对策》,《学术交流》2008年第3期。

低效问题尚未得到有效解决。坦率地说，由于上述种种问题的存在，其实践危害不可小觑。因为它们容易导致国民与国家之间、征纳税人之间权利与义务的不平等交换，总体消减政治清明度类公共产品的供给质量与效率，加剧了"德—福不一致"、不公正问题的危害。

3.道德体制类公共产品供给不足。主要表现在：（1）纳税人尊严道德类公共产品生产与供给存在结构性缺陷。因为我们一直高调倡导"无私利他"类道德公共产品的生产与供给，但就本质而言，此类公共产品的生产和供给存在结构性缺憾，比如数量不足、质量不高、动力匮乏等。（2）否定"为己利他"型与"纯粹利己"型公共产品生产和供给的价值，容易导致此类公共产品生产与供给高不成、低不就的尴尬局面。（3）对纳税人尊严行为心理规律缺乏足够的重视、敬畏与研究，有意无意地忽视或无视人性规律在纳税人尊严道德体系中的基础与基石作用。实践中，由于我们的纳税人尊严道德体系缺乏层次性，我们忽视了对纳税人尊严认知的觉悟差异，很难发挥纳税人尊严道德类公共产品生产与供给的精神动员与智力激励作用，无助于从总体上提升纳税人尊严水平。

4.文化体制类公共产品供给不足，存在严重缺陷。主要表现在：（1）全社会总体文化程度偏低[①]，会从总体上拉低我国国民对纳税人尊严的认知水平。（2）言论与出版自由空间相对逼仄，客观上也会抑制文化体制类公共产品的生产与供给。（3）学术自由交流平台与载体建设相对滞后，也会间接影响纳税人尊严的总体水平。

---

① 2010年中国在业人口仍以具有初中及以下文化程度者为主体，占到3/4左右，其中23.9%仅接受过小学教育，文盲占3.4%；接受过高中和中等专业技术教育者占13.9%；接受过高等教育的只占10.1%。张爽：《中国劳动力受教育程度的实证研究——基于人口普查数据平台的时间序列分析》，《西北人口》2014年第3期。

（二）就影响纳税人尊严的中观、系统要素而言

就影响纳税人尊严的中观、系统要素而言，目前提升中国纳税人尊严水平面临的主要挑战如下。

1. 就税制类公共产品的供给而言，存在数量不足、质量欠缺等问题。具体表现在：一是征税权力授予和监督缺乏制度性保障，税权合意性不足，即"未经同意不得征税"的原则尚未实现税制的实质性"嵌入"。同时，税权监督机制也缺少"闭环式"构架和保障。毋庸讳言，由于征税权力缺乏制度性约束与制衡，致使我国总体税收收入长期高速增长，直到2016年由于国内外经济政治形势的变化，才开始减速。但在这之前，纳税人税负与费负则一直呈现加重趋势。据有关资料，中国纳税人税负虽在国际比较中处于平均税负附近，但如果加上"非税收入"，中国纳税人的负担之重很惊人。[1]当然，由于统计口径的差异，也有研究者认为，发达国家的宏观税负平均为40.59%，发展中国家的宏观税负平均为24.65%，而我国为35.58%。[2]但在更多的研究者看来，中国纳税人的税负已经远远超过发展中国家。当然也有专家认为，中国的税负并不高。截至2017年，"我国小口径、中口径和大口径宏观税负分别为17.45%、20.86%和28.90%。"[3]问题是，中国政府的收入由税收收入与非税收入两部分构成。以2015年为例，中国财政收入是15.22万亿元；如果加上社保基金4.6万亿元，政府性基金4112亿元，地方本级政府性基金38218亿元（含土地出让金），合计4.23万亿元，再加上

---

[1] 据世界银行统计，在2005—2012年之间，我国总税率基本呈现下降趋势，但在2013年，总税率由37.2%骤然上升至68.7%；随后2014年、2015年、2016年，我国企业总税率分别为68.5%、67.8%、68.0%。

[2] 广义指标较狭义指标增加的部分主要是各种费用，比如非税收入（包含专项收入、行政事业性收入、罚没收入和其他收入）。张津：《我国税收制度现代化的推进路径选择——基于公平维度的比较分析》，《税收经济研究》2019年第4期。

[3] 吕冰洋：《中国税收负担：孰轻孰重？》，《经济学动态》2020年第1期。

国有资本经营收入2560亿元，几大项简单相加，就到了24.31万亿元人民币！中国非税收入水平确实是一枝独秀，相对比较高。[1]而且近年来，特别是在新冠疫情影响下，大有加剧之势。二是缺乏纳税人利益表达机制，即征税合法性与合意性欠佳，尚未真正体现纳税人的纳税意志。三是社会主义核心价值观倡导的自由、平等、法治与政治、经济、思想自由原则，公正公平原则，诚信等重要道德原则，至今尚未实现税制的实质性"嵌入"，致使征税方式的文明性被社会长期诟病。四是中国纳税人在国家税收治理体系中的权利主体地位被长期忽视。这意味着，既无法实现"取之于民，用之于民"公共产品的平等交换，实现征税总量的最小与征税速度的最低，更无法实现"用之于民之所需"的税收治理理想，做到征、纳税人之间基本权利与义务的完全平等交换、非基本权利与义务的比例平等交换，包括征、纳税人各自之间权利与义务的平等交换。逻辑上，这何谈纳税人尊严的需要、欲望、目的与兴趣等衍生物的满足，并感受到"尊贵、庄严的愉悦型心理体验"？

2.就预算制度类公共产品供给而言，同样存在数量不足、质量欠缺等问题。具体表现在：一是国民和纳税人的"用税"合意性存在问题。因为"未经国民同意不得用税"原则尚未实现预算制度的实质性"嵌入"，国民"用税"利益表达机制建设滞后。二是预算权力合法性欠缺，有待制度性保障机制的建立。三是有效的预算权力"闭环式"监督机制尚未建立，监督的有效性亟待提升。四是用税方式的文明位阶有待提高，即社会主义自由、平等、法治、限度以及政治、经济与思想自由原则、公

---

[1] 从2007年到2018年，地方财政非税收入总额从4320.5亿元增加到21948.59亿元，后者是前者的5倍多，年均增长约16%；而同期税收收入年均增长仅约13%，比非税收入要低约3个百分点；同期非税收入占财政收入的比例从约18%提高到约22%，年均增长约1.85%，而税收收入占财政收入的比例从约82%降低到约78%，年均减少约0.47%。邹洋：《非税收入的财政幻觉效应分析》，《财政科学》2020年第10期。

正公平原则，包括诚信、便利、节俭等重要道德价值，有待预算制度的实质性"嵌入"。五是用税公正性的问题必须得到特别关注和重视，特别是对国民与国家之间权利与义务的平等交换问题有待进一步重视。因为国民与国家之间涉税基本权利与义务的完全平等交换、非基本权利与义务的比例平等交换很关键。当然，对国家和政府及其官员之间、国民之间涉税基本权利与义务的完全平等交换、非基本权利与义务的比例平等交换的问题，也应给予足够重视。六是用税的公开透明问题至今尚未得到完全有效解决，即财政预算透明尚在路上，还是现实治理中的特别关注项。

坦率地说，就影响纳税人尊严的中观、系统要素——财税制度类公共产品的供给与生产而言，全面提升纳税人尊严类财税制度的创新成果仍然处于低位，亟待尽快提高。根本表现在：由于财税权力授予的合法性与监督的有效性等制度建设滞后，无法真正保证征纳税人之间、国民与国家之间、国家政府及其官员和国民之间，以及纳税人各自之间涉税权利与义务的公正平等交换，特别是基本权利与义务的完全平等交换、非基本权利与义务的比例平等交换，等等。

（三）就影响纳税人尊严的微观、个体要素而言

就影响纳税人尊严的微观、个体要素而言，目前中国纳税人尊严提升面临的主要挑战在于：整体忽视纳税人尊严的外在教育与内在修养问题。学者汤礼春认为："在我们国内，也不能说纳税人没有尊严，不被人尊敬和重视。"问题在于："我们提倡和宣传得还不够，没有特别地突出纳税人的地位和价值，就好像纳税人纳税是天经地义的事，不值得特别地宣传和强调。"[①] 一方面就目前中国纳税人尊严的外在教育而言，相对比较重视言教和奖惩教育，忽视身教和榜样教育；就纳税人尊严

---

① 汤礼春：《纳税人的尊严》，《税收征纳》2012年第6期。

微观、外在教育的内容而言，相对比较重视高标、至善类纳税人尊严的教育，也就是"圣人""仁人"层次的纳税人尊严教育，忽视最低、基本层次类的纳税人尊严教育。另一方面就纳税人尊严的微观、内在修养而言，相对比较重视纳税人尊严学习、立志的修养，忽视其躬行与自省的修养。

三、全面提升中国纳税人尊严的因应对策

（一）因应理论挑战

就全面提升中国纳税人尊严面临的诸多理论挑战而言，未来因应对策如下。

1.必须深化对纳税人尊严内涵与本质等基本理论问题的认识。一是必须充分重视"纳税人尊严"权利与义务平等交换统一体客观性问题的研究。既要关注纳税人尊严的"权利"意蕴问题，也要关注纳税人尊严的"义务"内涵问题。具体来说，既要重视纳税人尊严非基本权利的保护问题，也要重视纳税人尊严非基本义务的履行问题；既要重视纳税人尊严基本权利的保护问题，也要重视纳税人尊严基本义务的履行问题。

二是必须重视纳税人尊严享有和实现之前提，特别是要重视财税权力合法性及其监督有效性等问题的研究。不能避重就轻，甚至有意无意地忽视或无视影响中国纳税人尊严核心视域问题的研究。

三是既要重视广义"纳税人尊严"视域问题的研究，即重视纳税人"德定尊严"视域问题的研究，借助舆论和教育两种非权力力量实现视域问题的研究，也要重视通过权力力量实现纳税人"法定尊严"等视域问题的研究，借助暴力与行政两种权力强制实现视域问题的研究。

四是既要重视纳税人尊严直接依赖于当前税制视域问题的研究，也要重视纳税人尊严间接，却根本依赖于国家制度类公共产品视域问题的研究。既要重视"取之于民，用之于民"视域问题的研究，更要重视

"用之于民之所需"视域问题的研究。

五是既要重视纳税人作为税收治理主体类尊严视域问题的研究，也要重视纳税人作为尊严终极评价主体视域问题的研究，以期真正理顺征纳税人之间的"目的与手段"本真关系，奠定纳税人尊严的伦理基础。

六是必须重视"纳税人尊严"层次性视域问题的研究，不能"胡子眉毛一把抓"。即要根据纳税人的尊严觉悟的不同层次，设定不同的纳税人尊严培育和引导目标，调动国民提升纳税人尊严水平的积极性。

2.必须深化对纳税人尊严结构视域问题的认识。既要重视纳税人尊严的表层结构视域问题的研究，也要重视纳税人尊严基本、完整与深层结构视域问题的研究。一是要重视纳税人主体资格，涉税需要、欲望、目的与兴趣等衍生物，涉税利益客体以及涉税权利和义务分配等规范视域问题的研究；二是要重视纳税人尊严深层结构视域问题的研究；三是要重视纳税人尊严标准制定的科学方法与程序等视域问题的研究，特别是要重视纳税人尊严价值层次性与标准优良性视域问题的研究。用一句话来说，必须既要重视纳税人尊严行为心理事实如何之规律视域问题的研究，也要重视纳税人尊严保护终极目的视域问题的研究，还要重视纳税人尊严价值与价值判断视域问题的研究。

3.必须深化对纳税人尊严类型视域问题的认识。尽管纳税人尊严可划分为许多种，但比较有意义的分类，乃是根据其性质进行的分类。因此，一是要重视纳税人尊严特殊性、相对性与主观性类视域问题的研究；二是要重视纳税人尊严普遍性、绝对性与客观性类视域问题的研究；三是要重视纳税人尊严特殊性与普遍性、相对性与绝对性、主观性与客观性之权利与义务统一体视域问题的研究。唯有二者的统一与互动，才有可能真正促进纳税人尊严感的最大化，最大限度地使纳税人能感受到"尊贵、庄严的愉悦型心理体验"。

4.必须深化对纳税人尊严性质视域问题的认识。尽管可根据性质对纳税人尊严进行分类，但纳税人尊严的性质不等于纳税人类型。因此，未来中国纳税人尊严的全面提升，既要重视纳税人尊严主观性视域问题的研究，也要重视纳税人尊严客观性视域问题的研究；既要重视纳税人尊严真实性视域问题的研究，也要重视纳税人尊严虚幻性视域问题的研究；既要重视纳税人尊严相对性视域问题的研究，也要重视纳税人尊严绝对性视域问题的研究，等等。

（二）就中国纳税人尊严面临的宏观、总体要素而言

就中国纳税人尊严面临的宏观、总体要素而言，全面提升纳税人尊严的因应对策如下。

1.必须全面提升经济体制类公共产品的质量与数量

一是必须提高中国市场经济的位阶，矢志向完备状态努力，特别是对市场经济体制配套制度的建设必须加速。二是必须优化市场在资源配置中起决定作用的制度与机制，切实发挥市场在资源配置中的决定性作用。特别是，必须实质性赋予企业家自主自由的最高经济决定权，充分发挥企业家在市场经济中的主体引领与动力作用。三是必须全面消减计划经济体制惯性对现代市场经济建设的负面效应，特别是警惕国有企业对市场经济的干扰与扭曲效用。四是在处理政府与市场的关系中，必须重视政府的错位与失位问题，高度警惕传统官本位文化与臣民意识对现代市场经济的负面影响。五是必须竭力消减财富分配不公问题，特别是由于国民收入分配制度不公导致的"德—富不一致"问题。

2.必须全面提升政治体制类公共产品的质量与数量

一是必须正视中国社会主义民主制度建设的"初级阶段性"，即低位阶、不完备等问题，努力向完备民主制度进发，从根本上解决政治权力、财税权力的合法性与合意性问题，奠定权力的合法性民意基础。具体来说，必须优化人大代表结构，改善现有官员代表主导人大决策活动的局面，进一步发挥人民代表大会的组织职能，充分体现大多数国民或

纳税人的涉税意志。同时，必须重视和改善城乡民主制发展进程不平衡问题，加快城乡民主化进程。二是必须强化权力"闭环式"监督制衡机制建设，真正把权力关进"制度的笼子"。三是必须重视和加强公民社会建设，加速公民文化的培育，尽快铲除官本位文化与臣民文化滋生的土壤。四是必须重视和解决社会舆论监督机制的低效与失效问题，必须借助现代传媒技术的力量，切实强化社会监督等。用一句话来说，关键在于如何消减导致征纳税人权利与义务交换中存在的"德—福不一致"问题，建立公正的、稳定的、"德—福一致"的清明政治平台，让国家治理能在"阳光下运行"，消减财税权力的腐败现象。

3.必须全面提升社会治理道德体制类公共产品的质量与数量

一是必须重视和解决道德体制类公共产品生产和供给存在的结构性问题。即必须从根本上改善目前片面、单一的"无私利他"型公共产品供给问题。二是必须为"为己利他"型公共产品的生产与供给正名，真正敬畏人际行为心理事实如何之客观规律，发挥人性规律在社会道德体系中，也就是在社会道德类公共产品生产与供给中的基础、基石与保障作用。因为社会道德体系如果缺乏层次性，很容易忽视纳税人尊严认知觉悟差异的事实与规律，客观上消减国民和纳税人的动员与激励作用，拉低全社会的纳税人尊严水平。三是必须肯定和包容"纯粹利己"型公共产品生产与供给的价值，即肯定"不损人"类公共产品生产与供给的价值。"纯粹利己"型公共产品的生产与供给，同样有助于最大限度地消减"德—道不一致"现象，为纳税人尊严的可持续提升奠定广泛、坚实的人性动力基础。

4.必须全面提升纳税人尊严文化体制类公共产品的质量与数量

一是必须全面提高整个社会的文化水平，为纳税人尊严认知水平提高奠定基础。二是必须重视和给予全社会更多的思想自由，解放思想，全面拓展言论与出版自由空间，为纳税人尊严真理性思想的诞生搭建自由平等的平台，营造积极的思想氛围。三是必须继续坚持"百花齐放，百家争鸣"的文化治理原则，优化学术自由交流平台与载体，并借用现代技术力量，加速纳税人尊严理论的创新与突破。

（三）就影响纳税人尊严的中观、系统要素而言

就影响纳税人尊严的中观、系统要素而言，全面提升中国纳税人尊严的因应对策如下。

1.必须全面提升税制类公共产品生产和供给的数量与质量

一是必须彻底解决征税权力授予和监督缺乏制度性保障的问题，也就是税权合意性欠缺的问题。同时，必须真正解决税权监督缺少"闭环式"机制的问题，真正建立"德法、内外、上下"互动的"闭环式"税权监督与制衡机制。二是必须建立纳税人利益表达机制，策略性地弥补当前征税合法性与合意性被质疑和诟病的问题，充分体现纳税人的纳税意志，尊重纳税人的权利主体地位。三是必须自觉推动自由、平等、法治与政治、经济、思想自由原则，公正公平原则以及诚信等重要道德原则的税制实质性"嵌入"，彻底解决目前中国征税方式文明位阶比较低的问题，全面夯实现代税制建设的文明价值基础。

2.必须全面提升预算制度类公共产品供给的数量与质量

一是必须彻底解决用税的合意性问题，也就是"取之于民"的税费，如何全部"用之于民之所需"的问题。毋庸讳言，必须全力推动"未经国民同意不得用税"原则的预算制度实质性"嵌入"，认真尊重全体国民在预算治理中的权利主体地位，把重大预算事务的决定权还予纳税人和国民，充分发挥全国人大组织机构在预算治理中的决策与监督职能。二是必须切实优化预算权力机制，提高预算权力的合法性与合意性，关键是建立预算权力制度性的保障机制，并建立"闭环式"预算权力监督制衡机制，有效防范预算权力在使用过程中可能发生的寻租与腐败问题。三是必须切实提高用税方式的文明程度，推动人道、自由、平

等、法治与政治、经济、思想自由原则,公正公平原则,以及诚信等重要道德原则的预算制度"嵌入",真正奠定预算制度的文明价值基础。四是必须继续重视和加强用税的公正性,特别关注国民与国家之间预算权利与义务的平等交换问题。五是必须尽快解决用税透明问题,能让政府所有的花钱行为真正沐浴在公开透明的阳光里,切实减少公共资金的腐败与浪费现象。事实上,当前面临的主要问题是:如何解决"花正确的钱"的问题,而不是如何"正确花钱"的问题。[1]

(四)就影响纳税人尊严的微观、个体要素而言

就影响纳税人尊严的微观、个体要素而言,提升中国纳税人尊严的因应对策如下。

就纳税人尊严外在教育的方式而言,既要重视言教和奖惩教育,也要重视身教和榜样教育。一是要加强对纳税人尊严内涵与本质视域问题的研究,并达成基本共识。二是要完善纳税人尊严奖惩教育体系。三是要完善纳税人尊严"身教"体系,并扩大影响范围。四是要树立具体、真实的纳税人尊严榜样,杜绝"高大上"的榜样,特别要树立"为己利他"道德英雄类的榜样。

就纳税人尊严外在教育的内容而言,既要重视高标、至善类纳税人尊严教育,也要重视基本、最低层次类纳税人尊严教育。就纳税人尊严外在教育内容而言,教育目标的设定也应该有相应的层次性与结构性,既不能高蹈虚空,也不能挫伤纳税人追求理想尊严目标的热忱。纳税人尊严教育,既要有至善的理想内容与目标要求,也要有现实的基本内容与目标要求,还要有最低的内容与目标要求。用一句话来说,我们不能不分觉悟层次与对象地"一刀切"。

就纳税人尊严的内在修养而言,要提升中国纳税人尊严水平,应从

---

[1] 姚轩鸽:《预算需正确决策与正确执行》,《深圳特区报》2020年6月2日。

学习、立志、躬行与自省四个方面下功夫。一要积极营造纳税人自觉学习和实践"自由、公正与公共福祉"核心价值精神及纳税人尊严价值的氛围，为纳税人阅读此类书籍、听取相关讲座等提供方便，重在解决纳税人个体涵养"自由、公正与公共福祉"核心价值精神及其尊严品格自觉性与动力不足的问题。二要引导纳税人"立志"，即自觉选择做一个具有"自由、公正与公共福祉"纳税人尊严的组织化创获财富者。三要鼓励纳税人自觉按照正心、积善与改过、慎独三大阶段，自愿实践"自由、公正与公共福祉"核心价值精神及纳税人尊严价值规范。四要启发纳税人的自我反省意识，即引导纳税人自觉对自己实践"自由、公正与公共福祉"核心价值精神及其纳税人尊严行为进行自我检查，从而提高自己的纳税人尊严认识、情感与意志。

（五）就影响纳税人尊严的根本要素而言

逻辑上，影响纳税人尊严的根本要素是税权的合法性及其监督的有效性。因为如前所述，"权利是一种具有重大的社会效用的必须且应该的索取或要求；是一种具有重大的社会效用的必须且应该得到的利益；是一种具有重大的社会效用的必当得到的利益；因而也就是应该受到社会管理者依靠权力加以保护的利益、索取或要求；说到底，也就是应该受到政治和法律保障的利益、索取或要求"。由于税权的合法性及其监督的有效性最终取决于一个国家选择实行的是何种政体，逻辑上，中国纳税人尊严水平的总体提升，显然有待于全过程人民民主制度优势的全面可持续展现与发挥，除此之外的所有努力，都不过是在积累"量变的数字"，为结构性的质变作铺垫而已。

（六）就纳税人尊严的实质而言

就纳税人尊严的实质而言，显然用税的质量与数量及其可持续性，才是影响纳税人总体尊严水平高低、强弱、大小与久暂的核心要素。因此，党的二十大报告作为"百年未有之大变局"下，中国共产党带领全国人民探索中华民族伟大复兴之路的战略蓝图与行动纲领，对财政在国家治理系统所具有的"基础性、支柱性与保障性"及其"枢纽性"[①]功能与作用的进一步强调和确立，认为未来财税制度创新要"健全现代预算制度，优化税制结构，完善财政转移支付体系"，通俗表述即为"用好税、收好税与共享税"。这与以往重要文件上的表述有所差异的地方在于，这里将"用好税"放在首位。这意味着更加强调和突出"预算"问题，即更加强调"用好税"在财政制度创新与治理中的地位与作用。"用好税"既是预算制度优化和现代化的内在价值根据，同时也是"收好税"的道德价值与基础所在。逻辑上，报告的这一论断也有助于中国纳税人尊严总体水平的提升。因为"用好税"直接关系到公共产品生产与供给的可持续性，有助于纳税人尊严总体水平的提升与可持续性的强化。

党的二十大报告在财政体制改革方面提出要"健全现代预算制度"，即要"用好税"[②]，显然这是针对目前中国财政治理中存在的主要问题提出的。众所周知，经过40多年的改革开放，中国在税制改革创新方面，即在如何"收好税"方面，已经取得了举世瞩目的骄人业绩。举例来说，2021年全国一般公共预算收入202539亿元，同比增长10.7%[③]；2022年全国一般公共预算收入203703亿元，比上年增长0.6%，扣除留抵退税因素后增长9.1%[④]；2023年全国一般公共预算收入突破21万亿

[①] 日本财政学者神野直彦所言，因为"政治体系通过财政渠道筹措货币，以此来维持社会秩序，同时又通过财政渠道提供公共服务，保护所有权，进而通过财政渠道向社会体系提供公共服务，借以维系共同体式的关系。这样做的目的是获取社会体系的'忠诚'拥护"。即"财政是连接三个子系统的不可或缺环节。三个子系统以财政为媒介构成了'整个社会'"。[日]神野直彦著，米彦军等译：《体制改革的政治经济学》，社会科学文献出版社2013年版，第10页。
[②] 姚轩鸽：《"用好税"是新一轮财税改革的重点》，《深圳特区报》2014年6月24日。
[③]《2021年全国一般公共预算收入突破20万亿元》，新华社，https://www.gov.cn/xinwen/2022-01/25/content_5670430.htm。
[④]《2022年财政收支情况》，财政部网站，https://www.gov.cn/xinwen/2023-01/31/content_5739311.htm。

元，同比增长6.4%[①]。毋庸讳言，面对这笔巨额公共资金，如何才能真正"用好"，并通过及时、高效、高性价比地进行公共产品的生产与供给，既促进创获物质财富之经济活动的高质量可持续发展，也助力创获精神财富之文化产业的繁荣，进而保障各个类型、区域、行业等人际关系的健康和谐，实现政治的清明、德治的良善、道德与法律的优良以及生态环境的美好等，才是当下中国财税治理必须直面的重大理论与实践课题。从财政的"枢纽性"特有价值与功能看，"健全现代预算制度"就是要"用好税"，这是新时代中国式现代化必须直面的现实挑战，任重道远，但我们必须负重前行。正如财政社会学者葛德雪所言："现代的社会主义者们也不再无条件地拒绝预算，他们无比正确地强调：重要的不是税收的种类和数量，而是它们的运用。"[②]诚哉斯言！

从表面上看，财政预算似乎意味着政府如何"花钱"，如何管理这笔公共资金，但深究则意味着，这是政府在履行与国民缔结的公共产品生产与供给交换契约。因此，对政府而言，"用好税"无疑是一种义务和责任，应该且必须及时给全体国民生产和供给高性价比、高合意性且数量足额的公共产品与服务；对国民而言，则要享有这些公共产品与服务，"用好税"是其"应该且必须"享有和行使的权利。逻辑上，如果政府能通过预算支出（用税），生产和供给质优价廉的公共产品，且供给及时足额，便与国民"应该且必须"享有和行使的"用税"权利相等，意味着预算制度是公正的，国民与政府之间的权利与义务交换是公正平等的，即"用好了税"；相反则意味着，国民与政府之间的权利与义务交换是不公正、不平等的，没有"用好税"，这个预算制度是不健

[①]《2023年全国一般公共预算收入突破21万亿元》，新华社，https://www.gov.cn/lianbo/bumen/202402/content_6929466.htm。

[②] [德]鲁道夫·葛德雪著，刘守刚译：《财政研究的社会学路径》，载刘守刚、刘志广主编：《财政政治的视界：缘起与发展》（第一辑），上海财经大学出版社2022年版。

全、不公正的。具体来说,如果政府所享有和行使的用税权利大于其应尽的义务,即"取之于民"而未全部或真正"用之于民",进而未"用之于民之所需",则是一种不公正、不平等,这个预算制度便既不健全,也不具有现代性,亟待优化和完备,自然无法提升纳税人的总体尊严水平。当然,如果国民与政府二者之间的涉税权利与义务交换不公正或不平等,是由于政府或国民任何一方自愿放弃所致,则比较复杂,此处暂不赘述。

要"用好税",既需要科学优良的预算制度(预算道德与预算法。——笔者注),也需要现代预算治理能力的提高。而且,预算制度的创新与优化——现代化,无疑先于或重要于"现代预算能力"的提高。因为"健全现代预算制度"意味着,必须深刻认识和把握"现代预算制度"的精神实质,并非只要加上"现代"二字就行。因为就"现代"概念的本义而言,并不专指其"时间"属性,更在于它的"价值"属性。或者说,伴随时间的推移,人们对预算制度规律性的认知,也就是对社会建立预算制度的终极目的和预算行为事实如何之规律的认知会越来越客观,越来越富于理性与科学性。逻辑上,据此所制定的预算制度规则便会越来越科学优良,越来越有助于"用好税",有助于增进全社会和每个国民的利益或福祉、幸福与尊严的总量;相反,则会越来越低劣落后,消减而不是增进全社会和每个国民的利益或福祉、幸福与尊严的总量。因此,要"健全现代预算制度",就要自觉促进社会主义核心价值观的预算制度实质性"嵌入",真正体现"人民至上"的治国理念。简言之,公共产品生产与供给的质量评定,最终要以全体国民是否满意作为核心或终极标准。借用现代信息技术优势,尽快建立"国民预算意愿需求表达机制",既非常必要,也十分紧迫,具体则要建立"全面规范透明、标准科学、约束有力"的预算制度，全面实施绩效管理。[1]同时，我们也不该忽视现代预算治理能力对提高"用好税"质效的影响作用。现代预算治理能力的提升，注定会有效提高"用好税"的效率，满足民众不断增长的美好生活需求。

要"用好税"，我们必须把握"现代预算制度"公正性这一重点。因为公正"乃是社会治理的最重要的道德原则，是社会制度的最重要的道德原则"[2]。"现代预算制度"的公正性，同样是预算治理"最重要的道德原则"。公正在国家治理，包括财政预算治理体系中的基础性与结构性作用毋庸置疑，在当代正义论大师罗尔斯看来，则是因为"正义是社会制度的首要善，正如真理是思想体系的首要善一样"[3]。但就"权利是一种具有重大的社会效用的必须且应该的索取或要求；是一种具有重大的社会效用的必须且应该得到的利益；是一种具有重大的社会效用的必当得到的利益；因而也就是应该受到社会管理者依靠权力加以保护的利益、索取或要求；说到底，也就是应该受到政治和法律保障的利益、索取或要求"[4]这一定义而言，财政预算权力的合意性及其监督的有效性，则是保证"用好税"，也就是保证政府与国民之间涉税预算权利与义务公正平等交换的充要条件。或者说，新时代、新征程要"用好税"，就必须进一步扩大预算权力的合意性，不断加强预算权力的"德法、内外、上下""闭环式"监督机制建设。

质言之，"用好税"意味着公共产品性价比的提高，生产和供给可持续性的强化，有助于纳税人涉税需要、欲望、目的与兴趣等衍生物的满

---

[1] 刘昆：《建立全面规范透明、标准科学、约束有力的预算制度》，https：//www.sohu.com/a/226335103_561670。
[2] 王海明：《新伦理学》(中)，商务印书馆2008年版，第767页。
[3] John Rawls, *A Theory of Justice* (*Revised Edition*), The Belknap Press of Harvard University Press Cambridge, Massachusetts, 2000, p3.
[4] 王海明：《新伦理学》(中)，商务印书馆2008年版，第815页。

足，有助于主体"尊贵、庄严的愉悦型心理体验"的强化、持久等。逻辑上，唯有"用好税"才是提升中国纳税人尊严总体水平的不二法门。

四、结语

必须强调的是，要全面提升中国纳税人尊严的总体水平，既少不了我们关于纳税人尊严内涵与本质、结构与类型、性质等理论认识水平的提高，也少不了宏观、总体制度类公共产品数量与质量的提升，即经济体制、政治体制、道德体制与文化体制类公共产品性价比的提高，还少不了中观财税制度类公共产品，诸如税制、预算制度类公共产品性价比的提高，更少不了微观、外在、个体纳税人尊严教育，以及微观、内在、个体纳税人尊严修养所起的作用。事实上，宏观、总体制度类公共产品的优劣，决定中观、系统类公共产品的优劣，二者共同决定微观、个体纳税人尊严教育效用的大小，最终决定中国纳税人尊严的总体水平与境界。简而言之，要全面提升中国纳税人尊严水平，根本途径在于宏观、总体制度类公共产品的优化，基本途径在于中观财税制度类公共产品的优化，重要途径在于微观、个体教育与修养效用的发挥。关键则在于财税权力的实质性优化与监督有效性的强化。

纳税人尊严即纳税人在履行纳税义务过程或之后，所获得的"尊贵、庄严的愉悦型心理体验"。通过纳税人尊严，我们既可管窥一个社会经济、政治、道德、文化体制之优劣与文明程度的高低，也可衡量一个国家财税治理体系文明位阶之高低。这在俞可平先生看来，因为"对人的尊严的认识，集中表明了人类对自身价值和命运的认识；人类在维护自身尊严方面所取得的成就，集中反映了人类文明的深刻进步"，而且"国家的尊严以个人的尊严为基础，没有公民的尊严，就没有国家的尊严"[1]。因此，我们"不仅把人的尊严当作一种人类的基本价值和基本权利，而且也把它当作一种社会的基本制度"[2]。同时，我们也要把它作为"最重要的政治原则与法律原则"[3]。逻辑上，纳税人尊严也应作为国家财税治理的重要道德原则。

事实上，从纳税人尊严保护体系优化切入，进一步探索财税体制结构性优化，推进社会文明转型进程，显然具有不可小觑的理论意义与实践价值。问题在于，目前中国纳税人尊严总体状况堪忧，纳税人尊严总体水平提升任重道远。我们负重前行，走共识共治之道。有哲学家预言："不管人类的未来如何，也不管人类未来进化成的生物与现在的人类有多大程度的共同之处，但是，只要他们能够提出——如果他们比人类更高级的话，也必定会提出：我是谁？我从何而来？我的命运如何？他们就一定会像他们的祖先那样，反思自身的形象，设想出一个接着一个的关于自身的观念。这是一个未来的必然性。"[4] 推而可知，关于纳税人尊严问题的探索，也是我们"一个关于自身的观念"，具有"一个未来的必然性"，也成为我们不断挖掘和发挥财税"基础性、支柱性与保障性"[5] 及其"枢纽性"职能与作用的时代性重大课题。

---

[1] 俞可平：《权力与权威：政治哲学若干重要问题》，商务印书馆2020年版，第64-66页。
[2] 同上。
[3] 同上，第33页。
[4] 转引自赵敦华：《西方人学观念史》，北京出版社2005年版，第504页。
[5] 何乐：《更好发挥税收在国家治理中的基础性、支柱性、保障性作用——财税专家谈国税地税征管体制改革》，《中国税务报》2018年6月20日。

第五章
以"税痛"消减提升纳税人尊严

税收痛苦心理(以下简称"税痛")是指税收行为主体的需要、欲望、目的、兴趣等衍生物未满足时所产生的心理反应与心理体验。毋庸置疑,一个社会税收征纳税主体之税痛大小、强弱与久暂等,就是税收道德、税法与税制优劣的"晴雨表"。这是因为税痛大小、强弱、久暂等,既可作为优良税收道德、税法与税制制定的心理根据,也可作为现实财税优劣及其治理状况好坏的评价标准。而且,就税收是一种"必要的恶"之本质属性而言,凡税收道德、税法和税制都存在一定的税痛。或者说,无税痛的税收道德、税法和税制根本不存在。关键是,由"纳税人尊严"是指纳税人在履行缴纳税款义务过程或之后,特别是在平等交换到高性价比公共产品与服务,满足了其"涉税需要、欲望、目的与兴趣等衍生物之后,所获得的尊贵、庄严的愉悦型心理体验"之内涵来看,税痛也是衡量一个国家和社会纳税人尊严水平高低的"晴雨表"。即一个国家和社会的税痛与其纳税人尊严水平是一种反相关关系:一个国家和社会的税痛越小、越弱、越短暂,则这个国家和社会的纳税人尊严水平越高;相反,一个国家和社会的税痛越大、越强、越长久,则这个国家和社会的纳税人尊严水平就越低。逻辑上,消减一个国家和社会的总体税痛，就成为提升这个国家和社会的纳税人尊严总体水平的主要任务与核心议题。理论上，我们必须首先厘清"税痛"的内涵与本质，探究"税痛"的发生机理及其与纳税人尊严的相关性，然后才能找到科学、理性、有效地消减税痛和提升纳税人尊严总体水平的途径与方法。

一、"税痛"的内涵与本质

探讨"税痛"的基本问题，前提是清楚"痛苦"的内涵、本质与根源是什么。

（一）痛苦的内涵与本质

要理解"税痛"的内涵与本质，我们首先必须弄清楚"痛苦"或者"疼痛"的内涵与本质。国际疼痛研究协会曾要求一个由精神病学家哈罗德·摩尔斯领导的小组为"疼痛"下一个现代的定义，这个小组最终给出的"痛苦"或者"疼痛"的界定是："疼痛是一种不愉快的感觉和情绪体验，与实际的或潜在的组织损伤相联系，或是被用来形容这样的损伤。"同时，这个小组也给这个界定增加了一个重要的注解："疼痛永远是主观的……这一定义避免了将疼痛绑缚在刺激之上。"[1] 另一个界定则认为："疼痛是组织损伤或与潜在的组织损伤相关的一种不愉快的躯体主观感受和情感体验，同时可伴有代谢、内分泌、呼吸、循环功能和心理学等多系统的改变。"[2] 王海明教授认为：痛苦"是主体对其需要得不到满足的心理反应、心理体验"[3]。具体来说，痛苦是"对于某种需要得不到满足、欲望得不到实现、目的未能达成的心理体验，因而也就是

---

[1] [英]帕特里克·沃尔著，周晓林等译：《疼痛》，生活·读书·新知三联书店2004年版，第28-29页。
[2] 谭冠先：《疼痛诊断学》（第3版），人民卫生出版社2000年版，第1页。
[3] 王海明：《新伦理学》（上），商务印书馆2008年版，第558页。

对于受到某种损害的心理体验,说到底,也就是——当然在痛苦是正常的、健康的而不是病态的、反常的前提下——对于有害生存与发展的心理体验"①。

笔者认为,痛苦是指人感到难过或不愉快而表现出来的一种心理。其实,痛苦岂止是指"人"心里感到难过或不愉快,逻辑上,一切行为主体,当其需要、欲望、目的、兴趣得不到满足和实现时,都会感到难过或不愉快。也就是说,痛苦是指向主体的一种感情,属于主体对自身需要没有得到满足时的心理体验。而且,这种难过或不愉快的心理体验,既可能是肉体的、物质性的,也可能是意识的、精神性的,就是说,凡是行为主体一切感觉系统难过或不愉快的心理体验,都属于痛苦的范畴。

进一步说,行为主体的苦乐是指导一切生命体生存与发展的更为直接的根本条件。因为通过快乐与痛苦的感受,行为主体可以趋乐避苦,或者趋利避害。在爱因·兰德看来就是因为,"躯体的快乐感觉是一种信号,标志有机体的行为进程是正常的;而躯体的痛苦感觉则是一种警告信号,意味着有机体的行为进程是错误的,有某种东西正在损害其适当功能,必须做出矫正。"②即痛苦或疼痛也是机体疾病的一种症状,它不仅会给机体带来物质和精神上的痛苦,也会对整个机体系统产生不良影响,或导致机体病理的改变,甚至严重影响机体的运行质量。③

可见,痛苦的本质和根源在于行为主体的需要、欲望、目的、兴趣及其衍生物等没有得到及时有效的满足。而且,痛苦不仅仅是指行为主体的一种损害、一种恶,而且是指对行为主体的全部损害。质言之,痛苦是一切有生命的行为主体全部损害或恶的信号与代表,意味着一切有生命的行为机体失去了利益或善,实现不了自己的欲望,满足不了自己

---

① 王海明:《新伦理学》(中),商务印书馆2008年版,第1217页。
② [美]爱因·兰德著,关键译:《新个体主义伦理观》,上海三联书店1996年版,第54页。
③ 王海明:《新伦理学》(中),商务印书馆2008年版,第1217页。

的需要，自然也就不能顺利生存和发展。即痛苦是行为主体疾病的一种症状，既会给行为主体带来痛苦，也会对行为主体的系统与结构产生不良影响，进而导致其病理的改变，甚至严重影响行为主体的运行质量与效率。

（二）"税痛"的内涵

痛苦的内涵、本质与根源探究告诉我们，因为痛苦是指行为主体的痛苦，因此，税痛是指税收行为主体的痛苦。由于税收行为主体既可能是征税人，也可能是纳税人，所以，税痛既有征税人之税痛，也有纳税人之税痛。具体来说，征税人之税痛，是指征税人涉税需要、欲望、目的、兴趣及其衍生物等得不到满足时的心理反应、心理体验。由于在正常的征纳税人关系中，从税收发生学的逻辑看，先有纳税人，后有征税人，纳税人为主，征税人为次，因此，本文所指税痛，特指"纳税人税痛"。

这样，税痛的内涵是指纳税人涉税需要、欲望、目的、兴趣及其衍生物等得不到满足时的心理反应、心理体验，也是纳税人在痛苦时正常的、健康的而不是病态的、反常的前提下对于有害其生存与发展之对象或事物的心理反应与心理体验。具体来说，税痛是指纳税人心理上感到难过或不愉快，是当其涉税需要、欲望、目的、兴趣及其衍生物得不到满足和实现时，所感到难过或不愉快的心理反应与心理体验。毋庸置疑，税痛是指向纳税人主体的感情，是纳税人自身涉税需要没有得到满足时的心理反应与心理体验。而纳税人的这种难过或不愉快的心理反应与心理体验，既可能是肉体的、物质性的，也可能是意识的、精神性的；既可能是特殊的，也可能是普遍的；既可能是主观的，也可能是客观的；既可能是相对的，也可能是绝对的。可以说，凡是令纳税人一切感觉系统难过或不愉快的涉税心理反应与心理体验，都属于税痛范畴。

(三)"税痛"的本质

税痛内涵研究告诉我们,税痛的本质和根源在于纳税人作为主体的需要、欲望、目的、兴趣及其衍生物等没有得到及时有效的满足。税痛不仅仅是指对纳税人的一种损害、一种恶,而且是指对纳税人的全部损害,意味着纳税人失去了涉税利益或善,满足不了自己的需要,达不成自己的目的,实现不了自己的欲望,难以顺利生存和发展。更为重要的是,税痛也是税收治理系统疾病呈现的一种症状,既会给纳税人带来痛苦,也会对税收治理体系的系统与结构产生不良影响,从而影响税收治理体系的运行质量与效率,消减全社会和每个国民的福祉总量,无法实现社会创建税制旨在增进全社会和每个国民福祉总量的终极目的。

因此,研究税痛机理的价值和意义,正如医学研究疼痛机理的价值和意义一样,不仅是为了缓解税痛,更在于要化解税痛,优化税收道德、税法以及税制与税收政策,增进全社会和每个国民的福祉总量。税收伦理研究,则要通过探索税痛机理,及时发现和辨识现实税收道德、税法及税制存在的各种税痛,并及时探寻具体的病因,有针对性地施治,缓解税痛,消减税痛,特别是系统性的税痛,促进税收道德、税法及税制优化,并健康高效地运行,增进全社会和每个纳税人、每个国民的福祉总量。

遗憾的是,目前学界关于税痛的研究,几乎是一片空白,就是针对"税收痛苦指数"的研究,也只是停留在表面上。因为"税收痛苦指数"全称"福布斯全球税收痛苦和改革指数",它仅仅是将公司所得税、个人所得税、雇主和雇员的社会保险税(费)、商品税以及财产税等六大税种的最高一档名义税率加总得出,即观察的仅是"最高一档名义税率加总"反映之税负与纳税人税痛之间的关系。所以,比较准确地说,它应该叫作"税负痛苦指数"。因为一方面,这种加总自身就存在先天性的缺陷与不完善,无法全面真实地反映一个国家和地区纳税人的真实税痛程度。另一方面,"税收痛苦指数"显然忽视了不同国家财税体制、经济体制、文化体制、道德体制背景以及税种结构等差异性要素。事实上,财税体制、经济体制、文化体制、道德体制背景以及税种结构等差异性要素,才是影响纳税人税痛效应的核心因素。举例来说,在税负一定的条件下,民主制政体下纳税人的税痛最小,寡头制政体下纳税人的税痛次之,专制政体下纳税人的税痛最大。就是因为,在完备民主制政体下,最高税权由大多数公民或全体公民执掌,征税和用税能体现和反映大多数纳税人的意志,而且,税权监督也形成了有效"闭环",公共产品生产与供给的效率与性价比高、合意性大;相反,在专制政体下,由于最高税权掌握在君主一个人手里,而且君主可以不受限制地运用最高税权,且税权监督未形成有效"闭环",公共产品生产与供给的效率与性价比就低。因此,这种税制反映和体现的只能是君主一个人或者极少数官吏的税收意志。自然,纳税人的涉税需要、欲望、目的、兴趣及其衍生物不可能得到基本的满足,其税痛就大。

又比如,在税负一定的条件下,直接税的税痛之所以较大,间接税的税痛之所以较小,就是因为间接税纳税义务人不是税收的实际负担人。即间接税纳税义务人能够用提高价格或提高收费标准等方法把税收负担转嫁给别人。因此,间接税很容易使纳税人处于"植物人"状态,税痛感会麻木,从而会遮蔽税痛,扭曲税制运行信号,丧失救治最佳时机。但直接税就不同,纳税义务人就是税收的实际负担人,纳税人交了多少税自己十分清楚,税痛感就强,最容易唤醒纳税人的权利意识,进而有动力监督税款的去向,从而有助于持续不断地化解税痛,优化税制,增进全社会和每个国民的福祉总量。关于这个道理,日本税法学者北野弘久先生曾明确地指出:在间接税情况下,纳税人通常在法律上被置于"植物人"的地位,纳税人在国民主权原理下所享有的监督权、控制租税国家的权利几乎不可能实现。而且,身为主权者的大多数纳税人（国民）在间接税中不能享受从法律上保护的任何权利，这对于一个租税国家来说，无疑是一个重大的法律问题。甚至可以说，如果一个国家的消费税占据了这个国家财政的中枢，就会导致国民不能监督、控制租税国家运行状况的可怕局面。与间接税不同的是，由于个人所得税是从属于纳税人自己的财产中拿出一部分来直接缴纳，因此，最能引起纳税人的税痛，增强其"税意识"，纳税人对税率的微小提高也都相当敏感并极力反对，因而对政府如何使用税款也最为关切，这就对促进一个国家税制结构的民主转型具有十分特殊的意义。[①]正是在这个意义上，马克思精辟地指出："如果需要在两种征税制度间进行选择，我们则建议完全废除间接税而普遍代之以直接税。"因为"间接税使每个纳税人都不知道他向国家究竟交纳了多少钱，而直接税则什么也隐瞒不了，它是公开征收的，甚至最无知的人也能一目了然。所以，直接税促使每个人监督政府，而间接税则压制人们对自治的任何企求"[②]。

二、"税痛"的结构

税痛结构是指对税痛的一种内部划分，划分的部分与被划分的部分之间，乃是一种整体与局部的关系。

（一）"税痛"的基本结构

从税痛的定义可知，税痛的基本结构由纳税人"税痛心理体验"与其"涉税需要、欲望、目的、兴趣及其衍生物之未实现和生存发展的缺憾"两大要素构成。税痛的心理反应与心理体验，乃是税痛的主观形式。因为心理、意识是由认知、情感、意志构成的，心理反应与心理体

[①] 姚轩鸽：《21世纪将会是和平·福利的租税国家社会——著名税法学家北野弘久教授访谈》，《中国经济时报》2005年6月23日。

[②] [德]马克思：《临时中央委员会就若干问题给代表的指示》，载《马克思恩格斯全集》（第16卷），人民出版社1972年版，第221-222页。

验就是感情,是心理、意识的一种。因此,税痛的心理反应与心理体验也是一种感情,属于主观意识范畴。同时,由于纳税人的税痛是以他自己的主观感觉为转移的,一个纳税人只要他觉得痛苦、有税痛,他可能确实就是痛苦的、不幸的。或者说,只要他觉得有税痛和税收不幸,他确实就正在遭遇税痛和税收不幸。

同时,纳税人涉税需要、欲望、目的、兴趣及其衍生物的实现和生存发展缺憾之痛苦心理反应与心理体验,也是客观的。因为纳税人涉税需要、欲望、目的、兴趣及其衍生物之未实现和生存发展之不完满无疑是税痛,是涉税心理反应与心理体验的客观内容。而且,纳税人重大涉税需要、欲望、目的、兴趣及其衍生物之未实现和生存发展之不完满,不仅是税痛的内容,而且是一种重大税痛,是"税收不幸"的客观内容。因为,纳税人涉税需要的未满足、生存发展的不完满,就其自身来说,是客观的东西,属于客观的范畴;而且,纳税人重大涉税需要、欲望、目的、兴趣及其衍生物之未实现和生存发展之不完满,还属于"税收不幸",属于最大最根本之税痛。

如前所述,税痛专指纳税人所有涉税需要、欲望、目的、兴趣及其衍生物之未实现和生存发展之不完满。而且,税痛就是任何税制的常态(意味着纳税者可支配收入的减少),"税收不幸"则是特定税制的特殊状态,是指纳税者的重大涉税需要、欲望、目的、兴趣及其衍生物之未实现和生存发展之不完满。有税痛未必就有"税收不幸",但有"税收不幸",必然存在税痛,而且是一种深度的税痛。逻辑上,化解税痛乃是一切税制改革的基本目标,但不断消减"税收不幸"等系统性税痛,才是一切税制改革的最高和最根本的目标。

(二)"税痛"的深层结构

从上述关于税痛的客观内容看,纳税人"涉税需要、欲望、目的、兴趣及其衍生物之未实现"与"生存和发展之不完满",严格说来,还是有区别的。纳税人"涉税需要、欲望、目的、兴趣及其衍生物之未实现",是指税痛的客观标准,"生存发展之不完满"则是指税痛的客观实质。

这是因为,纳税人涉税需要、欲望、目的、兴趣及其衍生物的满足与否,是纳税人生存与发展的根本手段。而纳税人涉税行为的全部意义,无不在于满足其需要、欲望、目的、兴趣及其衍生物,从而使他的生存和发展达到某种完满。因此,生存发展之完满就是纳税人重大涉税需要、欲望、目的、兴趣及其衍生物实现的根本原因、原动力。换句话说,纳税人涉税行为的全部意义,无不在于克服其需要、欲望、目的、兴趣及其衍生物之不满足,从而使他的生存和发展接近某种完满。由于纳税人"重大涉税需要、欲望、目的、兴趣及其衍生物得不到满足或实现"与"生存和发展之不完满",乃是决定税痛与"税收不幸"的主观形式——"痛苦的心理体验"之客观内容,如此,纳税人生存发展之不完满,便是税痛或者"税收不幸"最为深刻的客观内容,便是纳税人税痛或者说"税收不幸"的客观实质。

这意味着,虽然一个纳税人认为自己是有税痛的,甚至处于"税收不幸",但这个纳税人究竟是否真正有税痛感或者税痛感有多大,是否存在"税收不幸",则是不以纳税人自己的意志为转移的。这必然取决于这个纳税人的涉税需要、欲望、目的、兴趣及其衍生物的满足与实现状况及其程度。如果这个纳税人的涉税需要、欲望、目的、兴趣及其衍生物未满足和实现,就是税痛;如果这个纳税人的重大涉税需要、欲望、目的、兴趣及其衍生物未满足和实现,就是"税收不幸"。

必须强调的是,一个纳税人涉税生存和发展之完满是相对的、不固定的,而且,一个社会的纳税人,其涉税生存和发展之完满是完全不同的,或者说,相对每个纳税人的重大涉税需要、欲望、目的、兴趣及其衍生物来说,如果其重大涉税需要、欲望、目的、兴趣得不到满足或实现，他的生存和发展便没有达到某种完满，便是不完满的。由于每个纳税人的重大涉税需要、欲望、目的、兴趣及其衍生物各不相同，他们涉税生存和发展之完满标准便各有不同。自然，纳税人重大涉税需要、欲望、目的、兴趣及其衍生物是否得到满足或实现，就成为判定一个纳税人涉税生存和发展是否完满的客观标准。也就是说，重大涉税需要、欲望、目的、兴趣及其衍生物之实现与否，乃是判定税痛大小与"税收不幸"的客观标准，也是区别税痛与"税收不幸"的客观标准，也成为判定"税收不幸"心理体验的客观标准，也是判定一个纳税人生存发展完满与否的客观标准。

"纳税人重大涉税需要、欲望、目的、兴趣及其衍生物是否得以实现"作为"税收不幸"的客观标准，也有实在与潜在之别，这是因为，已引发行为、产生目的的需要、欲望、目的、兴趣及其衍生物，便是"为了满足、追求满足的需要和欲望"，便是"目的"，可以称之为"实在需要和欲望"；未引发行为、产生目的的需要和欲望，便是"不求满足而被压抑的需要和欲望"，便不是"为了满足的需要和欲望"，不是"目的"，可以称之为"潜在的需要和欲望。"[①] 显然，前者为实在标准，后者为潜在标准。无疑，纳税人痛苦的涉税心理反应与心理体验，乃是税痛的主观形式，其生存和发展之不完满则是"税收不幸"的客观实质，介于二者之间的重大涉税需要、欲望、目的、兴趣及其衍生物等得不到满足或实现，则是"税收不幸"的客观标准。

三、"税痛"的性质与特征

(一)"税痛"的主观性与客观性

税痛作为纳税人涉税需要、欲望、目的、兴趣及其衍生物未得到满

[①] 王海明：《新伦理学》(中)，商务印书馆2008年版，第1223—1229页。

足的主观形式和心理体验,其首要特征就是主观性。也就是说,所有纳税人的税痛,都是主观的,有多少个纳税人,就有多少个税痛,纳税人认为有税痛就有税痛,纳税人认为没有税痛就没有税痛,纳税人认为税痛大就大,纳税人认为税痛小就小。但是,由于税痛的深层根源、客观内容是纳税人重大涉税需要、欲望、目的、兴趣及其衍生物之未得到满足或实现,以及生存发展之不完满。纳税人"生存发展之不完满",乃是其税痛与"税收不幸"的客观实质,纳税人重大涉税需要、欲望、目的、兴趣及其衍生物之未得到满足或实现,处于"税收不幸"的主观形式与客观实质之间,乃是衡量二者的客观标准。

道理就在于,因为税痛与"税收不幸"作为纳税人的一种心理反应、心理体验,属于主观意识范畴,完全以纳税人的主观意识为转移,逻辑上,只要一个纳税人觉得是税痛便是税痛,纳税人觉得是"税收不幸"就是"税收不幸"。问题是,所谓税痛与"税收不幸",只是就纳税人自身或者形式来说才是一种心理体验、一种感情,属于主观意识范畴;若就税痛与"税收不幸"的内容与实质而言,则是一种客观的东西,是指纳税人重大涉税需要、欲望、目的、兴趣及其衍生物未得到满足或实现以及生存发展之不完满。因为一切主观意识都是被它所反映的客观内容所决定的。从本质上说,税痛与"税收不幸"是被其反映的内容——重大涉税需要、欲望、目的、兴趣及其衍生物未得到满足与生存发展之不完满所决定的。即一个纳税人是否有税痛和"税收不幸"的感觉,完全取决于这个纳税人涉税需要、欲望、目的、兴趣及其衍生物,或者重大涉税需要、欲望、目的、兴趣及其衍生物之是否实现,以及生存发展是否完满。虽然一个纳税人的税痛与"税收不幸"是主观的,但其真实的税痛和"税收不幸"感觉,却不是以他个人的意志为转移的,必然取决于其涉税需要、欲望、目的、兴趣及其衍生物,或者重大涉税需要、欲望、目的、兴趣及其衍生物是否实现,以及生存发展是否完满。如果涉税需要、欲望、目的、兴趣及其衍生物未实现，生存发展就不完满，就会必然存在税痛；如果重大涉税需要、欲望、目的、兴趣及其衍生物未实现，生存发展就不完满，就会必然存在"税收不幸"。

当然，如果涉税需求、欲望、目的、兴趣及其衍生物实现，生存发展完满，就会必然感到"税收快乐"；如果重大涉税需要、欲望、目的、兴趣及其衍生物实现，生存发展完满，就会必然感到"税收幸福"，满足了其美好生活的需要。而且，尽管一个纳税人只要认为有税痛与"税收不幸"，便存在税痛与"税收不幸"，但一个纳税人究竟实际感受到的是哪种税痛与"税收不幸"，其性质如何，则受制于它得到满足的涉税需要、欲望、目的、兴趣及其衍生物之性质，取决于它所达到的某种完满的生存发展的客观性质。即一个纳税人所感受到的税痛与"税收不幸"的程度，与其主观感觉无关，完全受制于其涉税需要、欲望、目的、兴趣及其衍生物的客观等级。其本质就在于，人的需要是有层次和等级的，有最低级的需要——物质需要，也有中级的需要——人际需要，更有高级的需要——精神需要。同样，纳税人的涉税需要、欲望、目的、兴趣及其衍生物也有低、中、高之别，因此，一个纳税人所感受到的税痛与"税收不幸"的程度，也就受制于纳税人涉税需要——低、中、高之需要之未满足、未实现的客观等级。对此，R.罗伊（Ramashray Roy）的论述或许更能佐证这一观点，他认为："需要就其自身来说是生而固有的，并且形成生物遗传体系的一部分，成为个性发展的基础。如果这些需要得不到满足或满足得不充分，个人的发展便会被扭曲、变残，个性就会残缺不全。……只有依靠基本的人类需要的基本满足，那创造性的、完全的、自由的、合群的和多方面发展的人，才会有可能变成现实。"[1]

---

[1] 转引自王海明：《新伦理学》（下），商务印书馆2008年版，第1215页。

事实上，一个纳税人是否存在税痛与"税收不幸"并不取决于税痛与"税收不幸"的主观性，只取决于税痛与"税收不幸"的客观性，取决于这个纳税人涉税需要、欲望、目的、兴趣及其衍生物之是否满足，及其生存发展之是否完满。税痛与"税收不幸"既有主观性，也有客观性，主观性乃是税痛与"税收不幸"所具有的痛苦之心理体验本性，是其主观形式之本性；客观性则是纳税人涉税需要、欲望、目的、兴趣及其衍生物，或重大涉税需要、欲望、目的、兴趣及其衍生物满足和生存发展完满的本性，是其所具有的客观内容之本性。在税痛与"税收不幸"的主客观统一体中，主观性是被动、被决定的、次要的方面，客观性则具有主动、决定意义，同时，主观性有可能超越客观性而具有相对的独立性。

（二）"税痛"的真实性与虚幻性

税痛与"税收不幸"具有真实性与虚幻性，乃是因为其为主观性与客观性、主观形式与客观内容的统一体。税痛与"税收不幸"的主观形式，既可能与其客观内容相一致、相符，也可能与其客观内容不一致、不相符。但在现实中，要判定一个纳税人的税痛与"税收不幸"之主观形式与其客观内容究竟是否一致和相符，确实很难。

纳税人税痛与"税收不幸"的真实性与虚幻性的来源，乃是因为客观内容与主观形式的不相符，也就是只有主观形式而没有客观内容，或者说只有真实的税痛与"税收不幸"的心理体验，而没有真实的涉税需要或者重大涉税需要之不满足，以及生存与发展的真实不完满。比如，一些享有税收优惠政策的纳税人，很可能具有真实的税痛与"税收不幸"心理体验，却没有真实的涉税需要或者重大涉税需要之不满足，以及生存与发展的真实不完满。或者说，只有心理体验的税痛与"税收不幸"是纯粹主观的，而真实的税痛与"税收不幸"是客观内容与主观形式相符的税痛与"税收不幸"，既具有主观形式，又具有相应的客观内容。或者说，既具有真实的税痛与"税收不幸"的心理体验，又具有涉税需要或重大涉税需要的真实不满足和生存发展真实不完满的税痛与"税收不幸"，才是主客观一致的税痛与"税收不幸"。凡是客观性税痛与"税收不幸"，也就是真实的税痛与"税收不幸"。但真实的税痛与"税收不幸"，既可能是客观性的，也可能是主观性的。凡是虚幻性的、真实的税痛与"税收不幸"都是主观性的，而主观性的、真实的税痛与"税收不幸"却未必是虚幻的，也可能是真实性的。比如，如果主观性的、真实的税痛与"税收不幸"具有相应的客观内容，是以客观性税痛与"税收不幸"为基础的，是纳税人涉税需要或重大涉税需要得到真实不满足的心理体验，这个主观性的税痛与"税收不幸"便属于真实性的。但是，如果主观性的税痛与"税收不幸"不具有相应的客观内容，是涉税需求、欲望、目的、兴趣及其衍生物，或重大涉税需求、欲望、目的、兴趣及其衍生物得到虚幻满足的心理体验，那这个主观性的税痛与"税收不幸"就是虚幻性的。

事实上，虚幻性税痛与"税收不幸"，不是指其本身是虚幻的、假的，也不是指其心理体验是虚幻的、假的，而是指其内容或实质是虚幻的、假的，是指一个纳税人的涉税需要、欲望、目的、兴趣及其衍生物，或重大涉税需要、欲望、目的、兴趣及其衍生物未满足和生存发展不完满是虚幻的、假的。自然，真实性的税痛与"税收不幸"，不是指其本身是真实的、真的，也不是指其心理反应、心理体验是真实的、真的，而是指其内容或实质是真实的、真的，是指一个纳税人的涉税需要、欲望、目的、兴趣及其衍生物，或重大涉税需要、欲望、目的、兴趣及其衍生物未满足和生存发展不完满是真实的、真的。道理就在于，税痛与"税收不幸"本身的心理体验始终都是真实的、真的，不可能是虚幻的、假的。或者说，一个纳税人的心理体验是不具有真理性的，无所谓真假。问题就在于，尽管税痛与"税收不幸"本身的心理体验无所谓真理还是谬误，但具有效用性。因此，我们就可以分出对错、好坏以及应该还是不应该，这个道理的深层根源就在于，感情不具有真理性，无所谓真假。即使如此，我们对税痛与"税收不幸"的判断、认知属于认知范畴，具有真理性，有真理与谬误之别。如果我们对税痛与"税收不幸"的判断和认知与客观事实相符，就是真理，反之则为谬误。即虚幻的税痛与"税收不幸"是对税痛与"税收不幸"的谬误判断导致的；真实的税痛与"税收不幸"，则是对税痛与"税收不幸"的正确判断导致的。

需要特别强调的是，虚幻的税痛与"税收不幸"并不是假的、谬误的，所谓虚幻的税痛与"税收不幸"就是纳税人涉税需要、欲望、目的、兴趣及其衍生物，或重大涉税需要、欲望、目的、兴趣及其衍生物已得到满足，而主观上却误以为没有得到满足的心理体验，其生存和发展实际上已实现完满，主观上却误以为尚未达到完满，是主客观不一致的税痛与"税收不幸"。也就是说，虚幻的税痛与"税收不幸"源于对其内容与实质的谬误判断。

问题或在于，虚幻的税痛与"税收不幸"未必就是不好的、不应该的，而真实的税痛与"税收不幸"未必就是好的、应该的。或者说，一个社会、一个纳税人是否应该追求真实的税痛与"税收不幸"，放弃虚幻的税痛与"税收不幸"，显然不能作简单的回答。我们必须看这些税痛与"税收不幸"能不能避免。如果这些税痛与"税收不幸"能避免，就应该消减，追求真实的税痛与"税收不幸"；相反，如果这些税痛与"税收不幸"不能避免，或许，接受虚幻的税痛与"税收不幸"也是有利无害的。比如，如果唤醒纳税人真实的税痛与"税收不幸"有助于推动税制改革向好的方向发展，不会引发大的社会风险时，唤醒纳税人真实的税痛与"税收不幸"就是应该的；相反，如果唤醒纳税人真实的税痛与"税收不幸"，无助于推动税制改革向好的方向发展，甚至会引发大的社会风险时，或许容忍一定程度的虚幻的税痛与"税收不幸"就是理智的。

（三）"税痛"的相对性与绝对性

既然税痛与"税收不幸"是一种心理体验，是一种主观性的东西，是以纳税人自己的主观感觉为转移的，因此，其税痛与"税收不幸"便会因为纳税人主体的不同而不同，甚至大相径庭。比如，同样是面临17%的增值税税率，有些纳税人的税痛感就很强，甚至觉得是"税收不幸"，但对另一些纳税人而言，甚至没有一点感觉，这就是税痛与"税收不幸"的相对性。

关于税痛与"税收不幸"的相对性，我们可以从"质"和"量"两个方面进行探讨。就税痛与"税收不幸"质的方面而言，无疑是指不同的纳税人，或者同一个纳税人在不同时期所规避的税痛与"税收不幸"，在质的方面是根本不同的。但就税痛与"税收不幸"量的方面而言，其相对性是指不同的纳税人，或者同一个纳税人在不同时期所规避的税痛与"税收不幸"，在量的方面也是根本不同的。比如，政府要开征房产税或资源税，对一些纳税人而言可能预示着灾难，税痛反应十分强烈，甚至认为是一种"税收不幸"，但对另一些纳税人而言，其税痛感可能十分轻微，自然也就谈不上"税收不幸"。

细究起来，税痛与"税收不幸"之所以具有相对性，就是因为纳税人的涉税需要、欲望、目的、兴趣及其衍生物的重要性与生存和发展的完满性都是相对的、因人而异的。一个追求自身物质利益最大化的纳税人，和一个追求纳税人主体地位与尊严的纳税人，其涉税需要、欲望、目的、兴趣及其衍生物是根本不同的。前者只要减少了自己的税负，就会消减税痛或"税收不幸"，后者却最关注自己作为一个纳税人的主体地位是否得到尊重和保障，因而可以把税负的高低及其相应的税痛或"税收不幸"放在第二位，会把纳税人的主体地位是否得到尊重和保障放在第一位，最先关注这方面的税痛与"税收不幸"。当然，这并不是说税痛与"税收不幸"不具备绝对性。

事实上，税痛与"税收不幸"既具有相对性，也具有绝对性；既存在相对的税痛与"税收不幸"，也存在绝对的税痛与"税收不幸"。绝对的税痛与"税收不幸"是指不因纳税人主体不同而不同的税痛与"税收不幸"，是不以纳税人主体为转移的税痛与"税收不幸"，也就是对任何主体都同样是税痛与"税收不幸"的税痛与"税收不幸"。道理在于，纳税人的涉税需要、欲望、目的、兴趣及其衍生物和一切事物一样具有普遍性与特殊性。所谓纳税人的特殊需要，无疑是指一部分纳税人的需要、欲望、目的、兴趣及其衍生物，是仅仅为一些纳税人具有而另一些纳税人并不具有的需要、欲望、目的、兴趣及其衍生物。自然，所谓纳税人的普遍需要、欲望、目的、兴趣及其衍生物，也就是所有纳税人的共同需要、欲望、目的、兴趣及其衍生物，是任何纳税人都同样具有的需要、欲望、目的、兴趣及其衍生物。因此，纳税人的特殊涉税需要、欲望、目的、兴趣及其衍生物得不到满足的心理体验，就是特殊的税痛与"税收不幸"；纳税人的普遍涉税需要、欲望、目的、兴趣及其衍生物得不到满足的心理体验，就是普遍的税痛与"税收不幸"，因而也就是所有纳税人应该共同规避的税痛与"税收不幸"。逻辑上，普遍的税痛与"税收不幸"和绝对的税痛与"税收不幸"是统一的；税痛与"税收不幸"的绝对性是普遍税痛与"税收不幸"的本性。或者说，普遍的、抽象的税痛与"税收不幸"因其未满足的是纳税人主体的普遍需要、欲望、目的、兴趣及其衍生物而具有绝对性。

必须强调的是，特殊的、相对的税痛与"税收不幸"与普遍的、绝对的税痛与"税收不幸"之关系，跟虚幻的税痛与"税收不幸"与真实的税痛与"税收不幸"之关系有所不同，因为后者是各自独立的。而且，相对而言，真实的税痛与"税收不幸"高于虚幻的税痛与"税收不幸"。因此，我们应该首先规避真实的税痛与"税收不幸"，但是，由于普遍性存在于特殊性之中，普遍的、绝对的税痛与"税收不幸"是一切特殊的、相对的税痛与"税收不幸"之中那些共同的、普遍的、抽象的成分，任何普遍的、绝对的税痛与"税收不幸"都存在于各种特殊的、相对的、真实的税痛与"税收不幸"之中。同时，任何特殊的、相对的税痛与"税收不幸"都包含着普遍的、绝对的税痛与"税收不幸"。因此，既不能说普遍的、绝对的税痛与"税收不幸"的价值就小，也不能说特殊的、相对的税痛与"税收不幸"的价值就大，既不能纯粹规避特殊的、相对的税痛与"税收不幸"，也不能纯粹规避普遍的、绝对的税痛与"税收不幸"。因为，规避任何一种特殊的、相对的税痛与"税收不幸"，同时也就规避了任何一种普遍的、绝对的税痛与"税收不幸"。当然，规避任何一种普遍的、绝对的税痛与"税收不幸"，同时也就规避了任何一种特殊的、相对的税痛与"税收不幸"。即要规避税痛与"税收不幸"只能在各种特殊的、相对的税痛与"税收不幸"之间选择。道理就在于，凡是纳税人的特殊需要、欲望、目的、兴趣及其衍生物，凡是一些纳税人具有而另一些纳税人不具有的需要、欲望、目的、兴趣及其衍生物，都是偶然的、任意的，可以改变并以人的意志为转移的，也就是主观的。反之，凡是普遍需要、欲望、目的、兴趣及其衍生物，凡是一切纳税人都具有的需要、欲望、目的、兴趣及其衍生物，都是必然的、不可改变的，不以人的意志为转移的，也就是客观的。

四、"税痛"的类型

类型是关于事物的外部划分，是具有共同特征的事物所形成的种类。自然，税痛与"税收不幸"类型就是指税痛与"税收不幸"的外部划分，是具有共同特征的税痛与"税收不幸"所形成的种类。税痛与"税收不幸"的分类，是根据税痛与"税收不幸"所具有的某种性质，比如，税痛与"税收不幸"的普遍性与特殊性、绝对性与相对性、客观性与主观性，等等。税痛与"税收不幸"分类的依据不同，税痛与"税收不幸"就有不同的类型。

（一）根据"税痛"普遍性与特殊性、绝对性与相对性、客观性与主观性的分类

因为任何税痛与"税收不幸"都具有普遍性与特殊性，税痛与"税收不幸"也就分为普遍性税痛与"税收不幸"、特殊性税痛与"税收不幸"，进而分为共同税痛与"税收不幸"、特定税痛与"税收不幸"。普遍性税痛与"税收不幸"是任何时代、任何纳税人都具有的税痛与"税收不幸"，就是所有纳税人的涉税需要、欲望、目的、兴趣及其衍生物，或者重大涉税需要、欲望、目的、兴趣及其衍生物之未实现、生存发展未完满的心理反应、心理体验。特殊性税痛与"税收不幸"则是部分纳税人在特定时代所具有的税痛与"税收不幸"，是部分纳税人的涉税需要、欲望、目的、兴趣及其衍生物，或者重大涉税需要、欲望、目的、兴趣及其衍生物之未实现、生存发展未完满的心理反应、心理体验。

因为任何税痛与"税收不幸"都具有绝对性与相对性，税痛与"税收不幸"自然也就有绝对性税痛与"税收不幸"、相对性税痛与"税收不幸"之别。绝对性税痛与"税收不幸"就是所有纳税人的涉税需要、欲望、目的、兴趣及其衍生物，或者重大涉税需要、欲望、目的、兴趣及其衍生物之未实现、生存发展未完满的心理反应、心理体验是相同的。相对性税痛与"税收不幸"是指不同纳税人或者同一纳税人在不同时期的涉税需要、欲望、目的、兴趣及其衍生物，或者重大涉税需要、欲望、目的、兴趣及其衍生物之未实现、生存发展未完满的心理反应、心理体验是不同的。

同样，因为任何税痛与"税收不幸"都具有客观性与主观性，税痛与"税收不幸"也可以分为主观性税痛与"税收不幸"、客观性税痛与

"税收不幸"。主观性税痛与"税收不幸"是指一个纳税人的涉税需要、欲望、目的、兴趣及其衍生物或者重大涉税需要、欲望、目的、兴趣及其衍生物之未实现、生存发展未完满的纯粹的心理体验,是指这种税痛与"税收不幸"完全是纳税人自己主观的心理体验,属于主观意识范畴。客观性税痛与"税收不幸"则是指一个纳税人的涉税需要、欲望、目的、兴趣及其衍生物或者重大涉税需要、欲望、目的、兴趣及其衍生物未实现和生存发展之不完满,是实际存在的税痛与"税收不幸",是不以个别纳税人的主观体验为转移的税痛与"税收不幸"。

(二)根据"税痛"客观内容——涉税需要特性的分类

马斯洛将人的一切需要归结为三大类型:一是"低级需要""物质主义动机",亦即生理需要和安全需要,也就是物质性需要;二是"中级需要""社会性动机",也就是社会性需要,包括归属和爱的需要以及自尊需要;三是"高级需要""超越性动机",也就是精神性需要,包括认识和理解的欲望、审美需要、自我实现需要。詹姆斯也将人的需要、欲望、目的分为物质、社会、精神三类。即我们可将纳税人的涉税需要、欲望、目的、兴趣及其衍生物分为物质、社会、精神三类。如果纳税人物质、社会、精神的涉税需要、欲望、目的未得到满足,便会产生相应的税痛与"税收不幸",从而就有物质型税痛与"税收不幸"、社会型税痛与"税收不幸"和精神型税痛与"税收不幸"。

(三)根据"税痛"产生总根源的分类

税痛产生的根源可能多种多样,因此,税痛也就可以分为多种类型。比如,如果税痛是因为政治体制的落后,就有政治体制型税痛与"税收不幸";如果税痛是因为经济体制的落后,就有经济体制型税痛与"税收不幸";如果税痛是因为文化体制的落后,就有文化体制型税痛与"税收不幸"。当然,税痛更多是因为税制的恶劣与落后,因此就有税制型税痛与"税收不幸"。政治体制、经济体制、文化体制、税制的恶劣与落后，会从总体上决定纳税人涉税需要、欲望、目的、兴趣及其衍生物或者重大涉税需要、欲望、目的、兴趣及其衍生物的未实现程度，及其生存发展的不完满程度，从而导致系统性的税痛与"税收不幸"。

（四）根据"税痛"产生具体根源的分类

根据税痛产生的具体根源，可以将税痛与"税收不幸"分为各种类型。比如，根据企业的所有制性质，可分为国有企业的税痛与"税收不幸"、民营企业的税痛与"税收不幸"；也可以根据企业纳税人的规模，分为大、中、小企业的税痛与"税收不幸"；根据企业纳税人的所在地不同，可以分为东、西部企业的税痛与"税收不幸"等；也可根据纳税人交纳的税种性质，分为直接税的税痛与"税收不幸"和间接税的税痛与"税收不幸"。

当然，还可以根据税种的不同，分为增值税税痛与"税收不幸"、消费税税痛与"税收不幸"、营业税税痛与"税收不幸"、所得税税痛与"税收不幸"；也可以根据纳税人税痛与"税收不幸"产生的环节，分为过程性税痛与"税收不幸"、结果性税痛与"税收不幸"；还可以根据纳税人税痛与"税收不幸"产生的领域，分为立法型税痛与"税收不幸"、执法型税痛与"税收不幸"以及司法型税痛与"税收不幸"；等等。

（五）根据税制本身性质的分类

众所周知，税制有优劣，极恶的税制会产生最大的税痛与"税收不幸"，次恶的税制产生较大的税痛与"税收不幸"，次优的税制产生较小的税痛与"税收不幸"，最优的税制产生最小的税痛与"税收不幸"。

当然，我们也可以根据税制本身的自由性，将税痛与"税收不幸"分为自由性税痛与"税收不幸"、强制性税痛与"税收不幸"。自由性税痛与"税收不幸"是一种"必要的税痛""必要的税收不幸"；强制性税痛与"税收不幸"，则是一种相对性的税痛与"税收不幸"，是可以规避的税痛与"税收不幸"。

同样，根据税制本身的公正性，可以将税痛与"税收不幸"分为公正的税痛与"税收不幸"、不公正的税痛与"税收不幸"。公正的税痛与"税收不幸"是一种"必要的税痛""必要的税收不幸"，而不公正的税痛与"税收不幸"则是一种相对性的税痛与"税收不幸"，是可以规避的税痛与"税收不幸"。

事实上，凡是在人道自由、民主法治、公正平等制度下的税痛与"税收不幸"，都是一种"必要的税痛""必要的税收不幸"，是纳税人不得不承受的"税痛"与"税收不幸"；相反，则是一种"不必要的税痛""不必要的税收不幸"，是需要努力化解的税痛与"税收不幸"。正如柏克所言，因为"人在权利上所受的伤害之深，与在钱袋上受到的伤害之大，是可以同样之甚的。一项剥夺人民之全部自由的法案，未必使其财产大受损失。人在大路上被抢了两文钱，使他大为愤恼的，主要不在于这两便士"[①]。

五、"税痛"产生的根源

税痛产生的根源，既有总体的，也有具体的。就税痛与"税收不幸"产生的总体根源而言，一定是这个社会的政治、经济、文化体制以及税制本身的恶劣与落后。就税痛与"税收不幸"产生的具体根源而言，可能各种各样、千奇百怪，既有税制技术要素方面的原因，也有纳税人个体知、情、意等综合素质方面的原因，等等。

（一）"税痛"产生的总体根源

毋庸讳言，税痛与"税收不幸"的总体根源在于这个社会的政治、经济、文化体制以及税制本身的落后与不完备。

首先，政治体制的优劣会从总体上影响一个社会纳税人的税痛与

---

① [英]埃德蒙·柏克著，缪哲选译：《美洲三书》，商务印书馆2003年版，第128页。

"税收不幸"。毋庸置疑，政治体制越优良先进，纳税人的税痛与"税收不幸"越小；政治体制越落后和不完备，纳税人的税痛与"税收不幸"越大。

其次，经济体制的优劣也在总体上决定纳税人税痛与"税收不幸"的大小。因为在计划经济体制下，社会物质财富和精神财富的创获权掌握在政府及其少数官员手里，生产什么、生产多少、如何生产、如何交换、如何分配、如何消费等权力，都与实际的经济主体无关，经济主体的自由抉择权被剥夺。在市场经济体制下，社会物质财富和精神财富的创获权大都掌握在分散的经济主体手里，生产什么、生产多少、如何生产、如何交换、如何分配、如何消费等权力，经济主体拥有自由的抉择权。因此，如果说有税痛与"税收不幸"的话，前者的主体只是少数政府官员，后者的主体则是成千上万的纳税人。毋庸置疑的是，前者因为政府剥夺了纳税人的经济自由而低效，后者因为尊重了纳税人的经济自由而高效；前者阻滞经济的发展，后者推动经济的发展；前者更多遏制经济主体的积极性与主动性，后者更多激活经济主体的积极性与主动性以及首创精神。因此，前者的税痛与"税收不幸"是虚幻的，甚至被剥夺了承受税痛与"税收不幸"的权利，既无权利，也无义务；后者则是真实的，既有权利，也有义务，税痛与"税收不幸"也是真实的。

再次，科教文化事业的发达程度会间接地从总体上决定一个社会的纳税人对税痛与"税收不幸"的感受。因为科教文化事业越发达，纳税人对税痛与"税收不幸"的认识水平就可能越高，越容易在意自己的权利，也就越会自觉拒绝虚幻的税痛与"税收不幸"，捍卫自己的权利。

最后，税制的优劣同样会从总体上直接决定纳税人对税痛与"税收不幸"的感受。税痛与"税收不幸"的结构分析告诉我们，导致纳税人涉税需要、欲望、目的、兴趣及其衍生物，与重大涉税需要、欲望、目的、兴趣及其衍生物得不到满足或实现，从而使生存和发展没有达到某种完满的根源，一定在于税制是不完备的、落后的、恶劣的。

（二）"税痛"产生的具体根源

产生纳税人税痛与"税收不幸"的具体根源，既有税制内在结构要素方面存在的不完善，也有纳税人个体知、情、意等要素方面存在的缺陷。

就税制内在结构要素而言，如果结构设计不合理，存在先天性缺陷，也会催生或加剧纳税人税痛与"税收不幸"。比如，如果税率过高，就会加剧纳税人的税痛与"税收不幸"的心理体验。因为税率高，意味着纳税人税负重；税率低，则意味着纳税人税负轻。前者的税痛相对较大，后者的税痛相对较小。又比如，如果税种选择不当或者税种设计数量不科学，实行单一税或重复税，等等，纳税人的税痛与"税收不幸"也会呈现不同的状态。在同样税负的前提下，直接税给予纳税人的税痛就大，间接税给予纳税人的税痛相对较弱。直接税给予纳税人的税痛是真实的，间接税给予纳税人的税痛则是虚幻的。同样，如果纳税义务人选择不一样，纳税人的税痛与"税收不幸"也是不一样的。比如开征的新税种，凡是成为征税对象的纳税人，就会有新的税痛与"税收不幸"；同样，凡是减免税的对象，享受税收优惠的纳税人，其税痛与"税收不幸"就会变小。

当然，从纳税人个体知、情、意等要素方面来看，在同样的税制下，不同纳税人的税痛与"税收不幸"也是不同的。这既与纳税人个体的认识水平、权利意识有关，也与纳税人个体的性格、感情、意志品质等要素有关。一个权利意识强烈的纳税人，他的税痛与"税收不幸"感就可能大；相反，一个权利意识淡漠的纳税人，他的税痛与"税收不幸"感则可能较小，甚至处于"植物人"状态。

总之，税收作为一种"必要的恶"，税痛是与生俱来的，有税收就有税痛。问题在于，无论是在相同的税制下还是在不同的税制下，纳税人的税痛与"税收不幸"都是不同的，有大小、轻重、久暂等之别，但可以通过有效的税制改革去缓解或化解。

（三）"税痛"产生的其他要素

税痛指纳税人对其涉税需要、欲望、目的、兴趣及其衍生物未满足、生存发展不完满的心理体验，但是，非税收入负担同样会影响纳税人涉税需要、欲望、目的、兴趣及其衍生物的满足与否，生存发展的完满与否。因此，仅就税痛与"税收不幸"与税负的关系而言，税负大，纳税人的税痛与"税收不幸"就可能大；税负小，纳税人的税痛与"税收不幸"就可能小。不可否认的是，如果一个纳税人的非税负担也大的话，无疑会加剧其税痛与"税收不幸"，甚至以为非税负担就等于税负、非税负担重就等于税负重，其税痛与"税收不幸"就会大。

六、"税痛"发生机理分析

正如一切事物一样，税痛和"税收不幸"也有其内在必然的联系与秩序，因此，如果遵循这些规律去化解税痛与"税收不幸"，就可能减少每个纳税人的税痛与"税收不幸"，从而增加全社会和每个纳税人的福祉总量。反之，则会加剧每个纳税人的税痛与"税收不幸"，消减全社会和每个纳税人的福祉总量。问题是，税痛机理究竟是怎样的？

（一）"税痛"的强弱机理

在同样的境遇下，每个纳税人感受到的税痛强弱是不同的，一些纳税人感到无法忍受的税痛与"税收不幸"，对另一些纳税人来说很可能熟视无睹、毫无感觉。

税痛与"税收不幸"的强烈程度究竟由什么决定？如前所述，从税痛与"税收不幸"是纳税人涉税需要、欲望、目的、兴趣及其衍生物得不到满足的心理体验之界定看，税痛与"税收不幸"的强弱程度取决于纳税人涉税需要、欲望、目的、兴趣及其衍生物之强烈程度。就是说，纳税人涉税需要、欲望、目的、兴趣及其衍生物越强烈，其得不到满足时的心理体验就越强烈；相反，如果纳税人涉税需要、欲望、目的、兴趣及其衍生物越淡薄，其得不到满足时的心理体验就越淡薄。

纳税人涉税需要、欲望、目的、兴趣及其衍生物的强烈程度取决于什么？现代心理学的研究表明，需要、欲望、目的、兴趣及其衍生物的强烈程度取决于其等级的高低，即需要、欲望、目的、兴趣及其衍生物的等级越低，需要、欲望、目的、兴趣及其衍生物就越强烈；需要、欲望、目的、兴趣及其衍生物的等级越高，需要、欲望、目的、兴趣及其衍生物就越微弱。对此，马斯洛早就指出："生理需要强烈于安全需要，安全需要强烈于爱的需要，爱的需要又强烈于自尊的需要，而自尊需要又强烈于被我们称之为自我实现需要的特立独行之需要。"[1] 马斯洛还强调："安全需要比友爱的需要更强烈，因为当两种需要都受到挫折时，安全需要在各种可证实的方面支配有机体。在这个意义上，生理需要（它们被安排在更低的一个层次）强于安全需要，安全需要强于爱的需要，爱的需要又强于尊重的需要，而后者又强于个人特质的需要——我们称之为自我实现的需要。"[2]

需要、欲望、目的、兴趣及其衍生物的等级高低又取决于什么？为什么需要、欲望、目的、兴趣及其衍生物的等级越低越强烈，越高反而越微弱？原来，一切需要、欲望、目的、兴趣及其衍生物都是事物因自身存在和发展而对某种东西的依赖性。这样，纳税人的需要、欲望、目的、兴趣及其衍生物岂不是指纳税人因自身生存和发展而对某种东西的依赖性？即纳税人的需要、欲望、目的、兴趣及其衍生物源于其生存与发展，因此，纳税人的需要、欲望、目的、兴趣及其衍生物就

---

[1] Abraham H.Maslow, *Motivation And Personality*, second edition, Harper & Row, Publishers, New York, 1970, p98.
[2] [美]马斯洛著，许金声等译：《动机与人格》，华夏出版社1987年版，第113页。

有生存需要、欲望、目的、兴趣及其衍生物与发展需要、欲望、目的、兴趣及其衍生物,越接近生存的需要、欲望、目的、兴趣及其衍生物就越低级,最低级的需要、欲望、目的、兴趣及其衍生物就是纯粹的生存需要、欲望、目的、兴趣及其衍生物;而越接近发展的需要、欲望、目的、兴趣及其衍生物就越高级,最高级的需要、欲望、目的、兴趣及其衍生物就是纯粹发展的需要、欲望、目的、兴趣及其衍生物。

低级的需要、欲望、目的、兴趣及其衍生物本质是生存,高级的需要、欲望、目的、兴趣及其衍生物本质是发展。发展需要、欲望、目的、兴趣及其衍生物比生存需要、欲望、目的、兴趣及其衍生物微弱。因为,"越是高级的需要,对于维持纯粹的生存也就越不迫切,其满足也就能更长久地推迟,并且,这种需要也就越容易永远消失。高级需要不大善于支配、组织以及求助于自主性反应和有机体的其他能力。例如,人们对于安全的需要比对于尊重的需要偏执、更迫切。剥夺高级需要不像剥夺低级需要那样引起如此疯狂的抵御和紧急的反应。与食物、安全相比,尊重是一种非必需的奢侈"[①]。

纳税人的涉税需要、欲望、目的、兴趣及其衍生物越低级,其得不到满足时的心理体验就越强烈;纳税人的涉税需要、欲望、目的、兴趣及其衍生物越高级,其得不到满足时的心理体验就越微弱。或者说,生存需要、欲望、目的、兴趣及其衍生物的不满足会使纳税人的税痛更强烈,而发展需要、欲望、目的、兴趣及其衍生物之不满足则使纳税人的税痛相对比较微弱,不那么强烈。税痛与"税收不幸"的等级越低就越强烈,等级越高就越微弱。即税痛与"税收不幸"的强弱与其等级成反比:税痛与"税收不幸"等级越高,其强度越小而微弱;等级越低,其税痛与"税收不幸"的强度就越大越强烈。事实上,这就是绝大多数

[①] [美]马斯洛著,许金声等译:《动机与人格》,华夏出版社1987年版,第113页。

纳税者更注重税负轻重问题而忽视或无视税制合法性等根本问题的真正原因所在。

(二)"税痛"的久暂机理

税痛与"税收不幸"的强度机理分析告诉我们,越是强烈的税痛与"税收不幸"越不能持久;持久的税痛与"税收不幸"必然是微弱的。

税痛与"税收不幸"越是低级就越强烈,因而也就越短暂;税痛与"税收不幸"越是高级就越微弱,也就越持久。比如,税负之痛是低级的,其税痛与"税收不幸"就强烈,却是短暂的,税负一旦减轻之后,就会很快消失。但是,纳税人主体地位受歧视之痛则是高级的,其税痛与"税收不幸"虽然微弱,却是持久的,即使受尊重之后,也不会马上消失。而且,这是一种终生都受伤害的持久税痛与"税收不幸",也是文明社会应该重在消减持久性税痛与"税收不幸"的道理所在,也是文明社会把税痛与"税收不幸"的久暂作为判定税制价值标准的重要理由。

为什么税痛与"税收不幸"越高级便会越持久,越低级越短暂?是因为低级的税痛与"税收不幸"是生存需要得不到满足的结果,高级的税痛与"税收不幸"是发展需要得不到满足的结果。或者说,纳税人生存需要的满足与实现的过程是短暂的,但发展需要的满足与实现的过程是长久的。正因为生存需要的满足与实现过程是短暂的,因此它得到满足或得不到满足的心理体验也就是短暂的,属于低级的税痛与"税收不幸";相反,发展需要的满足与实现过程是持久的,因而,这种需要得到满足或得不到满足的心理体验也就是长久的,是高级的税痛与"税收不幸"。

税痛与"税收不幸"的久暂与其等级的高低成正比。税痛与"税收不幸"越低级,其税痛就越短暂;税痛与"税收不幸"越高级,其税痛就越持久。

从税痛的强弱与久暂机理来看,税痛的强弱与久暂与其等级有关。

税痛的强弱与其等级高低成反比,税痛的久暂与其等级高低成正比。或者说,税痛越低级,其体验越强烈而短暂;税痛越高级,其体验越微弱而持久。由此可见,真正的税痛、最大的税痛是纳税人发展需要得不到满足的税痛,属于"税收不幸",是税制改革最应该关注的关键性、根本性问题。当然,这不是一下子就能实现的目标,需要我们长期坚持不懈的努力。

(三)"税痛"的先后机理

根据上述税痛的强烈与久暂机理分析,若就税痛的强弱而言,低级的税痛优先于高级的税痛;若就税痛的久暂而言,却是高级的税痛优先于低级的税痛,问题或在于,究竟哪种税痛应该优先消减?

现代心理学研究成果告诉我们,需要越低级就越强烈,也就越优先;需要越高级就越微弱,因而也就越靠后,高级需要是低级需要相对满足的结果。马斯洛精辟地指出:"人类动机活动系统的主要原理是基本需要按优势或力量而形成的强弱等级。给这个系统以生命的主要动力原理是,健康人的更为强烈的需要一经满足,比较淡泊的需要便会出现。生理需要在其未得到满足时会支配机体,迫使所有能力为其服务,并组织这些能力而使服务达到最高效率。相对地满足消沉了这些需要,使等级的下一个较强烈的需要得以出现,继而支配和组织这个人,如此等等。这样,刚摆脱饥饿,现在又为安全所困扰。这个原理同样适用于等级系列中的其他需要,即爱、自尊和自我实现。"[①] 这个道理,恩格斯也有论述,他说:"人们首先必须吃、喝、住、穿,然后才能从事政治、科学、艺术、宗教等等。"[②] 但这并不是说,只有低级需要得到100%的满足后,才能导致高级需要,而是说低级需要得到相对的满足后,就会

[①] [美]马斯洛著,许金声、程朝翔译:《动机与人格》,华夏出版社1987年版,第113页。
[②] [美]恩格斯:《在马克思墓前的讲话》(1883年3月18日前后),载《马克思恩格斯选集》(第3卷),人民出版社2012年版,第1002页。

导致高级需要。或者说，这种导致高级需要产生的低级需要之满足程度是相对的，是因人因社会环境的不同而不同的。但有一点却不是相对的，即每个人的低级需要必须得到最低限度的满足，然后他的高级需要才可能产生。也就是说，低级税痛与"税收不幸"的化解，优先于高级税痛与"税收不幸"，税痛的化解优先于"税收不幸"的化解。或者说，我们应首先注重满足纳税人低级的需要、欲望、目的、兴趣及其衍生物，然后再注意满足纳税人高级的需要、欲望、目的、兴趣及其衍生物。

新的问题或在于，是不是税痛越低级就越优先，越高级就越靠后？高级税痛是不是低级税痛化解之后的结果？要回答这个问题，还是让我们首先回到税痛与"税收不幸"的定义吧。

税痛是指纳税人涉税需要、欲望、目的、兴趣及其衍生物未得到满足的心理体验。"税收不幸"是指纳税人某种重大涉税需要、欲望、目的、兴趣及其衍生物未得到满足的心理体验，自然也就是指纳税人的某种理想未实现的心理体验。由此可知，低级的税痛是纳税人某种低级的涉税需要未得到满足的心理体验，而高级的税痛则是纳税人某种高级的涉税需要未得到满足的心理体验。低级的"税收不幸"是指纳税人某种重大的、低级的涉税需要未得到满足的心理体验，也就是纳税人某种低级涉税需要的理想未得到实现的心理体验。高级的"税收不幸"是指纳税人某种重大的、高级的涉税需要未得到满足的心理体验，也就是纳税人某种高级涉税需要的理想未得到实现的心理体验。

这就意味着，一方面，一个纳税人要有税痛，必须拥有这种"涉税需要"；另一方面，一个纳税人要有"税收不幸"，就必须拥有某种"重大的涉税需要"，同时具备某种"重大的涉税需要"未得到满足的状态。因此，一个纳税人是否有税痛与"税收不幸"的感觉，首先取决于他有没有这种"涉税需要"，无论是低级的，还是高级的。纳税人高级涉税需要不是低级涉税需要得到满足的结果，而且，由于高级税痛仅仅是低级税痛的相对的、最低的未满足的结果,高级"税收不幸"仅仅是低级"税收不幸"的相对的、最低的未满足的结果,不是低级"税收不幸"理想未满足的结果。因此,低级"涉税需要"的相对的、最低的不满足带来的低级税痛消减,一定优先于高级的税痛或"税收不幸"之消减。

换句话说,如果一个纳税人没有低级涉税需要的相对的、最低的满足,就不会有高级的涉税需要,也就不会有消减高级税痛与"税收不幸"的追求。但是,有低级税痛与"税收不幸"的纳税人可以有低级涉税需要的相对的、最低的满足,因而也可以有高级的涉税需要。所以,低级的税痛与"税收不幸"虽然比高级的税痛与"税收不幸"强烈,却不是优先于高级的税痛与"税收不幸";高级的税痛与"税收不幸"以低级需要的最低不满足为必要条件,却不以低级税痛与"税收不幸"的未实现为必要条件。或者说,高级的税痛与"税收不幸"和低级的税痛与"税收不幸"是相对独立的。所以,马斯洛认为:"高级需要的发展只能建立在低级需要的基础之上,但牢固建立之后,就能够相对独立于低级需要了。"①或许正因为如此,古今中外才会有不少纳税者能安于贫贱,在身处低级税痛与"税收不幸"的境遇下,依然追求高级税痛与"税收不幸"的消减,从而享受高级的涉税幸福。

涉税需要的先后与其等级的高低成反比,涉税需要越低级越优先,涉税需要越高级越靠后,而且,高级的涉税需要是低级涉税需要得到最低满足的结果。但低级税痛与"税收不幸"并不必然优先于高级税痛与"税收不幸",高级税痛与"税收不幸"只是低级涉税需要相对的、最低的未满足的结果,而不是低级涉税需要理想未满足的结果,不是低级税痛与"税收不幸"未消减的结果。高级税痛与"税收不幸"虽然后置于低级需要的最低未满足,但并不后置于低级税痛与"税收不幸",高级

---

① [美]马斯洛著,许金声等译:《动机与人格》,华夏出版社1987年版,第113页。

税痛与"税收不幸"与低级税痛与"税收不幸"是相对独立的。

当高级税痛与"税收不幸"和低级税痛与"税收不幸"发生冲突而不能两全时，我们该如何选择呢？或者说，面对各种具体的税痛与"税收不幸"我们该如何计算呢？

七、"税痛"的量之计算机理

正如各种快乐和幸福可以根据量的不同而导致价值大小的差异一样，各种税痛与"税收不幸"也会因为量的不同而导致其价值大小的差异。对此，功利主义大师边沁关于幸福的量的折算研究成果，或许能给我们研究税痛与"税收不幸"之量的折算问题提供一定的借鉴与参考。边沁认为："苦乐价值的大小是依照以下各个条件决定的：①它的强度（Its Intensity）；②它的持久度（Its Duration）；③它的确定性或不确定性（Its Certainty or Uncertainty）；④它的迫切性或遥远性（时间上的远近）（Its Propinquity）；⑤它的继生性（Its Fecundity），或苦乐之后随之产生同类感受的机会，也就是乐后之乐，苦后之苦；⑥纯度（是否纯粹，Its Purity）或者苦乐之后不产生相反感受的机会，也就是不产生乐后之苦、苦后之乐；⑦范围（Its Extent），也就是苦或乐扩展所及的人数，或者换句话说，受苦乐影响的人数多少。"[1]就是说，我们可以参照这七种量的不同来计算税痛与"税收不幸"的价值大小。

（一）根据"税痛"与"税收不幸"的强烈程度来计算

强烈的税痛与"税收不幸"的负价值大于淡薄的税痛与"税收不幸"之负价值，而且，强烈的税痛与"税收不幸"也可以折合成较小较少的淡薄的税痛与"税收不幸"。就是说，税痛与"税收不幸"的负价值大小与其强烈程度成正比，税痛与"税收不幸"越强烈，它们的负价

---

[1] 转引自周辅成编：《西方伦理学名著选辑》（下卷），商务印书馆1987年版，第266页。

值就越大；税痛与"税收不幸"越淡薄，它们的负价值就越小。

（二）根据"税痛"与"税收不幸"的持续时间来计算

持久的税痛与"税收不幸"的负价值大于短暂的税痛与"税收不幸"之负价值，而且，持久的税痛与"税收不幸"也可以折合成较多的短暂的税痛与"税收不幸"。即税痛与"税收不幸"的负价值之大小与其持续时间成正比。税痛与"税收不幸"越持久，其负价值就越大；税痛与"税收不幸"越短暂，它们的负价值就越小。

可见，短暂的税痛与"税收不幸"的负价值很可能大，但其负价值大绝不是因为它短暂，而是因为其强烈。如果就时间的长短来计算的话，较长的税痛与"税收不幸"之负价值必定大于较短的税痛与"税收不幸"之负价值。

（三）根据"税痛"与"税收不幸"的确定性来计算

可能性较大的税痛与"税收不幸"是比较确定的税痛与"税收不幸"；可能性较小的税痛与"税收不幸"是比较不确定的税痛与"税收不幸"。因此，确定的税痛与"税收不幸"可以折合成较多的不确定的税痛与"税收不幸"。

税痛与"税收不幸"的负价值大小与其确定性的程度成正比，税痛与"税收不幸"越确定，其负价值越大；税痛与"税收不幸"越不确定，其负价值越小。试想，一项税痛与"税收不幸"越确定，岂不意味着对纳税人的伤害越确定？越是确定的伤害，负价值越大。可见，仅就确定程度来计算，确定的税痛与"税收不幸"之负价值大于不确定的税痛与"税收不幸"的负价值。

（四）根据"税痛"与"税收不幸"距离纳税人的远近计算

经验告诉我们，较近的、近期可能得到的税痛与"税收不幸"之负价值大于在较远的、未来才能得到的税痛与"税收不幸"之负价值。

正如税痛与"税收不幸"的确定性计算一样，越是较近可能遇到的税痛与"税收不幸",越是可能性较大的税痛与"税收不幸";越是较远才能遇到的税痛与"税收不幸",越是可能性较小的税痛与"税收不幸"。这样,越是较近可能感受到的税痛与"税收不幸",可以折合成较多的较远才能遇到的税痛与"税收不幸"。

税痛与"税收不幸"的价值之大小与其远近成反比,税痛与"税收不幸"距离越近,其负价值越大;税痛与"税收不幸"距离越远,其负价值越小。事实上,这就是大多数纳税者宁愿关注眼前小的税痛与"税收不幸",而不愿关注长远的大的税痛与"税收不幸"的道理所在。但这并不意味着,关注眼前的小的税痛与"税收不幸",从而忽视长远的大的税痛与"税收不幸"是应该的、正确的。眼前的税痛与"税收不幸"之负价值尽管可能大于未来的税痛与"税收不幸"的负价值,如果综合计算的话,眼前较大的税痛与"税收不幸"之负价值可能小于未来较大的税痛与"税收不幸"之负价值。

(五)根据"税痛"与"税收不幸"的增值性计算

具有增值性的税痛与"税收不幸"之负价值大于不具有增值性的税痛与"税收不幸"之负价值。道理在于,具有增值性的税痛与"税收不幸"之负价值,可以折合成较多的不具有增值性的税痛与"税收不幸"之负价值,税痛与"税收不幸"之负价值大小与其增值性成正比:税痛与"税收不幸"的可增值性越大,其负价值就越大;税痛与"税收不幸"的可增值性越小,其负价值就越小。

(六)根据"税痛"与"税收不幸"的纯粹性计算

由于纯粹的税痛与"税收不幸"之负价值大于不纯粹的税痛与"税收不幸"之负价值。因此,纯粹的税痛与"税收不幸"也就是不产生税收快乐与幸福的纯粹的税痛与"税收不幸";不纯粹的税痛与"税收不幸"可能带来一些税收快乐与幸福。比如,我们放弃税负之税痛,进而消减税收歧视之税痛,其中肯定包含着快乐,是不纯粹的税痛与"税收不幸"。

也就是说，纯粹的税痛与"税收不幸"的苦乐差额大于不纯粹的税痛与"税收不幸"的苦乐差额。因而，纯粹的税痛与"税收不幸"可以折合成较多的不纯粹的税痛与"税收不幸"。如此，税痛与"税收不幸"之负价值的大小就与其纯度成正比，税痛与"税收不幸"越纯粹，其苦乐差额就越大，其负价值越大；税痛与"税收不幸"越不纯粹，其苦乐差额就越小，其负价值越小。

（七）根据"税痛"与"税收不幸"的广度计算

根据税痛与"税收不幸"的广度计算，就是根据税痛与"税收不幸"所涉及的人数计算。显然，这与前述根据税痛与"税收不幸"的强度、远近、纯度、确定性、持久性、增值性来计算税痛与"税收不幸"之负价值一样，都是计算税痛与"税收不幸"对于纳税人个人目的之效用或者价值的大小，不是计算税痛与"税收不幸"对于全体纳税人涉税目的之效用或者价值之大小。因此，都是非道德的计算规律，不是关于税痛与"税收不幸"道德价值的计算规律。

各种税痛与"税收不幸"的道德价值大小的折算是根据其受害和受益的人数之多少来计算的，其规律如下：消减多数人较大利益的税痛与"税收不幸"之负道德价值大于消减少数人较小利益的税痛与"税收不幸"之负道德价值；增进多数人较大利益的税痛与"税收不幸"之道德价值大于增进少数人较小利益的税痛与"税收不幸"之道德价值。因为增进多数人较大利益的税痛与"税收不幸"之道德价值可以折合成较多增进少数人较小利益的税痛与"税收不幸"之道德价值；消减多数人较大利益的税痛与"税收不幸"之负道德价值可以折合成较多消减少数人较小利益的税痛与"税收不幸"之负道德价值。

税痛与"税收不幸"道德价值之大小与其受益或受害的人数成正比，受益的人数越多，其道德价值越大；受益的人数越少，其道德价值越小。受害的人数越多,其负道德价值越大;受害的人数越少,其负道德价值越小。

可见,上述关于税痛与"税收不幸"的计算规律揭示的无不是根据税痛与"税收不幸"的某种量,诸如强烈程度、时间长短、时间远近、确定程度、纯粹程度、增值程度、所影响的人数等不同来计算其价值的大小,是通过各种税痛与"税收不幸"之某种量之折合计算来测算其大小。问题是,一切税痛与"税收不幸"还有质的规定性,还需要从质的方面进行测算。

八、"税痛"的质之计算机理

税痛的性质不同,其价值的大小也将呈现一定的规律。对此,我们可以从边沁、穆勒、马斯洛等思想家研究的结论中得到启示,从"高级快乐和幸福的价值大于低级快乐和幸福的价值"推导出高级税痛与"税收不幸"的负价值大于低级税痛与"税收不幸"的负价值。就是说,纳税人高级涉税需要、欲望、目的、兴趣及其衍生物的未满足,比低级涉税需要、欲望、目的、兴趣及其衍生物的未满足具有更大的负价值。这就是税痛与"税收不幸"的主要区别,税痛意味着纳税人低级涉税需要、欲望、目的、兴趣及其衍生物的未满足;"税收不幸"意味着纳税人高级涉税需要、欲望、目的、兴趣及其衍生物的未满足。税痛与"税收不幸"相比,其负价值要小,即对纳税人的伤害要小,却可能很强烈、很短暂、很确定、很近,等等。

对一个整日为生存而备受熬煎的纳税人来说,资金需要的价值无疑大于精神需要的价值,他会选择资金需要的价值。尽管尊严、权利的价值大于低级的生存需要,税痛的负价值却小于"税收不幸"的负价值。这是因为,就税痛与"税收不幸"的客观内容来说,是纳税人涉税需要、欲望、目的、兴趣及其衍生物与重大涉税需要、欲望、目的、兴趣及其衍生物之未满足，因此，税痛与"税收不幸"之负价值就是纳税人涉税需要、欲望、目的、兴趣及其衍生物与重大涉税需要、欲望、目的、兴趣及其衍生物未满足之价值。众所周知，需要是事物因自身存在和发展而对某种东西的依赖性，是人因其生存和发展而对某种东西的依赖性。因此，税痛与"税收不幸"之负价值就是涉税需要、欲望、目的、兴趣及其衍生物与重大涉税需要、欲望、目的、兴趣及其衍生物之未满足，对于纳税人生存与发展的负价值。由此可知：涉税需要、欲望、目的、兴趣及其衍生物越低级，它的满足对于每个纳税人的生存价值就越大，对于每个纳税人发展的价值就越小；涉税需要、欲望、目的、兴趣及其衍生物越高级，它的满足对于每个纳税人生存的价值就越小，对于每个纳税人发展的价值就越大。换句话说，涉税需要、欲望、目的、兴趣及其衍生物越低级，它的未满足对于每个纳税人生存的负价值就越大，对于每个纳税人发展的负价值就越小；涉税需要、欲望、目的、兴趣及其衍生物越高级，它的满足对于每个纳税人生存的负价值就越小，对于每个纳税人发展的负价值就越大。税痛意味着对于每个纳税人生存的负价值大，对于每个纳税人发展的负价值小；"税收不幸"意味着对于每个纳税人生存的负价值小，对于每个纳税人发展的负价值大。如前所述，涉税资金需要是低级的，但它的满足对于一个纳税人生存的价值却是最大的，对于一个纳税人发展的价值却是最小的。

由于精神需要高于人际需要、人际需要高于物质需要，对于一个纳税人的生存来说，物质需要的满足价值最大，人际需要的满足次之，精神需要满足的价值最小。从本质上来说，一个纳税人涉税需要的满足对其生存的价值大小，与其等级高低成反比；对其发展的价值大小，与其等级高低成正比。具体来说，一个纳税者的涉税需要、欲望、目的、兴趣及其衍生物越高级，它的满足对于纳税人生存的价值越小而对其发展的价值越大；涉税需要、欲望、目的、兴趣及其衍生物越低级，它的满足对于纳税人生存的价值越大而对其发展的价值越小。或者说，涉税需要、欲望、目的、兴趣及其衍生物越高级，它的未满足对于纳税人生存的负价值越小，而对其发展的负价值越大；涉税需要、欲望、目的、兴趣及其衍生物越低级，它的未满足对于纳税人生存的负价值越大，对其发展的负价值越小。因为，涉税需要、欲望、目的、兴趣及其衍生物的未满足就是税痛与"税收不幸"的客观内容。

九、"税痛"及其机理研究的价值

要弄清楚"税痛"及其机理与纳税人尊严关系研究的价值，就得弄明白何为"价值"。

关于"价值"的定义，可谓众说纷纭，莫衷一是。本著采信王海明教授的界定："价值便是客体的事实属性对于主体需要的效用性，简言之，便是客体对主体需要的效用。"[①] 这样，税痛及其机理的价值，是指税痛客体的事实属性对于税痛主体需要的效用性。税痛客体的事实属性则是指客体事实上具有的某种属性，这种属性对主体具有好坏之效用，从而会引起主体指向它的活动，以便获得有好处的东西，规避有坏处的东西。而税痛主体是指能够分辨好坏利害的自主活动者，而能够分辨好坏利害的自主活动者，既可能是单个纳税人，也可能是纳税人的总体。因此，所谓税痛及其机理的价值，就是税痛客体之中事实上具有的某种属性，是对于单个纳税人或总体纳税人需要的效用。

关于"疼痛"的价值，美国达特茅斯学院哲学系理性哲学与道德哲学讲座教授伯纳德·格特（Bernard Gert）说得最为透彻，他说："说疼痛是一种恶，并不是说疼痛不能达成一种有用的目的。疼痛以某种方式向我们提供需要医治的警告。如果我们感觉不到疼痛，我们便不会注意到

---

① 王海明：《新伦理学》（上），商务印书馆2008年版，第157页。

这种必要的医治,以致可能导致死亡的恶果。关于疼痛作用的这一事实在某种程度上可以用来解析恶的问题,它以某种方式表明,恶可能是世界上最好的东西:所有这种恶便叫作必要的恶。"[①] 爱因·兰德也认为:"在人类的躯体中,感觉快乐和痛苦的能力是天生的;它是人类本性的组成部分,是这一种类存在的一部分。对此他无法选择,决定他快乐和痛苦的躯体感觉的标准是既定的。这种标准是什么?那就是他的生命。人类躯体中的快乐和痛苦机制是有机体生命的自然引导者,对于所有具备意识功能的有机体生命都是一样的。躯体的快乐感觉是一种信号,标志有机体的行为进程是正常的。而躯体的痛苦感觉则是一种警告信号,意味着有机体的行为进程是错误的,有某种东西正在损害其适当功能,必须做出矫正。"[②] 这就是说,第一,"疼痛"虽是一种恶,却是一种"必要的恶",这种"必要的恶",就其结果而言是利大于弊,是善的,也是具有价值的;第二,"疼痛"是衡量生命机体运行状态的一种指标,借此人们可以知道自身生命机体存在的问题,以便及时提供"需要医治的警告";第三,"疼痛"的部位、形式、特点等有助于给化解"疼痛"提供有针对性的知识支持。

税痛与"税收不幸"也是一种"必要的恶"。对纳税人而言,也是有一定价值的,既可以衡量一种税制的优劣,又可以显示一个税收治理体系运行中存在的问题和错误,提出相应的矫正意见,从而及时化解其税痛与"税收不幸",增进全社会和每个国民福祉总量,提升纳税人尊严总体水平。而且,税痛与"税收不幸"的这种价值,可以从单个纳税人与总体纳税人两个方面分开来探讨。

从税痛与"税收不幸"的界定来看,税痛与"税收不幸"是指纳税

[①] Bernard Gert, *Moraility : A New Justification of The Moral Rules*, Oxford University Press New York Oxford, 1988, p48.
[②] [美]爱因·兰德著,秦裕译:《新个体主义伦理观》,上海三联书店1993年版,第54页。

人对其涉税需要、欲望、目的、兴趣及其衍生物或重大涉税需要、欲望、目的、兴趣及其衍生物未满足、生存发展未完满的心理体验。因此，就单个纳税人而言，税痛与"税收不幸"的价值就在于，可以随时提醒其涉税需要、欲望、目的、兴趣及其衍生物或重大涉税需要、欲望、目的、兴趣及其衍生物之未满足、生存发展未完满，从而通过这种心理体验唤醒自己的税痛与"税收不幸"的意识和情感，呼吁社会关注自己的税痛与"税收不幸"，从而通过税制改革，化解一些税痛与"税收不幸"，最终提升纳税人尊严水平。而且，这种税痛与"税收不幸"的意识和情感是一种原动力，可以产生相应的化解税痛与"税收不幸"的行为，进而化解自己的税痛与"税收不幸"，有助于自己的生存与发展，有助于纳税人尊严水平的提升。

就全体纳税人而言，税痛与"税收不幸"是衡量一种税制优劣及其纳税人尊严水平高低的重要指标。税痛与"税收不幸"越大的税制，就越恶劣和落后，纳税人尊严水平越低；税痛与"税收不幸"较大的税制，比较恶劣和落后，纳税人尊严水平也较低；税痛与"税收不幸"极小的税制，便最不恶劣和落后，纳税人尊严水平就最高。毋庸讳言，凡是生活在较大税痛与"税收不幸"税制下的纳税人，不论其低级涉税需要、欲望、目的、兴趣及其衍生物，还是高级涉税需要、欲望、目的、兴趣及其衍生物，都不会得到充分的满足，其生存和发展就很难完满，就难体验到"尊贵、庄严的愉悦型心理体验"，只会感受到"卑贱、耻辱等痛苦型心理体验"；相反，凡是生活在较小税痛与"税收不幸"税制下的纳税人，不论其低级涉税需要、欲望、目的、兴趣及其衍生物，还是高级涉税需要、欲望、目的、兴趣及其衍生物，都会得到相对充分的满足，其生存和发展就容易完满，就能体验到"尊贵、庄严的愉悦型心理体验"，很少感受到"卑贱、耻辱等痛苦型心理体验"。

十、结语

总而言之,对税痛基本问题及其与纳税人尊严之间机理问题的研究,直接关涉税制的优劣及纳税人尊严水平的高低,有助于预知税痛的大小,有利于有效化解税痛,提升纳税人尊严总体水平,同时也为税制改革提供优选方案,最大限度发挥税收"基础性、支柱性与保障性"及其"枢纽性"等功能与作用,实现税收增进全社会和每个国民福祉总量的终极目的,促进国运的可持续兴盛。对税痛基本问题及其与纳税人尊严机理问题的研究,于纳税人尊严总体水平提升的理论与实践意义不可小觑。遗憾的是,目前学界对税痛基本问题及其与纳税人尊严机理问题的研究及其成果,据笔者有限的资料判断,国内外都比较薄弱,值得认真关注和探究。用一句话来说,消减税痛乃是提升纳税人尊严总体水平最直接最有效的途径与方法。消减税痛就意味着提升纳税人尊严水平,意味着让纳税人能更多感受到"尊贵、庄严的愉悦型心理体验";相反,增加、强化、扩大或延长税痛,就意味着拉低纳税人尊严水平,意味着让纳税人能更多感受到"卑贱、耻辱等痛苦型心理体验"。

第六章
以公共产品优化提升纳税人尊严[①]

由"纳税人尊严"是指"纳税人在履行缴纳税款义务过程或之后,特别是在平等交换到高性价比公共产品与服务,满足了其涉税需要、欲望、目的与兴趣等衍生物之后,所获得的尊贵、庄严的愉悦型心理体验"之内涵与本质看,一个国家和社会公共产品性价比的高低,结构的合理与否,及其生产与供给可持续性如何等,直接关系到这个国家和社会纳税人尊严总体水平之高低。逻辑上,对公共产品的内涵、本质、形态、优劣、结构与类型,以及交换的途径与方法等问题的研究,便成为高质量、可持续生产和供给公共产品的思想前提,也成为提升纳税人尊严总体水平的主要途径。因为一个国家和社会的公共产品生产与供给水平的高低,既决定和标志着这个国家和社会纳税人尊严总体水平的高低,也关涉这个国家税收治理文明进程的快慢,最终影响全社会和每个国民的利益或福祉、幸福与尊严总量之增减。以公共产品的全面优化,提升纳税人尊严总体水平,也是逻辑的必然。

[①] 根据拙文《公共产品基本理论新探——兼析当下中国公共产品供求面临的问题》改写,原载《财政科学》2016年第2期。

一、"公共""产品"的内涵与本质

若欲弄清"公共产品"的内涵与本质,逻辑上,必须首先探讨"公共""产品"的内涵与本质。

(一)"公共"的内涵与本质

"公共"一词由"公"与"共"两字构成。因此,如果要探讨"公共"一词的含义,就应首先弄清楚"公"与"共"两字各自的含义。据许慎《说文解字》的释义:"公,平分也……八,犹背也。韩非曰:'背厶为公。'"[①]"私,禾也。"[②]意指庄稼。此后,"私"才逐渐专指由具体个人所占有的农作物。可见,"公"的含义与"私"是相对的。"公"与"私"乃是从"公私不分"的混沌状态中,逐渐分化产生的。

又据许慎《说文解字》的释义:"共,同也。"[③]意指相同,其含义有二:① 基于认识主体的角度而言,"共"是指两个(或多个)实体或关系所具有的相似性;② 基于认识对象的实际联系而言,"共"是指两个(或多个)实体或关系具有同一联系,因此,便与"公"有着密切的关系。[④]这样,"公"与"共"连起来使用,便有了"公共"一词。而"公""共"连用,最早见于北宋初年,在薛居正所编撰的《旧五代史》一书中就已两次提及"公共"——"诏曰:'皇图革故,庶政惟新,宜设规程,以谐公共。'"[⑤]"道虽殊,公共之情难失。"[⑥]《史记·张释之冯唐列传》也有"法者天子所与天下公共也。今法如此而更重之,是法不信

---

① 许慎著:《说文解字》,九州出版社2001年版,第398页。
② 同上,第62页。
③ 同上,第153页。
④ 高鹏程:《公共性"概念"模式与特征》,《中国行政管理》2009年第3期。
⑤ [宋]薛居正:《旧五代史》,中华书局1976年版,第1031页。
⑥ [宋]薛居正:《旧五代史》,中华书局1976年版,第1980页。

于民也"的记载。司马贞《索隐》引小颜曰:"公,谓不私也。"[1] 因此,韩非认为:"明主之道,必明于公私之分,明法制,去私恩。夫令必行,禁必止,人主之公义也;必行其私,信于朋友,不可为赏劝,不可为罚沮,人臣之私义也。私义行则乱,公义行则治,故公私有分。"[2] 可见,古代中国早已通过公私范畴来分析基本的社会问题。事实上,从"公共"的汉语词义和语用分析看,公私范畴乃是公共性含义变迁的基本逻辑因素。

而且,从西语词源意义分析来看,公私范畴也是公共性含义变迁的基本逻辑因素。比如,在纯粹将"公共"作为一个词对待的情况下,一般英语语源词典的解释是:英文词public,指的是作为整体的人民或社群,来自古老的法语单词publique,或是拉丁语单词pūblicus。[3] 而哈贝马斯对"公共"的语源,则分别从德语、希腊语、罗马法以及中世纪的不同含义进行梳理,认为:"18世纪,德语中的名词'ffentlichkeit'是从较早的形容词'ffentlich'演变而来的,意思和法语中的'publicite'和英语中的'publicity'大体相同。"而且,这与古希腊和罗马时期的用法紧密相关,"在高度发达的希腊城邦里,自由民所共有的公共领域(koine)和每个人所特有的私人领域(idia)之间泾渭分明"。因此,"如果说生的欲望和生活必需品的获得发生在私人领域(Oikos)范围内,那么,公共领域(Polis)则为个性提供了广阔的表现空间。"[4] 这就是说,公共与多个范围的日常用语相关:①有时指与国家、民族整体范围有关的事务,如公共权力、公共行政;②有时指与特定集体相关的日常事

---

[1] 司马迁:《史记·张释之冯唐列传》,中华书局1975年版。
[2] 韩非著,高华平译:《韩非子·饰邪》,中华书局2016年版。
[3] T. F. Hoad, *Oxford Concise Dictionary of English Etymology*, Oxford University Press, 1996, p376.
[4] [德]哈贝马斯著,曹卫东译:《公共领域的结构转型》,学林出版社1999年版,第3-4页。

务,如公共管理;③有时也指能够为人们所知道的人们不同意识和意志的相同部分,如公共意志;④有时还指政府所处理的社会事务,如公共事务。①

合而言之,"公共"是指公有的、公用的,与私有的、私用的对立。"公共"即关涉"众人的事",是有关众人福祉之事,是关涉每个人福祉之事。同理,凡关涉私人、个人之事,即为私事,便与"公共"无缘。"公共"意味着,"可以同时供许多人使用",可以满足许多人共同的需要,可以满足公共需要。但反过来说,凡能满足许多人共同需要的事,却未必都是公事,比如食物。质言之,公共需要或者公共性是"公共"成立的必要条件。公共性是指能够满足一个国家和社会公共需求的本质属性。所以,有学者认为:"'公共性'着重于参与机制和公众基于该机制参与公共活动的过程,唯当'公'或者'公意'是在这种参与中得以达成时才具有公共性。"②而且,"公共性"构成公共财产权在属性界定上的理论基础,也使得公共财产权具有概念构建上的可能性。同时,公共性还对公共财产的形成机制及其使用过程的正当程序提出规则要求,以适应公共财产在实体层面上的价值取向。③需要指出的是,"公共"不等于"公共性"。"公共"是一个可以自由约定的东西,充满主观性与客观性,但"公共性"不一样。"公共性"则是指公共行为事实如何之规律,在与公共目的发生关系之后所产生的一种关系属性,即公共价值。公共行为事实如何的规律是公共价值的固有属性,它是不以外在要素为转移的客体固有属性,是公共价值的根源与根本,公共目的则是公共价值得以产生的主体与条件。可见,公共性与公共价值是同一个概念,凡具有

---

① 高鹏程:《公共性"概念"模式与特征》,《中国行政管理》2009年第3期。
② 李友梅、肖瑛、黄晓春:《当代中国社会建设的公共性困境及其超越》,《中国社会科学》2012年第4期。
③ 刘剑文、王桦宇:《公共财产权的概念及其法治逻辑》,《中国社会科学》2014年第8期。

公共性的，一定具有公共价值；反过来，凡具有公共价值的，也一定具有公共性。

进一步来说，凡是能够满足一个国家和社会每个成员公共需求之本质属性者，一定具有"非排他性"与"非竞争性"。"非排他性"是指不可能阻止不付费者对某物的消费，或者说对某物的供给不付任何费用的人与支付费用的人一样能够享有其带来的益处。"非竞争性"是指一个人对某物的消费不会影响其他人从对某物的消费中获得的效用，或者说，即使额外增加一个人消费该物品，也不会引起产品成本的任何增加。质言之，凡具有"非排他性"和"非竞争性"之事，就具有公共性与公共价值，就属于"公共之事"；凡不具有"非排他性"和"非竞争性"之事，就不具有公共性与公共价值，就属于"私人之事"。即"公共产品在消费时具有两种性质：使用时的不可分割性和需要时的整体性（consolidation）"①。可见，"公共性""公共价值"是区分"公共之事"与"私人之事"的一般标准，"非排他性"和"非竞争性"则是辨别"公共之事"与"私人之事"的根本标准。

（二）"产品"的内涵与本质

众所周知，"产品"是指能够满足人们需要的物品。或者说，产品是指能够满足人们某种需要、欲望、目的、兴趣等衍生物的东西。英文product，是指"一组将输入转化为输出的相互关联或相互作用的活动"的结果，即"过程"的结果。当然，在经济领域中，产品还可被理解为组织制造的任何制品或制品的组合。但目前对"产品"比较一致的界定是：能够提供给市场被人们使用和消费，并能满足人们某种需求的任何东西，包括有形的物品，无形的服务、组织、观念或它们的组合。必

---

① [意]乌戈.马佐拉：《公共产品价格的形成》，载R.A.马斯格雷夫、A.T.皮考克著，刘守刚、王晓丹译：《财政理论史上的经典文献》，上海财经大学出版社2015年版，第70页。

须说明的是，提供给市场，并用来交换的产品，属于"商品"。产品仅具有使用价值，商品则既具有使用价值，也具有交换价值。商品是用来满足市场交换需求的产品。狭义的产品是指"被生产出的物品"；广义的产品是指"可以满足人们需要的载体"。

事实上，这种"物品"有很多类型，从人们需求的不同层次看，有满足人们最低需要和欲望的产品，也有满足人们基本需要和欲望的产品，更有满足人们高级需要和欲望的产品。学者吴健安在2011年出版的《市场营销学》中认为，如果从消费者的价值需要看，产品可分为五个基本层次：(1)核心产品，是指向顾客提供的产品的基本效用或利益，即每一种产品实质上都是为了解决问题而提供的服务，即具有反映顾客核心需要的基本效用或利益；(2)形式产品，是指"核心产品"借以实现的形式，比如品质、式样、特征、商标及包装等；(3)期望产品，是指购买者在购买产品时期望得到的与产品密切相关的一整套属性和条件；(4)延伸产品，是指顾客购买形式产品和期望产品时附带获得的各种利益的总和，包括产品说明书、保证、安装、维修、送货、技术培训等；(5)潜在产品，是指现有产品包括所有附加产品在内的，可能发展成为未来最终产品的潜在状态的产品。从产品的功能看，也可分为整体产品、形式产品与延伸产品等。"整体产品"是指能够给人们提供直接利益和效用的产品；"形式产品"是指产品的物质实体外形，比如其品质、特征、造型、商标和包装等能够满足人们相应需要和欲望的产品；"延伸产品"是指整体产品能够给消费者提供一系列的附加利益，诸如运送、安装、维修、保证等好处的产品。而马克·佩里博士则在总结若干学者的观点之后认为：产品属性包括内在、外在、表现和抽象四项内容，从而也可把产品分为相应的类型。"内在属性"指产品的物理组成；"外在属性"指不是产品物理组成部分，且可以在不使用的情况下进行评估的属性，包括品牌、包装、服务和价格等内容；"表现属性"指产品发挥作用的方式，只有通过使用才能对其进行评估，而评估的方法有主、客观两种；"抽象属性"指将多种属性包含的信息集合在了某一种属性当中，包括加权多种属性、用户意向属性和使用情境属性。[①] 当然，从产品的物质与精神形态来看，也有满足人们物质需要和欲望及精神需要的产品。毋庸置疑，人们的需要、欲望、目的、兴趣等都是不断变化的，因此，产品的品种、规格、款式等也会随着现实需要的变化而变化，需要不断推出新产品，不断提高产品质量，不断增加产品数量。

二、"公共产品"的内涵与本质

（一）"公共产品"的内涵

对"公共""产品"内涵与本质的分别探讨与辨析告诉我们，"公共产品"是指能够满足人们公共需要、欲望、目的、兴趣等衍生物的物品。满足人们需要、欲望、目的、兴趣等衍生物，是公共产品与私人产品共有的属性；而满足人们公共需要、欲望、目的、兴趣等衍生物，则是公共产品独自具有的属性，是公共产品不依赖于任何外在其他因素而独自具备的属性。

因此，区别公共产品与私人产品的一般标准就在于，这种产品满足的是不是人们的公共需要。凡是满足公共需要的产品即为公共产品；凡是不能满足人们公共需要的产品，则不属于公共产品的范畴。或者说，凡是具有公共性与公共价值的产品，就属于公共产品；凡是不具有公共性与公共价值的产品，就不属于公共产品，属于私人产品。问题在于，何谓"公共需要"？一般认为，公共需要是指满足社会公共利益的需要，诸如社会公共秩序的维护、水旱灾害防治、环境保护、国防建设，等

[①] [美]P·科特勒著，梅汝和译:《市场管理：分析、计划、执行与控制》，上海人民出版社1999年版，转引自宋咏梅、孙根年:《科特勒产品层次理论及其消费者价值评价》，《商业时代》2007年第14期。

等；而且，这种需要不是个别需要的总和，而是共同利益，具有不可分割性。用边沁的话说："共同体的利益（即社会利益）是组织共同体的若干成员的利益总和。"[①] 其基本特点有四：（1）它是全社会（全地区）的共同需要，反映全体社会成员的共同利益。而且，社会愈是向前发展，生产力愈是发达，这种共同的成分就愈充分和明显。（2）公共需要具有整体性，不可分割。（3）它不以人们的地位和收入为分界线。（4）它是一种有效需求，是社会总需求的一部分，等同于政府需求。所以，戴维·H·罗森布鲁姆认为：公共产品或准公共产品的特性是众人皆可使用的，随着更多的人使用，它们不会用尽或者完全消失，例如防核设施和灯塔等。[②]

如前所述，区别公共产品与私人产品的关键就在于，这种产品是否具有"非排他性"与"非竞争性"。而这一认识的获得，是在经过了亚当·斯密、李嘉图、马歇尔、帕累托、庇古、凯恩斯、林达尔等经济学者三个多世纪的探索之后，直到保罗·萨缪尔森，才在1954—1955年相继发表的两篇关于公共物品的短文中实现的。保罗·萨缪尔森给出的"公共产品"经典定义是："所有人共同享有的集体消费品（X_{n+1}，…，X_{n+m}），每个人对该产品的消费不减少任何其他人的消费，从而对每个居民和各个集体消费产品而言都有 $X_{n+j}=X_{i,\ n+jo}$"即消费都将等于该产品的供给总量，增加消费者对该产品的消费的边际社会成本为零。[③] 就是说，公共产品具有两个本质特征：非排他性（no excludability）和消费上的非竞争性（non-rivalries consumption）。具体来说，只要这种集体消费品被提供，每个人对该产品的消费都将等于该产品的供给总量。

---

① [英]边沁著，时殷译：《道德与立法原理导论》，商务印书馆2000年版，第58页。
② [美]戴维·H·罗森布鲁姆、罗伯特·S·克拉夫丘克著，张成福等译：《公共行政学：管理、政治和法律的途径》，中国人民大学出版社2002年版，第11—12页。
③ [美]萨缪尔森著，高鸿业译：《经济学》（下），中国发展出版社1992年版，第1198页。

同时，每个人的消费互不影响，增加消费者对这一产品的消费的边际社会成本为零，即消费者对该种产品的消费具有非竞争性。而斯蒂格利茨也认可这一界定："公共产品是这样一种物品，在增加一个人对它的分享时，并不导致成本的增加，而排除任何个人对它的分享都要花费巨大成本。"①

值得玩味的是，随着研究的深入，保罗·萨缪尔森对"公共产品"的这一经典定义有了新的认识。因为他发现，在考察不同的公共产品时，具有不同的"公共"程度和"市场"程度的产品之间，存在若干层次的产品。事实上，不少经济学者对此定义作了进一步的完善。1959年，马斯格雷夫在其《财政学原理》一书中，就首先提出了按照消费上的非竞争性和非排他性来划分公共产品。②同时，马斯格雷夫等人也从"公共产品"关联度方面对其特性做了进一步探索，认为："一种纯粹的公共产品在生产或供给的关联性上具有不可分割性，一旦提供给社会的某些成员，在排斥其他成员的消费上显示出不可能或无效。"③进而，以萨缪尔森和马斯格雷夫为代表的经济学家认为，严格说来，公共物品应具有三个特性：非竞争性、非排他性和不可分割性。④布坎南则在其"俱乐部的经济理论"中认为：公共产品是一个外延广阔的范畴，不但可以包括萨缪尔森定义的纯公共产品，也可以包括公共性程度从0到100%的其他一些商品或服务。如果一种公共产品的消费者群体，从部分成员一直扩大到全体社会成员的过程中，其边际成本始终为零，那么这种物品就是纯公共产品。国防、立法、基础科学研究等都属于典型的纯公共

---

① [美]斯蒂格利茨著，黄险峰、张帆译：《经济学》，中国人民大学出版社2005年版，第147页。
② 吴学军：《公共产品供给的制度性障碍及其矫正——基于政府"经济人"特征的分析》，《中国制度经济学年会论文集》(2006年)。
③ 许彬：《公共经济学导论》，黑龙江人民出版社2003年版，第50页。
④ 孙学玉：《公共行政学》，社会科学文献出版社2007年版，第221页。

产品;如果一种公共产品的消费者群体扩大到一定数量时边际成本开始上升,而且继续扩大到某一数量时,其边际成本变得非常大甚至是无穷大,那么这种公共产品就是准公共物品,公路、公园、学校、图书馆、公共交通等都属于准公共物品。①

其实,且不说经济学界对"公共产品"的界定众说纷纭,就是对"公共产品"的称谓也是各有见解。"公共产品"在英文中一般写作public goods,常常等同于collective goods(集体产品)、social goods(社会产品)。在《新帕尔格雷夫经济学大辞典》中,则被译为"公共财货",在保罗·A·萨缪尔森《经济学》中文版第十四版中被译为"公共物品",在彼得·杰克逊主编的《公共经济学前沿问题》中被译为"共用品",张五常以中文写作的《灯塔的故事》《科斯的灯塔》中则将其写为"共用品",在麦克尔·麦金尼斯主编的《多中心体制与地方公共经济》中文版中则被译为"公益物品",在斯蒂格利茨《经济学小品和案例》中文版中,还被译为"公益品",甚至也有译为"公供品""公共善"的。在费雪《州和地方财政学》第二版中文版和C·V·布朗《公共部门经济学》中文版第四版中,均译为"公共产品"。而现实中,很多时候"公共产品"与"公共服务"是互用或并用的,因为二者之间呈现为替代关系、包容关系与并列关系。"替代关系说"认为:"在西方传统理论中,'公共服务'和'公共物品'被看作可以等同和相互替换的概念。至少,它们之间的界限是模糊的。"②"包容关系说"认为:按照生产生活中的"必不可少性",公共服务分为"公共产品"和"价值产品"。③国内则有学者认为,"'公共服务'主要指由公法授权的政府和非政府公共组织,以及有关工

---

① J. M. Buchanman, An Econmic Theory of Clubs, *Economica*, 1965(32).
② 柏良泽:《公共服务研究的逻辑和视角》,《中国人才》2007年第3期。
③ Riccardo Fiorito, Tryphon Kollintzas, *Public goods, merit goods, and the relationbetween private and government consumption*, European Economic Review 48, 2004, pp1367-1368.

商企业在纯粹公共物品、混合性公共物品和特殊私人物品的生产、供给中所承担的责任。"[①]"并列关系说"则基于"产品是有形的，服务是无形的；产品是结果，服务是过程"的认知，认为产品的生产和消费，可以在时间与空间上相对分离，而服务的生产与消费则是时空一体的，从而将政府的产出分为"公共产品"与"公共服务"。"并列关系说"认为："政府提供公共服务，是为了提供基本保障、增进公平、促进基本消费均等化，属于人权事务领域。"政府提供的公共服务不受物品性质的限制而涵盖了不同特性的产品。其中，既有主权事务，也有人权事务；既包括公共产品、准公共产品，也包括私人产品。因此，"将公共产品和公共服务并列使用，不存在理论上和逻辑上的错误。"[②]

同样，在一些对萨缪尔森的公共产品理论存在质疑的人看来，此理论一方面"不能够解释现实世界中存在的众多的混合产品"，另一方面是因为：(1)竞争性只与"个人消费"有关，与市场成功无关；非竞争性只与"共同消费"有关，与市场失灵无关。(2)具有排他性的产品是产权得到界定的产品，即有主产品；具有非排他性的产品是产权没有得到界定的产品，即无主产品。(3)公共产品的本质属性是它的非排他性，公共产品理论的研究重点是比较实现排他性的方式或产权制度安排成本之差异，而不是单纯地将非排他性与排他性进行比较来为政府干预经济提供理论说明。[③]因此，便有学者意欲重新界定"公共产品"，认为公共产品是指为一个社会中的所有人或者绝大多数人的生存和日常生活所必需的，不能完全用"市场机制"，而必经借助"国家干预"来实现优化配资的产品或服务，它在性质上具有三个特征：产品性、不可拒绝性与需要国家干预性。其实，公共产品究竟由谁来提供，关键是要看

---

① 马庆钰：《公共服务的几个基本理论问题》，《中共中央党校学报》2005年第2期。
② 夏光育：《论"公共产品"和"公共服务"的并列使用》，《湖北经济学院学报》2009年第5期。
③ 李政军：《公共产品的性质与研究重心》，《江苏社会科学》2011年第5期。

由谁来提供更能增进全社会和每个国民的福祉总量。

笔者以为,萨缪尔森区分公共产品与私人产品的两大特性——非排他性与非竞争性的观点,其理论创新性毋庸置疑,而后来学者对此论进行的探索,本是学科发展和人类社会不断进步的动力所在。问题在于,如果去除非排他性与非竞争性两大标准,还有哪个标准可以把公共产品与私人产品基本区别开来?更何况,公共产品理论原本就不属于精确科学,它遵从的是多数意义上的统计规律,而不是典型论证的逻辑规律。因此,试图通过典型案例论证方式推翻萨缪尔森公共产品理论的尝试,其理论与现实意义并不值得期待。

(二)"公共产品"的本质

"公共产品"作为满足人们公共需要、欲望、目的、兴趣等衍生物的产品,其本质或并不仅仅在于满足了人们的公共需要、欲望、目的、兴趣等衍生物,而在于这种"公共产品"本身的性质,即其本身的合法性、合意性与公正性等。

这是因为,作为同一种"公共产品",尽管都可以满足人们的公共需要、欲望、目的、兴趣等衍生物,比如国防安全、环境保护等,但专制政府提供的与民主政府提供的,是有根本差别的。毋庸讳言,皇权专制政府提供的公共产品,其出发点肯定是为了专制者一家一姓的利益最大化。因此,其生产和提供公共产品只是为了专制者一家一姓的江山万年长。这个道理,曼瑟·奥尔森在《权力与繁荣》一书中有精辟的论述。在他看来,"坐寇"之所以要在领地提供一定的"公共产品",就是为了未来利益的最大化。而"流寇"就不一样,不必考虑提供公共产品,为未来负责,尽可竭泽而渔,杀鸡取卵。因为对处于稳定状态的"坐寇",他"有强烈的动机成为一个头戴皇冠、能够安居乐业的供应公共物品的专制者",或者维护一方的安定秩序,等候官府招安,一边追求利益的最大化与可持续。①自然，在这种体制下的公共产品供给机制就为专制者及其利益相关者主导，生产什么、生产多少、为谁生产等问题的最终决定权，都是掌握在专制者手里，由暴力据有者决定。而这样的"公共产品"，其合法性与合意性就差，效率就低，性价比就不高。特别是，由于权力的合法性与民意基础不坚实，权力的制度性监督制衡机制乏力，就很容易大面积伤害民众利益。因此，奥尔森说："专制者获得的收入源于非常高的代价，即通过很高的再分配比例将其臣民的收入转到专制者手中。"②

相反，在民主宪政体制下，政府提供的"公共产品"之合法性与合意性就大，效率就高，性价比也会高。确如李炜光教授所言："由于民主国家实行轮流选举的制度，能够使民众更多地参与到国家政治生活中去，决策和监督机制比较健全，无形中就加强了共容利益对统治者的束缚，所以民主体制能够做到有效地限制对社会掠夺无度的当权者，保障个人权利的法规同时也保障人民财产和合同的有效性，促进'产权密集型'的投资活动，推动社会的长期发展。"③质言之，民主国家与专制国家提供公共产品不一样的地方在于："第一，民主政治体制决定着政府再分配给自己的利益要比专制统治者分配给自己的利益要少的多，但由于民主国家的个人不仅可以在国民收入增加时从其增量中征集到更多的税收，还可以从市场中获得更多的财政收入，这就使人们拥有比专制统治下更加强烈的共容利益意识，民主国家政府的最低税率也由此注定会低于专制统治下的税率；第二，民主国家征税前有一个征、

---

① [美]曼瑟·奥尔森著，苏长和、嵇飞译：《权力与繁荣》，世纪出版集团、上海人民出版社2005年版，第8页。
② 同上，第11-12页。
③ 李炜光：《共容利益与赋税——〈权力与繁荣〉释读》，http://www.aisixiang.com/data/15814.html。

纳双方博弈的过程，必须经过纳税人的同意和认可，这两点的共同指向都是公民的私有财产权。"① 基于同样的理由，民主政府提供之公共产品的公正性就强，国民与政府之间的权利与义务交换就接近平等的利害相交换。具体来说，国民与政府之间的基本权利与义务交换最符合完全平等原则，非基本权利与义务交换最符合比例平等原则。相反，专制政府提供之公共产品的公正性就弱，国民与政府之间的权利与义务交换就不符合平等的利害相交换，即国民与政府之间的基本权利与义务交换最易违背完全平等原则，非基本权利与义务交换最易违背比例平等原则。

公共产品本身的优劣，终极看，取决于公共产品制度创建者的终极目的，即是为了增进一个人、少数人，还是多数人、所有人的福祉总量。一般地说，这取决于公共产品制度的人道性与自由性，即这种公共产品是不是全体国民同意的，是不是符合全体国民意志的。无疑，同意的国民人数越多，这种公共产品的合意性就越高，也就越优良；相反，则越恶劣。但根本说来，这取决于这种公共产品供给制度的公正性与平等性。具体来说，取决于征纳税人之间、国家与国民之间权利与义务分配的公正与否。既取决于征纳税人之间、国家与国民之间基本权利与义务的分配是否遵从完全平等原则，也取决于征纳税人之间、国家与国民之间非基本权利与义务的分配是否遵从比例平等原则，同时也取决于公共产品的生产效率，以及当时排他性技术的发展水平。

坦率地说，只有从这个视角研究公共产品问题，才最具理论与现实的价值。公共产品的优劣，无疑决定于一个社会文明位阶的高低。而且，公共产品的质量与数量，直接折射一个国家的治理水平。

---

① 李炜光：《共容利益与赋税——〈权力与繁荣〉释读》，http://www.aisixiang.com/data/15814.html。

三、公共产品的结构与类型

（一）公共产品的结构

公共产品，一定是具有"公共性""公共价值"的产品，也是能够满足公共需要，且具有"非排他性"和"非竞争性"以及不可分割性的产品。由于公共产品与私人产品都是满足人们需要、欲望、目的、兴趣等衍生物的产品，因此，公共产品同样既可能是有形的物品，也可能是无形的服务、组织、观念或它们的组合。而狭义的公共产品是指"被生产出的物品"，广义的公共产品是指"可以满足人们公共需求的载体"。

众所周知，结构是组成整体的各部分之搭配和安排，是把一个事物作为整体分解为若干部分而成，因此，被划分的事物与所分成的事物之间是整体与部分的关系。而且，结构决定功能。因此，公共产品的结构，是把公共产品作为一个整体分解为若干部分而成，被划分的事物与所分成的事物之间是整体与部分的关系。

由于"公共产品"是指能够满足人们公共需要、欲望、目的、兴趣等衍生物的物品，因此，公共产品就具有内容与形式的基本结构。而公共产品要满足人们的公共需要、欲望、目的、兴趣等衍生物，一定是其中含有可以满足这些公共需要、欲望、目的、兴趣等衍生物的固有属性——使用价值，它是不以人的意志为变化的。因此，公共产品也就拥有产品的固有属性，以及使用价值的深层结构。就是说，离开了公共产品的固有属性，公共产品也就不复存在。正如人体拥有八大系统，少一个系统人体将不存在一样。

就"公共产品"是指能够满足人们公共需要、欲望、目的、兴趣等衍生物的物品而言，人们公共需要、欲望、目的、兴趣等衍生物的结构，也就是公共产品的结构。公共需要即是国民的公共需要结构与层次，也就是公共产品的结构。根据马斯洛的需要层次论，人的需要从低级到高级顺次排列为七个层次：生理需要、安全需要、归属和爱的需要、自尊需要、认识和理解的欲望、审美需要、自我实现需要。①按道理来说，公共产品也就有相应的结构。问题在于，马斯洛关于需要的这种分类，存在两个明显的缺陷：(1)这些需要乃是需要的举例而并非需要分类，因而合起来并不能包括人的全部需要，如不包括游戏需要、健康需要、权力欲、自由需要等。所以，将它们作为需要的分类便犯了子项之和不等于母项的逻辑错误。(2)其中某些需要外延交叉、互相重合。因为所谓自我实现需要，正如马斯洛所说，乃是实现自我创造潜能的精神需要。②同时，马斯洛认为，创造潜能普遍存在于各个领域："几乎所有的角色和工作都可以有创造性，又可以没有创造性。"③这就意味着，审美、认识、理解等每一种精神需要，都有创造性与非创造性之分。因此，自我实现需要便与这些精神需要的外延存在交叉重叠、相互包含的部分，这就违背了"子项外延不可交叉"的分类原则，犯了逻辑错误。因此，他后来在《动机与人格》的前言中，将人的一切需要归结为三大类型：一是"低级需要""物质主义动机"，亦即生理需要和安全需要，也就是物质性需要；二是"中级需要""社会性动机"，也就是社会性需要，无疑包括归属和爱的需要以及自尊需要；三是"高级需要""超越性动机"，也就是精神性需要，包括认识和理解的欲望、审美需要、自我实现需要。④其实，将人的需要、欲望、目的分为物质、社会、精神三类，最早由詹姆斯作出。他在《心理学原理》一书中，曾专列"自我"一章，详尽论述了每个人的自我都分为物质自我、社会自我、精神

---

① Robert Maynard Hutchins, Great Books of The Western World, Vol.43, On Liberty, by, John StuartMill, Encyclop Aedia Britannica, Inc, 1980, pp35-55.
② 王海明：《新伦理学》(中)，商务印书馆2008年版，第1230页。
③ [美]马斯洛著，许金声、程朝翔译：《动机与人格》，华夏出版社1987年版，第114页。
④ Abraham H.Maslow, *Motivation And Personality*, second edition, Harper & Row, Publishers, New York, 1970, ppxii-xiv.

第六章　以公共产品优化提升纳税人尊严　163

自我的理论：物质自我是自我的物质需要、欲望、目的等心理活动所组成的心理系统；社会自我是自我的社会需要、欲望、目的等心理活动所组成的心理系统；精神自我是自我的精神需要、欲望、目的等心理活动所组成的心理系统。[①]马斯洛后来也认为，存在相应的等级：物质需要是低级需要、社会需要是中级需要、精神需要是高级需要。[②]因此，公共产品便具有物质、社会与精神的完整结构。

毋庸讳言，一个社会的公共产品系统一旦存在结构性缺陷，这个社会的各个公共产品供给系统会存在结构性问题，这个社会中每个国民的公共需求满足系统也将存在结构性问题，这个社会总体的福祉总量便存在结构性问题，从而背离社会提供公共产品旨在增进全社会和每个国民福祉总量的终极目的。或者说，公共产品系统如果存在结构性缺陷，公共产品供给机制便会背离其创建的终极目的——增进全社会和每个国民的福祉总量。同时，这个社会的公共产品供给系统便既背离人道自由的最高原则，也背离公正平等的根本原则。这个社会的公共产品供给机制便既背离"把人当人看"的浅表的初级人道原则，也背离"使人成为人"的深层次的高级人道原则——自由。当然，更谈不上遵从平等、法治、限度的一般自由原则，以及具体的政治自由、经济自由与思想自由原则。结果，便既背离平等的利害相交换的公正原则，国民与政府之间的权利与义务分配存在严重的不公问题，也背离平等原则，即基本权利与义务的分配背离完全平等原则，非基本权利与义务的分配背离比例平等原则。一言以蔽之，公共产品供给便存在系统性、结构性的缺陷，具体表现在合意性差、合法性不足、公正平等性太低、成本太高、效率低

[①] [美]W·詹姆斯著，伍况甫译：《心理学简编》，商务印书馆民国二十二年（1933年）版，第1–8页。

[②] Abraham H.Maslow, *Motivation And Personality*, second edition, Harper & Row, Publishers, New York, 1970, ppxii-xiv.

下等方面。

而且,由于公共产品存在区域性、行业性、职业性等结构性差异,其公共需要的满足,也就存在相应的结构性不公问题。自然,这个社会的各个公共产品供给系统,便既会存在公共产品供给结构方面的公平性问题,也会存在公共产品供给过程中公开性不足的公正性问题,存在公共产品供给取向方面的不公正问题。

(二)公共产品的类型

类型是指对事物外部的一种分类,是指把一个事物作为普遍事物分成若干具体事物,被划分的事物与所分成的事物之间是一般与个别的关系。这意味着,我们可根据不同的标准对事物进行分类。

由于"公共产品"与"私人产品"都是指能够满足人们需要、欲望、兴趣、目的等衍生物的物品,以此为标准,公共产品可分为满足人们最低公共需要和欲望的、满足人们基本公共需要和欲望的与满足人们高级公共需求和欲望的三大类。如果从消费者的公共价值需要标准看,如前所述,公共产品也可分为五类,即核心公共产品、形式公共产品、期望公共产品、延伸公共产品和潜在公共产品。同样,根据马克·佩里博士的理论,公共产品也可分内在、外在、表现与抽象四类。当然,也可从公共产品的物质与精神形态进行分类,即有满足国民物质需要和欲望的公共产品与满足国民精神需要和欲望的公共产品。也可以公共产品的性质——"普遍性与特殊性,绝对性与相对性,客观性与主观性"为根据来划分,即存在共同公共产品与特定公共产品,绝对公共产品与相对公共产品,客观公共产品与主观公共产品。共同公共产品是指可以满足人类社会所有国家、所有国民公共需要的公共产品,比如国防安全、环境保护等;特定公共产品是指仅仅可以满足一定社会、一些国家、一些国民公共需要的公共产品,比如一些区域性的公共产品等。绝对公共产品是指可以满足人类社会所有国家、每个国民绝对公共需要的公共产品，比如自由、尊严、爱等，因为自由是一个国家和社会繁荣与进步的根本条件；相对公共产品是指可以满足人类社会一些国家、一些国民绝对公共需要之外一切公共需要的公共产品，比如非排他性与非竞争性不是特别典型的一些公共产品——准公共产品。客观公共产品是指可以满足人类社会所有国家、每个国民客观公共需要的公共产品，比如纯粹公共产品——法律等；主观公共产品指可以满足人类社会一些国家、一些国家民众公共需要的公共产品，比如形象工程、局部公共产品与准公共产品等。

同样，如果从公共产品所能满足国民公共需要的人数而言，可根据一个国民、少数国民、多数国民、全体国民，将该公共产品分为最优公共产品、次优公共产品、次差公共产品与极差公共产品。从人类社会公共资源的形态看，公共产品还可分为：(1)自然公共类——一切自然赋予的对人有用的各种形态的物质，比如矿产、动植物，山河大地，日月星辰，等等。(2)人为公共类——由人类社会历代积累、生产建造的一切物质形态的公共产品，比如铁路、桥梁、公路等公共基础设施。(3)公共人际类——社会，它是一个人一旦来到世上，便不可选择地参与缔结而成的。因此，不论其是否健康，也不论其高矮胖瘦，肤色如何，贫富与否，都一律平等地参与了社会大组织的缔结，为社会的创建作了一份贡献。而公共人际资源是一切组织和个人建功立业的基础大舞台，是最基本的资源，任何组织和个人，如果离开了这个资源，便会一事无成。(4)公共精神类，主要是指具有公共性的精神形态的产品，比如政治、经济、科教文化等观念，组织形式，运作机制等，这是保证社会生活正常运转不可或缺的资源，是任何一个组织和个人建功立业所必须借用的资源和财富。

当然，如果从社会是由"经济、文化产业、人际交往、政治、德治、法律和道德"7类活动构成的角度分类，公共产品亦可分为：经济类、文化产业类、人际交往类、政治类、德治类、法律类和道德类。

自然，我们也可根据时间与空间之别，将公共产品分为当代公共产品与未来公共产品，国内公共产品与国外公共产品。或者根据公共产品享受者的不同，将公共产品分为不同类型。也有学者把公共产品划分为经济性公共产品（服务）、社会性公共产品（服务）与制度性公共产品（服务）。①

必须强调的是，由于人们的需要、欲望、目的、兴趣等都是不断变化的，因此，公共产品的品种、规格、款式、质量、数量及其性价比等，也会随着现实需要的变化而变化。而且，一个社会要发展和进步，应该且必须不断提供新的公共产品，提高公共产品质量，增加公共产品数量。

四、公共产品的质量体系及其评估标准

正如其他产品有质量的优劣差异一样，公共产品也有质量的优劣差异。借用美国著名质量管理专家朱兰（J. M. Juran）博士从顾客的角度出发的产品质量理论，公共产品质量是指国民对公共产品固有特性综合满足其要求的程度。这些综合满足要求，显然受制于使用时间、地点、对象、环境等因素的影响。而且，由于这些因素对国民公共产品消费心理的影响，即使面对同一公共产品，国民也会提出不同的质量要求，做出不同的评价。同样，我们借用国际标准化组织制定的国际标准——《质量管理和质量保证术语》（ISO 8402—1994）理念，对公共产品质量这一概念进行界定：是指其"反映实体（国民——笔者注）满足明确和隐含需要的能力和特性的总和"。它具有以下特性：真实性（要求提供的公共产品是一种客观事实）、准确性（要求提供的公共产品不但要真

---

① 迟福林：《中国：历史转型的"十二五"》，中国经济出版社2011年版，第一节。

实，而且符合其契约承诺条款）、完整性（要求提供的公共产品应尽可能在真实、准确的基础上，做到全面）、可行性（要求提供的公共产品应当方便用户检索、使用和评价）、合法性（要求提供的公共产品要合法，不存在违反国家法律禁止性的内容等）。当然，一个优良科学的公共产品质量体系，也应该具备有效的"否决"机制。

由于质量并非一个固定不变的概念，它是动态、变化、发展的，随着时间、地点、使用对象等要素的不同而不同，随着社会的发展、技术的进步会不断地更新和丰富。同样，公共产品质量也是动态、变化、发展的，随着时间、地点、使用对象等要素的不同而不同。质言之，正如质量是一个综合的概念一样，公共产品质量也是一个综合概念，这并不是说某项特性越高越好，而是追求诸如性能、成本、数量、交货期、服务、结构等要素的最佳组合，即"最适当"。因此，对公共产品质量管理体系而言，质量的载体不仅针对公共产品本身，即公共产品生产过程的结果，而且针对公共产品生产的过程和体系，以及它们的组合。

进一步来说，由于特性是指事物所特有的性质，固有特性是事物本来就有的性质，因此，公共产品固有属性也就是通过公共产品、过程或体系设计和开发，及其之后的实现过程形成之属性。比如物质的、感官的、行为的、时间的、人体工效的、功能的等。而这些固有特性，大多是可测量的。但其所赋予的特性，比如公共产品的价格，则并不是公共产品、体系或过程的固有特性，是一种关系属性，是公共产品固有属性与公共需求、目的等发生关系时产生的属性。因此，满足消费者的要求，既有满足明示的要求，比如明确规定的；也有隐含的，比如惯例、习惯等要求；还有必须履行的要求，如法律法规、行业规则等。无疑，一个公共产品唯有全面满足了这些要求，才能判定其质量好；反之，则意味着质量差。同理，国民和其他利益相关者对公共产品、体系或过程的质量要求，也是动态、发展和相对的，是随着时间、地点、环境的变化而变化的。因此，我们应定期对公共产品质量进行评审，按照国民不断变化的需要和期望，及时做出改进公共产品、体系或过程的对策，以期确保可持续性满足国民及其利益相关者的新老要求。而且，在公共产品质量管理过程中，由于"质量"的含义是广义的，除了公共产品本身的质量之外，也应包括公共产品的管理质量。因此，我们不仅要管好公共产品本身的质量，也要管好公共产品质量赖以产生和形成的管理质量系统，并以管理质量系统为重点。

事实上，公共产品质量特性的含义是广泛的，既可以是技术的、经济的，也可以是社会的、心理的和生理的。公共产品质量包括产品内在质量与外观质量两个方面。前者是指公共产品的内在属性，包括性能、寿命、可靠性、安全性、经济性五个方面。而公共产品的外观质量是指其外部属性。毋庸置疑，公共产品的内在质量是主要的、基本的，外在质量是附属的。

简而言之，财税治理的重点在于如何给国民提供高质量、高性价比、高合意性、高公正平等性、低成本的公共产品。公共产品"性价比"也成为判定公共产品质量高低优劣的重要标准，人道自由性就成为判定公共产品质量高低优劣的最高标准，公正平等性就成为判定公共产品质量高低优劣的根本标准，增进还是消减全社会和每个国民的福祉总量就成为终极标准。

由此可见，探究公共产品质量体系及其评估标准的重要性和必要性——这是判定公共产品提供者绩效的前提条件。因此，美国学者安瓦·沙在《公共服务提供》一书的前言中说："全球化、地方化以及信息革命正授权于公民，促使他们要求的政府负起责任，而要确保这样的责任成为一种有效的工具，一个测量政府提供公共服务的绩效的框架是必不可少的。"[1] 就是说，要使政府真正承担起提供"高性价比"公共产品的责任，科学明确的公共产品优劣评价标准必不可少。

五、公共产品该由谁来提供

公共产品是人类社会发展进步不可或缺的物品，它直接关系全社会和每个国民福祉总量的增减，关系全社会和每个国民总体幸福状况。因此，公共产品供给的质量与数量、结构与类型、性价比等，便折射出一个政府总体管理水平的高低。问题在于，究竟该由谁来提供和供给公共产品，才会保证公共产品供给的质量与数量，从而最大限度地增进全社会和每个国民的福祉总量；或者说，究竟应该由政府，还是由市场提供公共产品；或者说，应该由政府之外的其他社会组织提供公共产品。若从公共产品的终极消费者的角度看，谁提供和生产公共产品都行，只要能够保障公共产品的有效供给，所提供的公共产品性价比高，能用之于民之真正所需，有助于增进全社会和每个国民的福祉总量即可。

因此，问题便转化为，由谁提供公共产品，其效率与性价比最高，质量最好，数量最多，合意性最大，最具公正平等性，最有助于满足每个国民的公共需要。

从合意性而言，若公共产品由市场或第三者提供，其合意性相对较大。这是因为，市场主体或第三者，既是公共产品的提供者，同时也可能是公共产品的消费主体，因此，也就最清楚自己真正需要的公共产品与服务是什么，所供即所需，供需错位的可能就小一些。自然，公共产品的性价比就会高一些。相反，如果由政府单方面提供，就容易产生信息不对称的问题，从而预埋下公共产品所供非所需的隐患，且不说公共

---

[1] [美]安瓦·沙著，孟华译：《公共服务提供》，清华大学出版社2009年版，第7页。

产品仅由政府垄断供给所隐含的权力寻租等顽疾。当然,合意性仅仅是评定公共产品供给优劣的一个重要标准,不是唯一标准。判定公共产品供给活动优劣还有一个重要标准,即公共产品由谁生产和供给的成本最低、效率最高。究竟公共产品该由谁来提供的问题,也就变成"谁提供公共产品最有助于增进全社会和每个国民福祉总量"的问题。

其实,公共产品合意性最大的问题,原是一个自由的问题,是一个公共产品交换价款缔结、履行契约的问题。即公共产品交换价款的契约缔结,是不是在自由平等的前提下完成的。如果这个契约是自由的,其公共产品的合意性就大,其供给也就最容易满足每个国民的公共需要,能够最大限度地增进全社会和每个国民的福祉总量。因为根本说来,这样的公共产品供给契约（税法、预算法等）,是遵从人道自由原则的,是把每个国民当人看,也使每个国民成为人的。如果不是,这个契约就是非自由的,即便履行了,其公共产品的合意性也不会很大,其供给也难以满足每个国民的公共需求,不可能最大限度地增进全社会和每个国民的福祉总量。

公共产品的供给成本与效率问题,是一个公正平等问题,也是一个技术管理问题。就前者而言,如果公共产品的供给与交换符合公正平等原则,也就是国民与政府之间的权利与义务分配如果符合公正平等原则,交换与分配的效率就可能比较高,公共产品的生产与供给效率就高,最能满足每个国民的公共需要,最有可能增进全社会和每个国民的福祉总量;相反,如果公共产品的供给与交换违背公正平等原则,也就是国民与政府之间的权利与义务分配如果背离公正平等原则,交换与分配的效率就可能比较低,公共产品的生产与供给效率就低,就难以满足每个国民的公共需要,从而消减全社会和每个国民的福祉总量。就后者而言,如果技术发展迅速,有助于化解公共产品的"非排他性"与"非竞争性"难题,公共产品生产与供给的成本就低,效率就高,也就有助于满足每个国民的公共需要,从而最大限度地增进全社会和每个国民的福祉总量;反之,如果技术发展缓慢,难以有效化解公共产品的"非排他性"与"非竞争性"难题,公共产品生产与供给的成本就高,效率就低,也就难以有效满足每个国民的公共需要,便可能消减全社会和每个国民的福祉总量。

普泛的观点认为,公共产品由于生产成本太高,不适合个体,只能通过集体行动来生产和提供。理由正如大卫·休谟所言:某些任务的完成对单个人来讲并无什么好处,但对于整个社会却是有好处的,因而只能通过集体行动来执行。①而主张公共产品主要由政府提供的经典理由,出自萨缪尔森,他在《公共支出的纯理论》中指出:公共产品种类繁多,范围广泛,既包括国防、环境保护等纯公共产品,也包括与人们生活息息相关的自来水、管道煤气、电力、电信、医疗、教育等准公共产品。因此,由于供给的非竞争性、消费的非排他性、消费需求的刚性,以及社会公益性等原因,公共产品便不可能完全通过市场机制,由追求利润最大化的私人部门有效提供,而是需要由代表公众利益的政府介入公共产品的供给管理,并对其价格进行规制。同时,萨缪尔森也承认,由于"公共产品供给上的政府垄断以及公共产品消费上的非排他性,往往带来公共产品供给的低效益,造成公共资源的浪费和公共产品的过度消费"②。

而这一经典理由,一直以来就遭遇来自理论与实践两个方面的质疑,持这一观点的专家认为公共产品不应由政府提供,应该由市场或非政府组织来提供。因为公共产品由政府提供是低效率的:一是表现在公共产品数量上的匮乏,二是表现在公共产品质量上的低劣。一旦公共

---

① 秦颖:《论公共产品的本质——兼论公共产品理论的局限性》,《经济学家》2016年第3期。
② 梁幸枝:《公共产品定价机制改革思路的探讨》,《粤港澳市场与价格》2008年第10期。

产品的供给由政府垄断,便会在相同价格水平下,因垄断导致服务质量的下降。而且,由政府亲力亲为的公共产品,其内部必然存在一个效率低下的问题。[①] 戈尔丁、布鲁贝克尔、史密兹、德姆塞茨,以及科斯等,都先后论证了公共产品由私人供给的可能性。在戈尔丁看来,就是因为在公共产品的消费上存在"平等进入"(equal access)和"选择性进入"(selective access)。"平等进入"是指公共产品可由任何人来消费,如公园中的露天音乐会。"选择性进入"是指消费者只有在满足一定的约束条件,比如付费后,才可以进行消费,像在音乐厅中举办的音乐会等。而"平等进入"的公共产品一般是纯公共产品,如国防等,"选择性进入"的公共产品,一般是俱乐部产品,如高尔夫球场、音乐厅等。福利经济学忽视了公共产品供给方式上的"选择性进入",或者说,没有什么产品或服务是由其内在性质决定它是公共产品或者不是,存在的只是供给产品或服务的不同方式,即是"平等进入"还是"选择性进入"。因此,公共产品和服务究竟采取何种供给方式(由谁来提供),一是取决于排他性技术发展的水平,二是取决于个人偏好的多样化。这意味着,如果公共产品不能通过市场手段被充分地供给,那是因为把不付费者排除在外的技术还没有产生,或者在经济上不可行。[②] 因此,德姆塞茨此后在《公共产品的私人生产》一文中明确强调:在能够排除不付费者的情况下,私人企业能够有效地提供公共产品。[③] 而埃莉诺·奥斯特罗姆则认为:自治组织若要提供公共产品,关键是在一个自主治理的群体当中,必须解决制度供给、可信承诺、互相监督这三个至关重要的问题。[④]

[①] 段一:《公共产品的边界》,《当代财经》2009年第4期。
[②] Goldin, Kenneth D, *Equal Access VS Selective Access: A Critiqque of Public Goods Theory*, Public Choice.29(spring), 2002(3)。
[③] DENSETZH, The Private Production of Public goods 1970(10), pp293-306.
[④] 刘振山:《超越"集体行动困境"——埃莉诺·奥斯特罗姆的自主组织理论述评》,《山东科技大学学报(社会科学版)》2004年第3期。

这就是说，政府并不是公共产品的唯一生产与供给者，在政府之外还存在其他成功的公共产品供给形式。文森特·奥斯特罗姆就指出："每一公民都不由'一个'政府服务，而是由大量的各不相同的公共服务产业所服务。……大多数公共服务产业都有重要的私人成分。"①而且，"最为明显的私营部门提供选择是合同外包，但是，它并非唯一的选择。私营部门涉足公共服务提供的方式可以包括使用特许经营、拨款、凭单制、志愿者以及自助"②。或者说，随着经济社会领域自组织力量的发展，政府作为公共领域垄断者的单中心治理模式已经发生改变，公共领域的治理已出现了某种多中心倾向，公共领域的多中心治理体制否认了政府作为单中心治理者的合理性，认为政府的作用是有限度的，主张建立政府、市场和社会三维框架下的多中心治理模式③。

　　这岂不意味着，公共产品究竟应该由谁提供的问题，并不是一个简单的"是"或"不是"的问题，关键是要看由谁来提供最能增进全社会和每个国民的福祉总量。具体来说，在一般情况下，也就是在国民与国民之间、国民与政府之间的利益尚未发生根本性冲突、可以两全的前提下，能够"不伤一人地"增进全社会和每个国民的福祉总量；在特殊情况下，也就是在国民与国民之间、国民与政府之间的利益已经发生了根本性冲突、不可以两全的前提下，能够增进最大多数国民的福祉总量。当然，我们还要看公共产品交换价款缔结的契约，是否遵从了人道自由原则，而且契约的内容是否符合公正平等原则，同时，也要看能否最有效地借用当前最发达的排他性技术成果。

---

① [美]迈克尔·麦金尼斯著，毛寿龙、李梅译：《多中心体制与地方公共经济》，上海三联书店2000年版，第69—90页。
② [美]安瓦·沙著，孟华译：《公共服务提供》，清华大学出版社2009年版，第162页。
③ 吕恒立：《试论公共产品的私人供给》，《天津师范大学学报（社会科学版）》2002年第1—6期。

六、结语

总之，公共产品的质量与数量，直接关系一个国家和社会纳税人尊严总体水平之高低。公共产品性价比越高，结构越合理，生产与供给的可持续性越长久，惠及范围越广泛等，则这个国家和社会纳税人尊严的总体水平就越高，惠及范围就越广，保持时间也就越长久；反之，这个国家和社会纳税人尊严的总体水平便越低，惠及范围就越小，保持时间便越短暂。坦率地说，中国公共产品供给体系亟待整体优化和改革，纳税人尊严总体水平提升任重道远。具体来说，公共产品供给主体必须进一步明确，我国的公共资金来源与导向亟待法治化，供给成本亟待压缩，特别是供需错位、合意性差、性价比低等问题亟待彻底解决。同时，我国公共产品供给机制亟待公正、公开，不断提质增效，特别是亟待对公共资金收支权力进行监督与制衡。根本说来，全面优化公共产品生产与供给体系，有效提高公共产品质量与数量及其可持续性，乃是提升纳税人尊严总体水平的基本途径与方法。

第七章
以税收营商环境优化提升纳税人尊严[①]

——兼论中国的现实选择与未来展望

税收营商环境作为营商环境的重要构成部分，无疑会直接、间接地影响纳税人尊严水平高低、强弱与久暂等，同时影响纳税人创获财富活动原动力与首创精神，进而影响纳税人在市场上生存与发展的竞争力，最终与国民美好生活需要的满足紧密相关。以税收营商环境优化提升纳税人尊严水平，也是逻辑的必然。世界银行的研究报告表明，良好的营商环境会使投资率增长0.3%，GDP增长率增加0.36%，而且有助于有效吸引企业投资，吸引众多高端要素资源的集聚。因为，"要素集聚有利于形成规模经济，进而促进产出增加。"[②] 问题或在于，怎样的税收营商环境才是优良先进的，既能够激发和促进纳税人创获财富的积极性与主动性，又能最大限度地促进国民美好生活需要的满足，有利于纳税人尊严总体水平的提升？基于此认知，本章重点探讨税收营商环境的内

[①] 本章根据姚轩鸽、庞磊撰写的《税收营商环境评价标准研究——基于伦理视域的观察与思考》(原载《税收经济研究》2019年第2期）论文和张景华主编的《税收营商环境》（中国税务出版社2023年版）第8章姚轩鸽撰写的"现实选择与未来展望"一章改写而成。

[②] 马歇尔著，朱志泰译：《经济学原理》，商务印书馆1965年版，第279—584页。

涵与本质，进而评价现行税收营商环境标准体系之得失优劣，并从伦理视域切入，建构优良税收营商环境的评价标准体系，直面未来中国税收营商环境优化面临的挑战，并从中国国情、世情与税情实际出发，探讨有效提升纳税人尊严水平的现实选择与因应对策。

一、税收营商环境的内涵与本质

要探讨税收营商环境优化、提升纳税人尊严问题，首先必须弄清楚税收营商环境的内涵与本质。

1.税收营商环境的内涵

关于税收营商环境的内涵，已有研究成果可资借鉴。学者张景华认为，税收营商环境是指"作为营商环境的重要组成部分，纳税营商环境是影响企业遵从税法规定、合理纳税的税收制度安排，对市场主体的投资与决策、经济增长及产业结构具有重要影响"[1]。从世界银行的优化营商环境评测11类指标来看，纳税指标"反映的就是税收营商环境，包括影响企业创办经营发展的一国（地区）整体税务环境因素，企业必须缴纳的各种税费负担等等"[2]。只是上述两种界定存在一个共同问题：将"税收营商环境"等同于"纳税营商环境"，有意无意地缩小了"税收营商环境"的内涵。学者王绍乐、刘中虎就认为，"税收营商环境是指对企业遵从税法规定、合理纳税存在影响的相关环境条件，'不良的税收营商环境会使税法的遵从度降低'。"[3]该观点尽管有限地扩大了"税收营商环境"的内涵，但也存在狭隘理解其内涵的缺憾。因为税收营商环境不仅包括影响法人纳税人税法遵从度的内容，也应包括影响自然人税法遵从度的内容。同时，还应包含税制、税法与税德优劣等要素对税收

---

[1] 张景华：《全球化视角下中国企业纳税营商环境的优化》，《经济学家》2018年第2期。
[2] 易永英：《对外开放需更加优化税收营商环境》，《证券时报》2018年4月16日。
[3] 王绍乐、刘中虎：《中国税务营商环境测度研究》，《广东财经大学学报》2014年第3期。

营商环境的影响，诸如税权、预算权之暴力强制与行政强制力量大小，舆论与教育两种非权力力量大小等要素之影响。

从伦理视域观之，所谓税收营商环境，狭义的是指影响财富创获主体创业动力与首创精神的所有税法要素，诸如税法、执法征管方式、司法机制优劣与运行状况等。广义的税收营商环境是指影响财富创获主体创业动力与首创精神的税制（税德与税法）要素，既包括税法、执法征管方式、司法机制优劣和运行状况，也包括税德体系、培养机制和运行状况等要素。用一句话来说，税收营商环境是指影响财富创获主体创业动力与首创精神的税制（税德与税法）、征管、司法机制等规范体系之优劣，以及运行效率之高低等的要素。

具体来说，税收营商环境的影响要素可如下图所示：

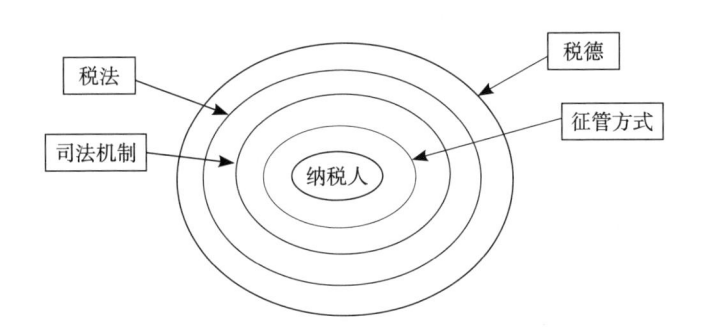

影响税收营商环境的直接要素至少由征管方式（主要是税务机关的执法、纳税服务等质量与效率要素）、涉税司法机制（纳税人权利司法保护机制的有效性等要素）、税法体系的优劣（税法体系完备优良与否、法治体系健全与否，特别是税权合法性及监督制约的有效性等要素）、税德体系之优劣（有助于全社会和每个国民福祉总量的增进，符合自由法治民主与公正平等道德价值观等要素）"四大"综合要素构成。

2.税收营商环境的本质

就其本质而言，税收营商环境优化的目的不仅在于激发财富创获者的创业动力与首创精神，增强纳税人生存与发展的竞争力，而且和其他社会治理制度一样，税收营商环境优化的目的最终在于有效增进全社会和每个国民的利益或福祉、幸福与尊严总量。逻辑上，优化税收营商环境乃是全社会共同的公共责任，至少税务系统不是唯一的责任主体。即税收营商环境优化之直接目的在于协调好征纳税人之间、征税人之间、纳税人之间的权利与义务的利害关系。也只有从这个视域，在这个层面上理解税收营商环境优化的价值和意义，或能真正构建优良税收营商环境评价体系，并引导和推进税收营商环境之全面优化。

需要强调的是，税收营商环境尽管只是营商环境的构成部分，却是十分重要的组成部分。它不仅影响税收系统的运行状态，而且会通过影响用税系统的运转状态，反作用于税收营商环境之优化。因为，用税质量和效率，直接关系征纳权利与义务关系的公正与平等，影响一个国家和地区税收治理体系的运行质量与效率。

二、现行税收营商环境评价标准及其优劣评价

税收营商环境优劣与纳税人尊严水平高低是正相关关系。即税收营商环境优良，纳税人尊严水平就高；税收营商环境恶劣，纳税人尊严水平就低。问题是，税收营商环境优劣的评价标准是什么？是按照客观理性科学的标准进行评价，还是按照主观非理性非科学的标准进行评价？

（一）现行税收营商环境评价标准内涵

现行税收营商环境评价标准，采用的是世界银行的"三个指标"评价标准，即"三要素说"，主要由纳税次数、纳税时间（小时/年）和税费水平（税费额/税前利润）等三个指标构成。三个指标得分越高，

表明税收营商环境越好。① 当然，也有"四要素说"，主张由纳税数目（Payments）、纳税时间（Time to comply）、总税率（Total tax rate）与报税后指标（Post-filingindex）四个指标构成。具体操作方式是：这些指标按一定权重加总后，作为一国（地区）的税务营商环境总体水平的评判标准。②

不论是"三要素说"，还是"四要素说"，都因为简洁、便于操作和量化而有效促进了世界各国、各地税收营商环境的优化，间接提升了纳税人创获财富活动的效率，增进了国民的福祉总量，在一定程度上满足了部分国民美好生活的需要，其功德不可被抹杀和忽视，但其缺憾同样不可被忽视和无视。

（二）现行税收营商环境评价标准的缺憾

固然，"三要素说"和"四要素说"可大致反映一个国家和地区税收营商环境的状况，但从科学、完美、完备等要求看，现行税收营商环境评价标准尚存在不少亟待优化和完善的地方，如果能在发挥现行税收营商环境评价标准简洁高效、便于量化等优点的同时，再配合以更符合社会主义核心价值观的优良评价标准构建，或能将税收营商环境优化推进到一个新的位阶，真正发挥激发纳税人创获财富原动力与首创精神，促进纳税人尊严提升的作用。

关于现行税收营商环境评价标准存在的缺陷，学者娄成武认为，"各

---

① 郑开如：《关于税务部门"放管服"改革与税收营商环境建设的若干思考》，《税收经济研究》2018年第1期。
② "纳税数目"是指企业缴纳的各种税费的数量，包括非由企业实际承担的消费税（增值税、销售税或其他货物劳务税）及雇员承担的劳动力税；"纳税时间"是指一年里准备纳税资料、填写纳税申报表和支付税款的时间，以小时为单位记录；"总税率"等于税费总额与商业利润的比值；"报税后指标"是2017年报告新增的内容，包括增值税出口退税、税务审计和行政税务上诉等，涵盖报税后的流程。罗秦：《税务营商环境的国际经验比较与借鉴》，《税务研究》2017年第11期。

指标代表的经济社会效应差异大,未充分考虑不同经济体的现实国情;忽视政府监管的积极面,政府有效的干预有时是必需的;对政府监管的质量重视不够,监管环节除了手续、时间、成本还有质量维度更为重要;未顾及在不同发展阶段的经济体中监管的差异性以及积极影响。此外,世行评估的数据来源渠道也存在多渠道、数据不实的问题。"[1]也有学者认为,世界银行的税收营商环境评价标准本身存在一定的倾向性,评价机构选择的样品不科学、刻板,以及对经济转型调整期造成的误解原因不了解等不足。[2]学者王绍乐、刘中虎则认为,现行评价指标体系存在"范围有限、企业假定前提过多、采集对象范围偏窄"等缺陷。[3]学者罗秦也持同论,认为"纳税指标的采集、计算及应用都存在一些明显局限。比如:企业假定前提过多、纳税指标的种类有限、几个纳税指标仅是简单加总、采集对象范围偏窄、税后流程指标不易监测等,尚不能全面充分地反映一国特别是中国这样的发展中国家的税务营商环境的真实情况,其指标体系的科学性和合理性都值得商榷,需要有选择地加以利用"[4]。

具体来说,现行税收营商环境评价标准有待完善的地方主要有以下三点:

第一,现行税收营商环境评价标准认定的反映和影响税收营商环境要素的范围狭小。即仅仅将纳税次数、纳税时间(小时/年)和税费水平三项,或者将纳税数目、纳税时间、总税率与报税后指标四项,认定为反映和影响税收营商环境的要素,并作为主要的评价标准。无疑,这

---

[1] 娄成武:《基于市场主体主观感知的营商环境评估框架构建——兼评世界银行营商环境评估模式》,《当代经济管理》2018年第6期。
[2] 董彪、李仁玉:《我国法治化国际化营商环境建设研究——基于〈营商环境报告〉的分析》,《商业经济研究》2016年第13期。
[3] 王绍乐、刘中虎:《中国税务营商环境测度研究》,《广东财经大学学报》2014年第3期。
[4] 同上。

样的认定与锚定，有意无意地忽视和遮蔽了税制优劣、税法合法性等根本要素在税收营商环境评价标准体系中的权重地位与作用；同时也忽视和遮蔽了税德要素，诸如税收舆论和教育要素在税收营商环境评价标准体系中的重要作用；当然也忽视和遮蔽了征管方式、涉税司法机制等要素在税收营商环境评价标准体系中的重要作用，等等。或正因如此，有学者认为："世界银行选择的指标涉及范围有限，不足以体现税收治理对营商环境的全面影响。"建议从税收法治、税收征管效率、纳税成本和税收满意度等四个互相联系、互相影响的一级指标，并根据客观指标和主观指标相结合的原则建立了31个二级指标。①

第二，现行税收营商环境评价标准虽然有简洁、便于操作和易量化等优点，但也存在浅表化、简单化等不足。因为影响税收营商环境的深层、根本、核心要素并不局限于世行的三要素或四要素。比如税率或税负的高低轻重，尽管可以反映一个税制的征管深度，却不是根本和唯一的。道理很简单，税率高低和税负轻重不是决定税制优劣的根本要素，纳税次数、纳税时间（小时/年）也不是，纳税数目、总税率与报税后指标同样不是。试想，如果一个国家或地区的税收能"取之于民，用之于民"，而且能"用之于民之所需"，税负高一些、纳税次数多一些、纳税时间长一些，纳税人都可以忍受。换句话说，在这样的税收治理环境下，即使纳税数目多一些、纳税时间长一些、总税率高一些、报税后指标差一些，又何妨呢？相反，如果一个税制设定的税负再低、纳税次数再少、纳税时间再短，或者纳税数目再少、总税率再低、报税后指标再优，如果它忽视了人道、自由、法治、限度、公正、平等、民主等终极、最高和根本道德原则，岂能甩掉落后税收营商环境的帽子？

第三，现行税收营商环境评价标准责任主体太过局限，不利于税收

---

① 葛玉御：《税收"放管服"改善营商环境的路径研究》，《税务研究》2017年第11期。

营商环境优化。因为，按照"三要素说"或"四要素说"构建税收营商环境评价标准，税收营商环境优化的责任主体主要是税务系统。常识是，税收营商环境优化是一个系统工程，既有社会治理主体的责任，也有纳税人主体的个体责任；既有税收立法者的责任，也有税收司法者的责任；至少税务系统是责任主体之一。就是说，税收营商环境优化绝不是税务系统一家能够和必须承担的责任，需要全社会的共同努力和推动。

三、伦理视域税收营商环境标准体系优化构想

鉴于上述认识，笔者基于伦理价值取向，认为优良税收营商环境评价标准主要如下。

（一）终极标准：增进全社会和每个国民利益或福祉、幸福与尊严总量

终极评价标准，也即评价一个税收营商环境优劣的最后评价标准。终极评价标准存在的价值和意义在于，它是税收营商环境各级标准之间发生冲突时最后的裁定标准，比如最高标准人道、自由、法治、限度等标准之间发生冲突，根本标准公正平等标准之间发生冲突，重要标准诸如诚信、便利、节俭标准之间发生冲突，特别是最高标准、根本标准、重要标准之间发生冲突时必需的最后的裁定标准。

这个终极标准的总体要求是：税收营商环境标准制定和优化实践，应有助于增进全社会和每个国民利益或福祉、幸福与尊严总量。而这一终极标准的当下表述是："中国特色社会主义进入新时代，我国社会主要矛盾已经转化为人民日益增长的美好生活需要和不平衡不充分的发展之间的矛盾。"[①] 即税收营商环境标准制定和优化要有助于人民美好生活

---

① 习近平：《决胜全面建成小康社会，夺取新时代中国特色社会主义伟大胜利——在中国共产党第十九次全国代表大会上的报告》，人民出版社2017年版，第11页。

需要的满足。具体则表现为两个终极分标准：一是在涉税主体之间的利益尚未发生根本性冲突，且可以两全的情境下，税收营商环境标准制定和优化应符合或遵从"不伤一人地增进所有人利益"之"帕累托最优原则"；二是在涉税主体之间的利益发生了根本性冲突，且不可以两全的情境下，税收营商环境标准制定和优化应符合或遵从"最大净余额原则"，即"最大多数人的最大利益原则"。而且，前者属于一般情境，后者属于特殊情境，前者优先于后者。

这意味着，一切税收营商环境评价标准制定和优化的出发点和落脚点，都必须有助于全社会和每个国民利益或福祉、幸福与尊严总量之增进，有助于"人民日益增长的美好生活需要"及其纳税人尊严需要之满足。根据马斯洛的需要层次论可推知，税收营商环境标准制定和优化，应有助于全社会和每个国民物质类的低级需要、社会类的中级需要、精神类的高级需要之满足。[①] 显而易见，这是判定一切税收营商环境评价标准之优劣、优化效果之得失大小的终极标准，也是税收营商环境优化的终极价值导向。

（二）最高标准：人道自由

评价税收营商环境评价标准及其优化举措得失的最高标准是人道自由，具体包括平等、法治、限度以及政治自由、经济自由与思想自由等标准。这是因为，一切社会制度及其标准，都应以人为本，以满足"人民日益增长的美好生活需要"为圭臬，以增进全社会和每个国民利益或福祉、幸福与尊严总量为终极目的。因此，在人道的价值观导向下，一切税收营商环境标准构建及其优化，都应该以此为最高判定标准，就要"把纳税人当人看"，即一切税收营商环境标准的制定，都应与纳税人

---

① Abraham H.Maslow, *Motivation And Personality*, second edition, Harper & Row, Publishers, New York, 1970, ppxii-xiv.

充分协商沟通，未经纳税人同意不得颁布实施。但就人道的深层价值取向来看，税收营商环境标准的制定与优化，应重在给予每个纳税人更多的自由，倡导"使纳税人成为人"的税收道德价值观。因为自由既有内在价值，也有外在价值，既是激发每个纳税人创造性潜能得以发挥的根本前提，也是促使一个社会繁荣与进步的根本条件。即"自由虽不是社会进步的唯一要素，却是社会进步的最根本的要素、最根本的条件"[①]。正因如此，近代以来的思想家们，便把自由精神叫作"前进精神"或"进步精神"，并一再说："进步的唯一无穷而永久的源泉就是自由。"[②]

但要真正实现这个目标，则需要所有税收营商环境标准做到：(1)税收营商环境标准制定要征得全体纳税人的同意，充分体现纳税人的真实意愿，即要遵从民主道德原则。(2)税收营商环境标准制定要充分体现平等原则，即在税收营商环境标准面前要人人平等，不能厚此薄彼，内外不一，东西有别、南北各表等。(3)税收营商环境标准制定要体现法治原则。既要注意税收营商环境标准的法定，更应体现税收营商环境标准本身的公正性。(4)税收营商环境标准制定应遵循限度原则。因为在熊彼特看来，"租税本身有其不容逾越的界限。当国家产生异化，逾越了租税的界限，则租税国家将失去存立基础。越过了课税的界限，政府所每多一分的增税，所象征者，并非每多一分的税收，反而只是生产力的减损一分。"[③] 葛克昌则认为，因为"最低生活水平线，乃课税之禁区"[④]。高军教授也持同论，认为"税收所限制的基本权利核心

---

① 王海明：《新伦理学》(上)，商务印书馆2001年版，第419页。
② Robert Maynard Hutchins, *Great Books of The Western World*, Vol.43, On Liberty, by, John Stuart Mill, Encyclop Aedia Britannica, Inc, 1980, p300.
③ 蓝元骏：《熊彼特租税国思想与现代宪政国家》，《台湾大学法律学研究所硕士论文》(2005年)，"论文摘要"第3页。
④ 葛克昌：《论纳税人权利保障法的宪法基础》，载《曾华松大法官古稀祝寿论文集——论权利保护之理论与实践》，台湾元照出版公司2006年版，第108页。

领域，是符合人性尊严基本生活需求之经济生存权，因此应以人民可支配的剩余财产权，作为国家课税权行使之对象，以符合宪法秩序下税法之规范内涵，并且以维持人民重新运营经济生活所必须之再生利益，作为国家课税权之宪法界限"①。就是说，限度原则也是税收营商环境标准制定的底线，只能扩大纳税人创获财富的自由，不能压缩纳税人创获财富活动的空间。（5）税收营商环境标准制定应尊重产权原则，顺应市场经济价值规律。（6）税收营商环境标准制定应倡导学术自由价值，充分解放思想。

（三）根本标准：公正平等

优良税收营商环境的根本标准是公正平等原则。正如亚当·斯密所言："与其说仁慈是社会存在的基础，还不如说正义是这种基础。虽然没有仁慈之心，社会也可以存在于一种不很令人愉快的状态之中，但是不义行为的盛行却肯定会彻底毁掉它。"②也如当代正义论大师罗尔斯所言，因为"正义的主要问题是社会的基本结构，或更准确地说，是社会主要制度分配基本权利与义务"③。税收营商环境标准体系构建和优化亦然。

税收营商环境标准之公正平等原则意味着，凡是优良税收营商环境标准的制定与优化，都应符合公正平等原则，有助于征纳税人之间权利与义务的平等交换。一方面，要有助于征纳税人之间、征税人之间、纳税人之间基本权利与义务的完全平等分配，不能侵犯纳税人的基本权利。这是因为，生存权是指"'人为了像人那样生活的权利'，而所谓'像人那样生活'，就是说人不能像奴隶和牲畜那样生活，是保全作为

---

① 高军：《试论纳税人税法上的生存保障》，《广州大学学报（社会科学版）》2009年第11期。
② [英]亚当·斯密著，焦雅娅译：《道德情操论》，商务印书馆1998年版，第106页。
③ [美]约翰·罗尔斯著，何怀宏等译：《正义论》，中国社会科学出版社1998年版，第5页。

人的尊严而生活的权利"①。因此"在税法上,也不可以有侵犯人性尊严、危害纳税人生存权的情形"②。另一方面,则要有助于征纳税人各主体之间非基本权利与义务的比例平等分配。毋庸置疑,凡是缺乏实质性公正平等的税收营商环境标准体系,无一例外地存在致命的缺陷。

(四)重要标准:诚信、便利与节俭

优良税收营商环境标准除了上述终极、最高与根本三个核心标准,还有三个重要标准:诚信、便利与节俭。诚信标准意味着,征纳税人之间应该互信,既应"心口一致",更应"言行一致"。一方面,政府税收营商环境优化的真实目的要与其实际思想相符合、相一致,公开透明,不能口是心非;另一方面,政府税收营商环境优化的举措,必须与其优化标准的要求一致,有法有规必依,执法执规必严,违法违规必究,且能公正公开地行使税收营商环境优化的各种权力,既包括暴力强制与行政强制的权力,也包括舆论和教育之非权力。便利标准由亚当·斯密最先提出,要求政府征税既要方便自己,也要方便纳税人,更不能人为地增加征纳税环节的难度,甚至有意无意地自设"烦苛"之税费征管规矩而寻租。节俭原则意味着,政府征税应该尽量降低成本,提高征管效率,不能为了征税而不顾及征纳税成本。道理在于,征纳成本的增加,本身就是对国民财富的一种浪费,意味着对纳税人财富的挥霍与浪费,是违背财税治理增进全社会与每个国民利益总量终极目的的。显然,这也是背离税收营商环境标准优化终极目的的。

当然,税收营商环境评价标准之制定,还应包括标准制定方法与过程方面的要求,这也是十分重要而且不可忽视的。事实上,唯有恶劣落后的税收营商环境标准的制定可以主观随意,优良税收营商环境评价

---

① [日]三浦隆著,李力、白云海译:《实践宪法学》,中国人民公安大学出版社2002年版,第158页。
② 杨小强:《税法总论》,湖南人民出版社2002年版,第116-117页。

标准的制定是不可随意的，必须从征纳税人行为心理规律之"事实"出发，并经过税收营商环境标准制定的终极目的，进而通过税收营商环境价值与价值判断推导出来。

综上所述，现行世界银行的税收营商环境评价标准尽管具有开创性、简洁化与便于量化等优点，但也存在所认定税收营商环境影响要素范围狭小、标准浅表化简单化、主体责任太过局限等缺陷。优良税收营商环境标准应有助于全社会和每个国民利益或福祉、幸福与尊严总量之增进，既符合人道、自由、平等、法治、限度与公正之最高和根本之道德原则，也符合诚信、便利与节俭之重要道德原则。毋庸讳言，以此标准观之，当前中国税收营商环境标准评价体系优化和实践任重道远，存在诸多不完备、欠完善之处，诸如税收营商环境标准位阶层次较低、评价主体不清晰等。就税收营商环境优化的实际举措而言，存在责任主体范围狭小、终极目的模糊、目标缺乏层次性、重点不突出、动力单一等不足。事实上，中国税收营商环境优化的任务艰巨，道路漫长，需要动员社会各方力量协作联动，并长期坚持不懈地努力和推进。

四、兼论中国的现实选择与未来展望

在2018年博鳌亚洲论坛上，习近平总书记在主旨演讲中就指出："投资环境就像空气，空气清新才能吸引更多外资。"[①] 税收营商环境作为营商环境的主要构成部分，其优劣关系税收在国家治理体系中"支柱性、基础性与保障性"及其"枢纽性"作用的发挥，决定中国纳税人尊严总体水平之高低。尽管目前税收营商环境标准繁简不一，既有国际层面的，也有国内版的，但就其本质而言，无不为了降低纳税人的

---

① 叶晓楠、师悦、崔潇宇等：《空气清新才能吸引更多外资》，《人民日报（海外版）》2018年4月24日。

纳税成本[①]，提升其税法遵从度和纳税人尊严水平，给予纳税人更多的经济自由，激活纳税人可持续参与组织化财富创获活动的首创精神与积极性，最终增进全社会和每个国民的利益或福祉、幸福与尊严总量。因为经济自由是经济发展、社会进步与文化繁荣的充要条件，"进步的唯一无穷而永久的源泉就是自由。"[②] 事实上，中国自2013年将营商环境建设纳入国家发展战略层面以来，历经多年"减税降费"政策的促进，"放管服"背景下财税改革的深化等举措，税收营商环境优化业已取得了显著成效，但同时也存在诸多亟待化解的深层矛盾以及必须因应的严峻挑战。从未来中国税收营商环境优化必须直面的现实复杂性与未来不确定性而言，全面优化中国税收营商环境挑战与机遇并存，不可能一蹴而就，需要运用系统性、战略性思维方式，以社会主义核心价值观为"价值导向系统"，凝聚税收营商环境共识，统筹国内外"两个大局"，巩固已有成绩，把握重点，从理论与实践、宏观与微观两个层面加力。

（一）中国税收营商环境优化存在的主要问题与成因分析

1.存在的主要问题

中国税收营商环境优化阶段性成绩显著，但存在的主要问题不容忽视。对这些问题的研究和探索，可以说伴随着税收营商环境优化的全过程。学者远见认为，在税收营商环境优化背景下，我国整体税负负担依然较重，具体表现为市场主体尽管缴纳税费品类数量不多，但数额偏大，大陆地区年税费占利润总额的59.2%，远高于世界的40.4%和东亚太平洋地区的33.6%的平均水平，说明我国的税制设计不尽合理、税负

[①] "各种赋税征收的日期和方式必须给予纳税者最大的便利后，它一跃成为指导自由资本主义时期征税的重要原则之一，且至今仍活跃于世界各大经济体中。"[英]亚当·斯密著，唐日等译：《国富论》（下），华夏出版社2013年版，第657页。

[②] Robert Maynard Hutchins, *Great Books of The Western World*, Vol.43, On Liberty, by, John Stuart l·Mill, Encyclop Aedia Britannica, Inc, 1980, p300.

偏重。① 学者柳华平认为，对标"四大指标"，就缴税次数而言，2018年全球企业最佳缴税次数为3次，我国则为7次，仍有进步空间。就缴税时间而言，尽管从整体看，中国的表现好于东亚太平洋地区以及经合组织高收入经济体的平均水平，但客观地看，仍然不及新加坡等发达经济体的水平。就总税费率而言，中国目前（2019年）的综合税负率为59.2%，比上一年（2018年）的税负率64.9%下降了5.7个百分点，但仍然比东亚太平洋地区以及经合组织高收入经济体的平均水平要高。就报税后的流程指数看，尽管比上年（2018年）提升了0.92个百分点，但还是不如东亚太平洋地区的平均水平。② 学者张景华认为，目前主要存在三大差距，"与国际一流水平相比、与我国营商环境总体水平相比、与人民群众的期盼相比"，都存在一定的差距。③ 学者于健也持同论，认为与最好的经济体相比仍有差距，总税费率（Total Tax and Contribution Rate, TTCR）和申报后流程存在明显不足和缺陷，还未达到全球的平均水平。④ 学者江红义基于2019年、2020年营商环境报告中"纳税"指标等相关数据分析认为，与经合组织高收入国家相比，也"存在明显差距"。比如就"总税率和社会缴纳费率、报税后流程指数"两大指标而言，与经合组织高收入的国家相比，中国明显处于劣势地位。⑤

2. 成因分析

理性地讲，现阶段中国税收营商环境的优化，并未全面实现降低纳

---

① 远见:《深化"放管服"改革税收营商环境再优化》，《税收征纳》2018年第10期。
② 柳华平:《良法善治：优化税收营商环境的价值取向和现实选择》，《税收经济研究》2020年第3期。
③ 张景华:《治理视角下的税收营商环境优化研究》，《税务研究》2020年第9期。
④ 于健:《优化税收营商环境的比较研究——基于〈2020年营商环境报告〉的分析》，《国际税收》2020年第10期。
⑤ 江红义:《从税收营商环境到营商环境中的税收》，《厦门大学学报（哲学社会科学版）》2020年第5期。

税人税费负担、扩大纳税人经济自由的目标。导致的原因，既有国际宏观指标体系存在的结构性缺陷，也有国内经济、政治、道德和文化产业体制落后和不完备等原因，还有全球化、大数据技术异化，以及几千年传统落后文化惯性等方面的原因，具体如下：

（1）一是就世界税收营商环境标准而言，存在结构性缺陷。首先从"纳税次数、纳税时间、总税率和社会缴纳费率、报税后流程"四项指标来看，就存在明显简单化的缺憾。常识告诉我们，仅凭这四大指标，根本无法全面客观评估一个国家和地区的税收营商环境优劣。比如就税收的本质在于"为公共产品生产和供给筹集资金"的功能而言，税费负担的轻重，诸如"纳税次数、纳税时间、总税率和社会缴纳费率、报税后流程"等，都不是衡量税制及其税收营商环境好坏优劣的根本标准，[①]根本在于所筹的税款和规费，是否真正"用之于民"以及"用之于民之所需"。道理在于，"如果是为了国家和公共利益，我们不应该拘泥于税负。但是我们需要征税方的解释。"[②]在德国财政学者鲁道夫·葛德雪看来，因为"收入与支出二者的相互依赖机制，应该成为财政学的首要问题"[③]。用一句话来说，无视"用税"指标的税收营商环境标准体系，其结构性缺陷显而易见。二是就世界税收营商环境"四大指标"本身而言，也存在不容忽视的缺陷。比如以"纳税时间的评估方法为例，其主观性就比较强。从调查问卷的设置、发放等均可能导致'纳税时间'指标不能全面反映企业之间的纳税成本差异"[④]。其他细分指标同样存在类似的问题和不足。三是就世界税收营商环境标准具体评价方法而言，

[①] 姚轩鸽:《减税不是税改的全部》,《南风窗》2011年第10期。
[②] [日]大岛通义:《预算国家的"危机"》,上海财经大学出版社2019年版,第115页。
[③] [德]鲁道夫·葛德雪:《财政问题的社会学研究路径》,载R.A.马斯格雷夫、A.T.皮考克著,刘守刚、王晓丹译:《财政理论史上的经典文献》(第一辑),上海财经大学出版社2015年版,第262页。
[④] 张巍:《世界银行税收营商环境评价体系辨析与启示》,《地方财政研究》2021年第11期。

世界银行采用的是"简单加权平均法",即通过对这四项细分指标的简单加权平均获得,其操作固然"简单直观",但由于没有考虑到"数据之间的敏感度存在差异",便存在评价失真的缺陷。即"敏感度高的指标在相同变化率下对排名的影响大于敏感度低的指标"[①]。学者张巍也认为,"这套纳税评价体系在评估对象的假设上未能反映企业全貌,在测算方法的设计上缺乏横向可比性以及存在于纳税细分指标内容上的不科学、不合理。"[②]

(2)中国税收营商环境标准存在系统性误差与缺陷。对标世界税收营商环境标准体系而构建的中国税收营商环境标准体系,自然先天带有世界税收营商环境标准体系存在的结构性缺陷。一是现行税收营商环境指标测度范围较窄。学者吴萍持同论,认为现行税收营商环境指标测度的范围较窄,即税收营商环境评价指标未全面体现政务服务与税收营商环境评估指标。[③]二是现行税收营商环境指标的"移植"特性明显,并不完全符合中国国情与税情。三是重视数量指标导向,忽视价值质量指标导向。对此,经济学家圭多·卡拉布雷西曾直言,《营商环境报告》中的纳税指标,在方法论上过于注重实证计量研究,问题是,经济学定量研究模型考虑的指标并不一定是最切合实际的因素,也"无涉价值与意义,而仅是最容易被量化的因素"[④]。学者林溢呈也坦率地指出:现行《营商环境报告》采纳的"纳税次数、纳税时间、总税费率等经济指标容易被追踪、衡量和计算,但法治化税收营商环境的内涵却因不具备可计量性而被排除在指标体系外"。四是这些指标一味强调降低企业的

---

① 李成、施文泼:《世界银行纳税营商环境指标体系研究》,《厦门大学学报(哲学社会科学版)》2020年第5期。
② 张巍:《世界银行税收营商环境评价体系辨析与启示》,《地方财政研究》2021年第11期。
③ 吴萍:《税收营商环境评价指标评析及构建建议》,《全国流通经济》2021年第29期。
④ [美]圭多·卡拉布雷西著,郑戈译:《法和经济学的未来》,中国政法大学出版社2019年版,第163—172页。

实体税负或遵从成本，忽略了"税收的宏观经济效率与社会价值"。即这些指标将优化税收营商环境只是片面地表述为微观经济效率最大化。但"税收是一个地区或国家的财政基础，是政府进行宏观调控和市场规制、提供基本公共服务和基础设施建设的经济基础。税制设计不应过分追求减税降费，而应在最优宏观税负下实现市场经济与政府调控的协同发展"。现行税收环境优化标准显然忽略了税收的本质。五是重视名义税率，忽视税收优惠。学者毛圣慧认为，我国税收制度冗杂，税制体系庞大，企业和税务部门面对的税制是较高的名义税率和较多的税收优惠。但《营商环境报告》对"总税率和社会缴纳费率"指标的计算仅采用"名义税率"，却不考虑"各种形式的税收优惠措施"。逻辑上，其评价便会失真。[①]

（3）就现行中国税收营商环境优化的实践而言，存在的主要问题有三：

一是重"税务"营商环境优化，轻"税收"营商环境优化。中国税收营商环境优化以世界银行的税收营商环境"四大指标"为导向，将税务机关列为税收营商环境优化的主体责任人，无疑有其内在逻辑与自洽性。问题是，一方面，世界银行的税收营商环境"四大指标"体系，本身就存在系统性、结构性的缺陷，不足以全面反映一个国家或地区税收营商环境整体状况之优劣。就广义税收营商环境，即营商环境中的税收而言，在现行世界银行营商环境指标体系中，除了"办理施工许可证与获得电力"两个一级指标之外，其余一级指标，都涉及税收的相关内容。[②]另一方面，税务机关承担的税收营商环境优化责任，无疑仅限于

---

① 毛圣慧：《税收营商环境优化的国际经验借鉴及路径研究》，《河南师范大学学报（哲学社会科学版）》2020年第4期。
② 江红义：《从税收营商环境到营商环境中的税收》，《厦门大学学报（哲学社会科学版）》2020年第5期。

税收执法与征管领域，既无法承担税收立法与税制创新领域的税收营商环境优化责任，也无法承担税务司法领域的税收营商环境优化重任。而且毋庸置疑的是，税收立法与税制优化，以及税务司法，也是决定一个国家或地区税收营商环境质效高低不可或缺的责任主体，甚至比税务机关承担更大更重要的税收营商环境优化之责。比如就税收法治而言，目前中国存在"税收立法级次仍较低，税收法律法规体系建设尚不完善"①等缺憾，而这些更会直接影响税收营商环境的总体优化水平。

二是现行中国税收营商环境优化，重"征税科技"运用，轻"用税科技"运用。科技在中国税收营商环境优化过程中功不可没，特别是在对标"四项指标"优化中国税收营商环境行动中发挥了不可替代的重要作用。问题是，一方面中国税收信息化的监管水平有待提高。比如亟待提升税务机关从第三方获取涉税信息之能力，即建立独立于"征纳双方"、共享的第三方信息平台，消减税收信息"孤岛"现象。②学者李兰因此认为，目前中国数字技术下的税收营商环境优化存在四大缺陷，即数据信息共享程度较低，纳税服务体验较差，数据分析利用率偏低，电子税务局建设程度不够等。③另一方面忽视征税信息科技与用税信息科技的互动、联动。即重视"聚财端"的征税信息科技运用，忽视国民"用税端"信息科技的运用。如果长此以往，或将背离税收及税收营商环境优化的终极目的——无法满足人民不断增长的美好生活需要，提升纳税人尊严水平。

三是现行中国税收营商环境优化，重行政思维，轻法治思维。毋庸

---

① 于健：《优化税收营商环境的比较研究——基于〈2020年营商环境报告〉的分析》，《国际税收》2020年第10期。
② 柳华平：《良法善治：优化税收营商环境的价值取向和现实选择》，《税收经济研究》2020年第3期。
③ 李兰：《基于数字技术的税收营商环境优化研究》，《商业经济》2022年第2期。

讳言，中国税收营商环境建设是在强大的行政思维与力量主导下逐步推进的——从税收营商环境建设一开始就对标世界银行的营商环境中的涉税指标，到结合中国国情与税情建立自己的税收营商环境标准体系，再到由税务机关承担税收营商环境优化"主攻"任务，途经税收营商环境优化各种措施、条例的制定，最后将优化责任细化落实到各级税务机关及其每个征管岗位、每个税务人员身上。因此，一方面，在行政思维与力量主导下的中国特色税收营商环境建设，有助于获得阶段性高效的税收营商环境成绩；另一方面，由于这种税收营商环境建设模式的行政偏好特征，长期看，无疑有悖法治思维，不利于税收营商环境优化的可持续性。因为"奉行法治的立法机构的职责是要创造和保持那些维护基于个人的人类尊严的条件，这种尊严不仅承认个人之公民权利与政治权利，而且要求促成对于充分发展其人格乃是必要的各种社会的、经济的、教育的和文化的条件"[①]。就是因为，法治思维意味着税收营商环境优化标准和规则被管理者认同和支持的程度。而没有被管理者和参与者广泛认同和支持的税收营商环境优化，注定不可持续和实现最优化，也无法最大限度地发挥税收在国家治理体系中的"支柱性、基础性与保障性"及其"枢纽性"的积极作用，提升纳税人尊严总体水平。

（二）中国税收营商环境优化必须直面的总体挑战与压力

在"百年未有之大变局"下，中国税收营商环境优化任重道远，既有现实的挑战，也有历史的包袱，还有全球化与"逆全球化"和大数据技术异化等催生的诸多时代性的不确定性因素的冲击，我们必须谋定后动，择善而从。逻辑上，我们必须认清大局大势，直面总体挑战与压力，顺应文明潮流，以终极、核心、根本道德价值原则为导向，在动态发展系统中，可持续地推进中国税收营商环境的全面优化，不断提升纳

[①] 梁治平：《种法治观》，《文汇报》2002年1月1日。

税人尊严总体水平。笔者认为，中国税收营商环境优化必须直面的总体挑战与压力如下：

1.社会主义初级阶段的现实国情

社会主义初级阶段是中国共产党基于对国内外政治、经济、文化大局的判断，对中国发展阶段的科学定位。我国社会主义初级阶段的基本路线集中概括为"一个中心、两个基本点"。而且，"基本路线要管一百年，动摇不得"[1]。逻辑上，中国税收营商环境优化是社会主义初级阶段基础和背景下的税收营商环境优化，我们不可企图随意超越，甚至无视中国国情与税情的"初级阶段性"特征，应该时刻清醒地认识和把握"初级阶段性"这一特征，并根据初级阶段国情与税情的实际，制定科学理性的税收营商环境优化标准与阶段性目标。一是必须直面社会主义初级阶段的不完备市场经济体制对税收营商环境优化可能造成的消极影响。比如计划经济惯性下形成的税收负面规则、阻滞机制与行为习惯等因素的影响，诸如因为经济权力寻租导致的不合理纳税成本，限制或侵害市场主体的自主自由权利等。又比如国有经济对市场经济体制的扭曲，以及政府"有形之手"对市场"无形之手"的异化现象，等等。二是必须直面社会主义初级阶段的不完备民主制度对税收营商环境优化可能造成的消极影响。比如在社会主义初级阶段，由于权力合意性欠缺，监督未形成"闭环"，制衡有效性不足导致的税权滥用，及其诱发或导致的征纳税人之间、政府管理部门之间、国民或纳税人之间权利与义务分配不公正等问题，都可能构成阻滞税收营商环境优化的消极因素，从而阻滞税收营商环境优化目标的实现。三是必须直面社会主义初级阶段的落后道德体制、文化体制对税收营商环境优化造成的消极影响。因为

---

[1]《共和国的足迹——1992年：邓小平视察南方》，http：//www.gov.cn/govweb/jrzg/2009—09/23/content_1424095.htm。

就社会主义初级阶段的落后道德导向而言，如果一味强调和倡导有悖于人际利害行为规律和觉悟实际的儒家利他主义道德观，将无私利他奉为评价全社会每个国民行为善恶的唯一标准，便无法包容"为己利他"的基本道德原则与"不损人"的最低道德原则，就可能构成税收营商环境优化的精神阻力。就社会主义初级阶段的文化体制而言，如果全社会总体文化程度不高、思想自由度缺乏，也会成为制约税收营商环境优化及其纳税人尊严总体水平提高的消极因素，不利于全社会总体税收营商环境的实质优化，不利于纳税人尊严总体水平的提升。

2. 全球化与"逆全球化"的"双刃"效应

全球化与"逆全球化"注定会制约和影响各个国家和地区税收营商环境优化及其纳税人尊严总体水平，因此我们必须直面其挑战，借用其积极因素和力量，防范其消极因素与破坏力。英国著名经济学家保罗·科利尔在《资本主义的未来》一书中写道："全球化已经成为提高全球生活水准的强大引擎。在许多公共政策问题上有分歧的经济学家也几乎一致这样认为。"[1] 而全球化作为一种存在活动，正在全方位影响和改变着地球上每一个人的一切，诸如思维方式、生活习惯、生活方式等，并给每一个生命体打上自己的烙印与符号，在广度、深度、强度、密度、速度等维度上，影响着当前人类税收等秩序。而且，这是一场从一开始就实力悬殊的较量，也是一场对手十分模糊和充满不确定性的较量。逻辑上，全球化便会制约和影响各个国家和地区税收营商环境优化及其纳税人尊严总体水平的提升。一方面，欠发达国家和地区，为了民族的振兴和发展，需要不断融入全球化大潮，同时接受发达国家主导制定的税收营商环境优化标准。比如决定"走出去"企业投资的"更重要的因素是税收法治化水平，制度是否稳定、透明，税收执法是否规范，而且，跨

---

[1] [英]保罗·科利尔著，刘波译：《资本主义的未来》，上海三联书店2020年版，第191页。

境的涉税争议，大多需要通过法治的方式解决"。①另一方面，由于历史与现实的原因，欠发达国家会因为实际国情与税情，又不可能全盘接受发达国家主导制定的税收营商环境优化标准，因此很容易陷入一种"两难"选择之中，渴望寻找动态的平衡点，同时直面并尽快跨过"泪水之谷"②。

与此同时，伴随全球化发展而出现"逆全球化"现象，同样会对各个国家的税收营商环境优化及其纳税人尊严提高构成新的冲击与挑战。"逆全球化"是指与资本、生产及市场等全球化进程相悖的一种现象。③在经济上主要表现为"贸易保护主义"，在政治上表现为"政治极化现象愈加严重、分歧不断扩大"，在社会上表现为"新自由主义意识形态的困境及多元文化主义的失败"。④就其本质是发达国家一种本能式的利益自保反应而言，"逆全球化"导致的对税收营商环境优化及其纳税人尊严提高构成的冲击与挑战同样不可忽视。如果说全球化有意无意地裹挟欠发达国家遵从发达国家主导的税收营商环境优化标准和规则的话，"逆全球化"则排斥欠发达国家遵从并加入发达国家的财富运作游戏，企图以自我隔离式的"利益或价值观圈子"继续财富运作游戏，争取利益最大化。问题是，不论是全球化还是"逆全球化"，都会对中国税收营商环境优化及其纳税人尊严提升标准的科学性与优良性形成新的冲击与挑战。

---

① 张清华：《国际税收仲裁的法律问题研究》，西南政法大学硕士学位论文（2014年）。
② 即"在一段过渡时间内，不论是在国内还是世界范围内为达到此目的都不仅要承受社会不公正性的急剧增加，以及社会的破裂，还要承受道德标准的败落和文化基础结构的败落。从时间性的角度来看就提出了下列问题：缓慢走过'泪水之谷'到底要持续多长时间？它需要多少牺牲品？为达此目的会有多少边缘化的命运停留在这条道路的路边得不到注意？有多少不能再被创造的文明成就会因此陷于'创造性的摧毁'？"中国社会科学院哲学研究所编：《哈贝马斯在华讲演集》，人民出版社2002年版，第112页。
③ 郑春荣：《欧盟逆全球化思潮涌动的原因与表现》，《国际展望》2017年第1期。
④ 韩剑锋、安佳佳：《逆全球化现象的哲学审视》，《湖北工程学院学报》2022年第2期。

3. 大数据技术异化的影响

世界著名大数据问题专家维克托·迈尔-舍恩伯格与肯尼斯·库克耶说："大数据开启了一次重大的时代转型。"[1] 而大数据对人类社会治理体系的冲击与挑战，包括对全球税收营商环境的冲击与挑战毋庸置疑，而且是凭借大数据技术的4V特点，即Volume（大量）、Velocity（高速）、Variety（多样）、Value（价值）[2] 发挥其作用的。大数据既会"产生巨大甚至本质上的变化和发展，进而影响人类的价值体系、知识体系和生活方式"[3]，也会极大地威胁到人们的"隐私和自由，这都是大数据带来的新威胁"[4]。逻辑上，身处社会主义初级阶段的中国税收营商环境优化，便必须直面这种蕴含着颠覆性、革命性与重构性"洪荒之力"的冲击和挑战。而且，鉴于社会主义初级阶段的特定国情与税情，特别是，大数据完全可能反而加强政府的行政强制力，以及舆论强制与教育强制力量，从而诱发新的侵害税收营商主体权益与纳税人尊严的现象，加剧税收权利与义务体系的不公正，破坏税收营商环境，拉低纳税人尊严的总体水平。举例来说，如果"用税端"大数据技术应用严重滞后，不能与"征税端"的税收信息大数据技术互动联动的话，就更容易加剧征纳税人之间权利与义务交换的不公正，既可能突破基本权利与义务完全平等分配的道德底线，也可能挑战非基本权利与义务比例分配的道德原则。

---

[1] [英]维克托·迈尔-舍恩伯格、肯尼斯·库克耶著，盛杨燕、周涛译：《大数据时代》，浙江人民出版社2013年版，第9页。
[2] 李倩星、王震：《拥抱大数据：新常态下的数据分析典型案例》，南方出版传媒2015年版，第5页。
[3] [英]维克托·迈尔-舍恩伯格、肯尼斯·库克耶著，盛杨燕、周涛译：《大数据时代》，浙江人民出版社2013年版，序二。
[4] 同上，第208页。

4.沉重历史包袱的负面制约

历史中既有正面的治理智慧，也有负面的落后惯性。因此，一个社会要不断走向文明和繁荣，就应该汲取其精华，同时剔除其糟粕。同理，中国税收营商环境优化及其纳税人尊严提升要实现可持续，也应该自觉借鉴历史智慧，主动卸掉沉重的历史包袱，轻装上阵。有可能对中国税收营商环境优化产生负面影响的具体历史因素如下：一是几千年来根深蒂固的传统政治、经济、道德和文化观念，特别是"官本位"文化观念。"官本位文化"意味着，一切社会生活都应该由官员群体决定，包括税收营商环境标准的制定，也应该由官员主导。当然，社会利益的分配同样应该由官员主导和优先。客观上，如果权力监督制约乏力，这便很容易诱发权力的滥用和寻租，导致社会权利与义务交换基本结构的扭曲和不公，侵害社会生存与生活的基本秩序。在罗尔斯看来，"正义的主要问题是社会的基本结构，或更准确地说，是社会主要制度分配基本权利和义务"①。二是几千年来基于"官本位文化"所形塑的超稳定"官奴制"②社会形态，也会成为税收营商环境优化的负面因素。逻辑上，来自民间的权利诉求容易被过滤和压抑，税收营商环境参与主体——纳税人或国民的积极性与主动精神容易被挫伤，税收营商环境标准和规则被认同和遵从的动力就不足，不利于税收营商环境优化及其纳税人尊严的提升。三是由于传统自然经济惯性的影响，面对正在完善中的现代市场经济体制，一些市场经济主体会因为"无法预见生产经营的法律后果，难以对成本—收益进行精确的估算，必然养成随大溜、

---

① [美]约翰·罗尔斯著，何怀宏等译：《正义论》，中国社会科学出版社1998年版，第5页。
② "官奴制"是指"中国自五帝时代以来，特别是夏商周至清代，全国生产资料及其经济权力——土地和地权以及工商业和工商经济权力——始终是官有制，主要归官吏阶级所有。"王海明：《中国经济特色——亚细亚生产方式新探》，商务印书馆2021年版，见"内容提要"。

急功近利、捞一把就走的经济行为习惯"①，从而影响税收营商环境的优化及其纳税人尊严的提升。

（三）中国税收营商环境优化的现实选择与历史使命

在"百年未有之大变局"下，中国税收营商环境优化及其纳税人尊严提升能否科学、理性、有效地应对来自国内国外、历史与现实、全球化与"逆全球化"，以及信息科学技术等方面的冲击与挑战，无疑在考验各级政府和治理者的智慧与胆识，也考验当下税收营商环境优化及其纳税人尊严提升各个利益相关者的综合素质。笔者认为，中国税收营商环境优化及其纳税人尊严提升的现实选择与历史使命如下。

1.达成基本共识是全面优化税收营商环境、提升纳税人尊严总体水平的思想前提

要实现税收营商环境总体优化的目标，既不是政府及其官员单方面能完成的，更不是税务机关及其税务人员可独立担当得起的，既需要各级政府部门的配合与协助，也需要广大税收营商环境利益相关者的积极参与。如果这些税收营商环境利益相关者不能在价值、观念、标准、方式、目标等方面达成基本共识的话，特别是不能在利益方面达成基本共识的话，中国税收营商环境总体优化及其纳税人尊严提升便不可能实现预期目标。因为"共识是社会凝聚和合作的社会心理基础"②。而且"基本共识的建立不能诉诸过去封闭状态下'只此一家别无分店'的意识形态灌输"③。当然，仅有"基本共识"不够，还需要税收营商环境利益相关者之间在"价值、思想、意志、愿望"方面能有"共鸣"。而"共鸣"是"共识"的内核，唯有"共鸣"方可为税收营商环境总体优化及其纳

---

① 苏力：《法治及其本土资源》，北京大学出版社2015年版，第82-85页。
② 杨宜音：《多元化、碎片化时代如何建构社会共识》，《光明日报》2014年4月2日。
③ 肖雪慧：《建立社会共识的价值基础——重提人道主义》，《云南大学学报（社会科学版）》2007年第4期。

税人尊严提升聚集精神的动力与能量。为此，未来中国税收营商环境的全面优化及其纳税人尊严的提升，一是要树立系统性、结构性与合力共治的思维，力争动员所有税收营商环境利益相关者积极参与。学者李锐因此建议，中国税收营商环境优化要重视创新思维的运用，要及时转换思维方式和理念，具体要注重法治思维、体现辩证思维、强化短板思维、用好底线思维、考量需求思维、突出服务思维。[1]二是税收营商环境的内容价值与形式要素优化要同步进行，不能厚此薄彼。特别是要着力转变前期仅仅重视税收营商环境形式要素优化，以四大指标（纳税次数、纳税时间、总税率和社会缴纳费率、报税后流程）优化遮蔽税收营商环境价值"内容"优化目标的思路与做法。但重视税收营商环境价值"内容"优化，既要深化对税收营商环境终极目的的科学认知，不能仅仅停留在一些具体目的与目标的认知方面，也要深化对税收营商环境相关利益主体涉税行为心理规律的科学认知，不能脱离这一固有价值基础，任意制定或约定税收营商环境标准规范。因为真理性税收营商环境价值的获得，是从对税收营商环境终极目的的科学认知，以及税收营商环境利益主体行为心理规律的科学认知中推导出来的，二者之间"一真一假"，或者"同假"，都不可能获得真理性税收营商环境价值，更不可能基于此推导制定出优良科学的税收营商环境优化标准和规范。就是因为，"价值是客体的事实属性对主体需要——及其经过意识的各种转化形态——的效用，简言之，价值亦即客体对主体需要的效用。"[2]当然，要推导出优良科学的税收营商环境优化标准和规范，还需借助正确的税收营商环境价值判断。三是要注意现实、阶段性税收营商环境优化及其纳税人尊严提升目标与理想目标之间的协调与统筹，即要注意税收营商

---

[1] 李锐：《持续优化税收营商环境策议》，《税收征纳》2019年第12期。
[2] 王海明：《新伦理学》（上），商务印书馆2008年版，第157页。

环境优化及其纳税人尊严提升近期目标、中期目标与远期目标之间的协调和统一。既要考虑税收营商环境优化现实的复杂性，也要照顾税收营商环境优化实践的可操作性，还要注意税收营商环境优化未来可能遭遇的诸多不确定性因素。四是要注意税收营商环境相关要素优化的互动与联动。因为税收的本质在于为公共产品生产和供给筹集资金。因此，与公共产品的性价比高低指标相比，具体征税技术视域中涉税营商环境要素的优化，就权重而言，无疑属于次要因素。五是要"征税端"税收营商环境要素与"用税端"税收营商环境要素互动优化，不能仅仅重视"征税端"税收营商环境要素优化而忽视"用税端"税收营商环境要素优化。因为就税收本质而言，现代税收信息技术用于后者，要比用于前者更为重要和关键。

2.税收营商环境总体要素优化质效大于具体要素优化

影响税收营商环境优化及其纳税人尊严提升的总体要素，如前所述，主要是指经济、政治、道德及文化体制与规则。即经济、政治、道德及文化体制与规则越优良先进，则税收营商环境优化及其纳税人尊严提升总体水平就越高；相反，如果经济、政治、道德及文化体制与规则越落后，则税收营商环境优化及其纳税人尊严提升总体水平就越低。影响税收营商环境优化的具体要素是指教育、修养等，即通过舆论和教育这些非强制力量，提高税收营商环境优化各个行为主体遵从税收营商环境标准和规则的自觉性，进而达到促进税收营商环境优化的目的。必须强调的是，就总体与具体要素对税收营商环境优化的影响力和实际效能而言，经济、政治、道德及文化体制与规则的创新与优化，总体效果要大于舆论、教育和修养具体要素的优化。主要分述如下：

就影响税收营商环境及其纳税人尊严的宏观总体要素而言，要重视经济、政治、道德及文化体制与规则要素的优化。一是要借助建立完备的市场经济体制，也就是建立自由、公正、法治、人道的市场经济体制优化税收营商环境，提升纳税人尊严水平。即政府必须彻底从市场资源配置中抽身，专心制定公正平等的市场经济规则。其实，这本来就是税收营商环境优化的题中应有之义，因为市场经济规则本身就是典型的公共产品。政府同时要履行对资本的节制之责，防止资本权力的扩张与滥用，特别是与政府权力合谋的作恶；当然，更要切实解决国有企业的低效问题，让资源尽量发挥创获财富的功能，发展生产力，满足全社会和每个国民不断增长的美好生活需要。二是要通过加快政治体制创新，发挥"全过程人民民主制度"[1]的优势，彻底解决社会主义初级阶段权力授予制度性保障滞后的问题，同时建立"闭环式"的有效权力监督制衡机制，真正把财税权力"装进制度的笼子"，奠定优化税收营商环境的权力基础，夯实税收营商环境公正基础，从而提升纳税人尊严水平。即通过建立政治清明、"德—福一致"的公正奖惩机制，全面优化税收营商环境根本要素，理顺各种根本、基本的税收营商环境利益关系。三是要通过倡导优良道德价值优化税收营商环境，提升纳税人尊严水平。因为优良道德价值意味着，这种道德价值体系既是基于大多数国民的行为心理规律的，即遵从"行为原动力规律、行为目的利害相对数量规律、行为手段利害相对数量统计性规律、行为手段利害相对数量非统计性规律、行为类型相对数量非统计性规律、行为类型相对数量统计性规律"，[2]同时也是有助于全社会和每个国民利益或福祉、幸福与尊严总量增进的。具体表现在利益主体之间尚未发生根本性冲突之际，是遵从和敬畏"帕累托最优原则"，即奉行"不伤一人地增进所有人利益"的；但

---

[1] 全过程民主包括民主选举、民主决策、民主管理、民主监督等过程。"全过程人民民主不是形式主义的民主，不是西方式的民主空话，而是通过系统设计，把民主的不同环节彼此贯通起来，使民主成为工作作风、工作方式和生活方式。"郑朝静：《全过程人民民主——中国特色民主制度的中国优势》，《人民网》2022年4月1日。

[2] 参考王海明：《新伦理学》（上），商务印书馆2008年版，第582-627页。

在利益主体之间发生根本性冲突、不可两全之际，则是遵从和敬畏"最大净余额原则"，也就是奉行传统功利主义者主张的"最大多数人的最大利益原则"。显然，这种道德价值体系是基于大多数国民现实道德觉悟的实际，奉行"己他两利主义"道德价值的。事实上，建立这种优良道德价值体系乃是总体优化中国税收营商环境的重要途径。四是要通过优化文化产业体制，提高全社会的文化知识水平，优化税收营商环境，提升纳税人尊严水平。因为文化产业体制的优劣决定一个国家和地区民众的总体认知水平的高低，而国民认知水平的高低会从总体上影响国民遵守规则品质的形成，主要是通过提高税收营商环境利益主体对税收营商环境及其纳税人尊严标准的认知程度，提升税收营商环境利益主体对税收营商环境标准的自愿遵从度，并形成稳定的合规优良品质。

就影响税收营商环境中观要素而言，至少有征管方式（主要是税务机关的执法、纳税服务等质量与效率要素）、涉税司法机制（纳税人权利司法保护机制的有效性等要素）、税法体系的优劣（税法体系完备程度、法治体系健全程度，特别是税权合法性及监督制约的有效性等要素）、税德体系之优劣（有助于全社会和每个国民利益或福祉、幸福与尊严总量的增进，符合自由法治民主与公正平等道德价值观等要素）"四大"综合要素构成。[①]

具体要素对税收营商环境优化各方参与者个体行为的影响也不容小觑。具体来说，税收营商环境舆论传播的力量，外在教育与内在修养的力量等，都对税收营商环境优化参与者个体行为的影响具有"随风潜入夜，润物细无声"的效用。逻辑上，我们既要重视言教、奖惩、身教和榜样等外在教育途径与方法对税收营商环境优化及其纳税人尊严的影

[①] 姚轩鸽、庞磊：《税收营商环境评价标准研究——基于伦理视域的观察与思考》，《税收经济研究》2019年第2期。

响，也要重视内在修养方法，诸如学习、立志、躬行与自省对税收营商环境优化及其纳税人尊严的影响。

3.以社会主义核心价值观为导向，促进税收营商环境标准的全面"嵌入"，提升纳税人尊严水平

未来中国税收营商环境优化及其纳税人尊严提升，拥有一套科学、优良、完备的税收营商环境标准体系是必要前提。因此，我们首先必须克服现行税收营商环境及其纳税人尊严标准体系方面存在的主要缺陷与不足。如前所述，中国税收营商环境标准体系存在"简单化"的缺憾和不足，因此，我们既要增添影响税收营商环境优化的核心指标，比如"用税"指标等，同时也要克服现行税收营商环境四大指标存在的不足，还要在税收营商环境标准具体评价方法方面寻求创新和突破，弥补目前"简单加权平均法"的缺陷，力争在评价的真实性方面有所突破。关键是要转变现行税收营商环境重视数量要素优化导向、轻视内容价值要素优化导向的观念，通过构建内容与形式同步优化的中国式税收营商环境及其纳税人尊严标准体系，从根本上改变现行税收营商环境及其纳税人尊严价值内容"失语"的缺陷，促进中国税收营商环境的全面优化及其纳税人尊严水平的总体提升。困难或在于，如何将那些"与'意义'相关的问题"也纳入税收营商环境优化的标准体系。在卡尔·拉伦茨看来，因为"与'意义'相关的那些问题既不能通过实验观察，也不能借助测量或计算来回答。法学要面对的正是这种不可量化的问题"[1]。就道德是法的价值导向系统而言，道德面对的也是"这种不可量化的问题"。逻辑上，要全面优化税收营商环境及其纳税人尊严标准体系，必须增添税收道德价值考量的指标评价内容，即税收营商环境优化，税收道德不能缺位和"失语"。因为优良税收道德意味着，一是税收营商环境及其纳

---

[1] [德]卡尔·拉伦茨著，黄家镇译：《法学方法论》，商务印书馆2020年版，第255页。

税人尊严标准体系有助于全社会和每个纳税人利益或福祉、幸福与尊严总量增进，也就是有助于满足人民不断增长的美好生活需要，在利益主体之间利益没有发生根本性冲突、可以两全的情况下，能体现"不伤一人地增进所有人利益"的道德价值；在利益主体之间的利益发生冲突、不可两全的情况下，能有助于大多数人利益或福祉、幸福与尊严总量的增进。二是这种税收营商环境标准体系实现了人道自由道德价值的实质性"嵌入"，也就是尊重税收营商环境各方参与者利益主体权利和地位，是能给予税收营商环境各方参与者更多自由的。一方面，能充分体现平等、法治与限度道德价值和原则，或者说，这种税收营商环境标准体系既是拥有最广泛民意基础的，也是在标准面前人人平等的，而且是有限度的，既不超越大多数人的道德觉悟实际，也不以高标准责人，是慎用法治强制手段的；另一方面，这种税收营商环境标准体系既是拥有完备民主制度与市场经济制度基础的，同时其制定也是通过充分自由的交流与碰撞达成的。三是这种税收营商环境标准体系实现了公正道德价值的实质性"嵌入"。也就是有助于税收营商环境优化各方利益主体之间权利与义务交换的完全平等与比例平等，既有助于征纳税人之间、征税人之间、纳税人之间等各种涉税利益主体之间基本权利与义务交换完全平等，也有助于各个主体之间非基本权利与义务交换符合比例平等道德原则和价值。四是这种税收营商环境标准体系实现了诚信、便利、节俭等重要道德价值和原则的实质性"嵌入"。毋庸讳言，现行税收营商环境标准，更多是在诚信、便利、节俭等重要道德价值方面寻求可量化标准之优化与推进。

上述道德价值的税收营商环境及其纳税人尊严标准体系的实质性"嵌入"，无不意味着社会主义核心价值观的实质性"嵌入"。换句话说，未来中国税收营商环境优化及其纳税人尊严水平提升，根本在于社会主义核心价值观实现税收营商环境及其纳税人尊严标准体系的实质性

"嵌入"。也就是说，未来中国税收营商环境的全面优化及其纳税人尊严水平的总体提升，也就是其标准体系的优化及其实施过程，关键在于将"富强、民主、文明、和谐""自由、平等、公正、法治""爱国、敬业、诚信、友善"三个层次的道德价值观贯穿和"嵌入"其中。同时实现中国税收营商环境及其纳税人尊严标准体系内容与形式的基本结构性优化，标准体系价值、价值判断与标准的完善结构优化，以及标准体系行为主体行为事实如何之规律、终极目的、价值、价值判断与标准的深层结构优化，也包括税收营商环境实施全过程的融入与流程等要素的优化。因为"良法是善治之前提。好的税收法律制度应当以税收法定原则为基础，推动税法完备规范、税制成熟定型，提升税收制度的确定性和稳定性"[1]。

4. 必须直面并理性因应"大变局"可能构成的巨大挑战与风险

在"百年未有之大变局"下，中国税收营商环境优化及其纳税人尊严提升，必然面临诸多新的更加严峻的挑战与压力。"大变局是人们对世界格局变化的认识概括，大变局之'变'有其自身的规律和逻辑。"[2]而且，"百年未有之大变局"并不意味着"世界自然走向公平、繁荣和进步，它的最终走向取决于各种势力的力量对比，取决于各种势力的主观努力"[3]。逻辑上，中国税收营商环境优化要有危机、风险与底线意识，自觉防范"大变局"中潜在的税收营商环境优化风险与陷阱。如前所述，"百年未有之大变局"下，中国税收营商环境优化面临的挑战与冲击主要来自四个方面，即社会主义的初级阶段性、全球化与"逆全球

---

[1] 柳华平：《良法善治：优化税收营商环境的价值取向和现实选择》，《税收经济研究》2020年第3期。
[2] 房宁、丰俊功：《"百年未有之大变局"与"行百里者半九十"——习近平新时代中国特色社会主义思想的时代背景》，《理论视野》2020年第2期。
[3] 李滨：《"百年未有之大变局"：世界向何处去》，《人民论坛》2019年第7期。

化"、大数据技术异化以及历史包袱。因此，我们必须从战略高度认识到"百年未有之大变局"下，中国税收营商环境优化及其纳税人尊严总体提升注定面临着诸多挑战，因应对策如下。

一是就社会主义初级阶段性而言，我们首先要理性认识和因应社会主义初级阶段中国市场经济体制不完备性对税收营商环境优化及其纳税人尊严总体提升的负面影响。

二是就全球化对未来中国税收营商环境优化的挑战而言，一方面要警惕全球化自身带来的负面影响，另一方面则要防范"逆全球化"对税收营商环境优化及其纳税人尊严提升带来的负面影响。

三是就大数据等信息技术对未来中国税收营商环境优化的挑战而言，我们既要借用大数据等信息技术的"4V"力量优势，加速中国税收营商环境优化的进程，同时也要警惕大数据等信息技术异化可能对中国税收营商环境优化带来的负面影响。

四是就中国传统文化"负资产"对未来中国税收营商环境优化及其纳税人尊严提升带来的挑战而言，我们固然要借助传统文化中的优秀因素助力中国税收营商环境优化及其纳税人尊严提升，同时也要防范传统文化中的负面糟粕因素对中国税收营商环境优化及其纳税人尊严提升的负面消极影响。

5.具体因应策略

我们明确了全面优化中国税收营商环境及其纳税人尊严提升的指导思想、价值导向及其总体挑战，逻辑上，还必须有科学、合理、合情的措施来保证和落实。在学者林溢呈看来，"不仅需要在规范论层面明确纳税人享有的法律权利与承担的法律责任，以可置信承诺与威胁创造相互合作的可能均衡，避免'囚徒困境'的单一结果；也需要在运行论层面强调法治叙事，以规则之治形成共同信念，最终实现税企合作的均衡"①。即必须首先确立符合国情、税情实际的税收营商环境优化及其纳税人尊严提升目标,也就是近期、中期与远期目标,由近及远,逐步推进。具体对策如下。

一是就中国税收营商环境优化及其纳税人尊严提升的近期目标而言,第一,要继续发挥现有税收营商环境优化及其纳税人尊严提升的措施与做法,巩固和扩大过去税收营商环境优化及其纳税人尊严提升的成绩和功效。第二,要对标世界银行的"四大纳税"指标,结合中国国情与税情,不断建立和完善符合中国社会发展实际的税收营商环境优化及其纳税人尊严提升标准体系。众所周知,中国幅员辽阔、区域差异明显,设计税收营商环境的要素和对象复杂多样,无疑必须"构建一套灵活性高、适配度强的税收营商环境评价体系"②。事实上,世界银行在设立纳税指标时,同时还设计了另外九项一级指标,而且在现实中,除了"办理施工许可证"和"获得电力"两项,其余所列指标或多或少都与税收相关。③第三,要继续发挥税务机关在现阶段税收营商环境优化及其纳税人尊严提升行动中的"主攻手"作用,不断优化相关征管流程,提升税务人员的税收执法与纳税服务综合水平。第四,要继续借助现代税收信息技术之力,为税收营商环境全面优化及其纳税人尊严提升搭建技术平台,消减税收信息"孤岛"现象,切实降低征纳税成本,增进纳税人的经济自由度。即要加快税收信息技术的再开发应用进度,不断提高税收征管信息系统的集成能力,增强信息技术应用服务的直观化,破除涉税外部门信息交换壁垒,同时也要防范税收风险等。④第五,在处理税收营商环境各个利益主体之间关系时,要真正以奉行"帕累托最优

---

① 林溢呈:《重构法治化税收营商环境的内涵》,《税务与经济》2021年第5期。
② 张巍:《世界银行税收营商环境评价体系辨析与启示》,《地方财政研究》2021年第11期。
③ 同上。
④ 蒙莉:《优化税收营商环境的实践与探索》,《经济与社会发展》2019年第6期。

原则"为一般，以奉行"最大多数人的最大利益原则"为例外。在税收营商环境各个利益主体之间发生根本性冲突、不可两全之际，一定要站在"满足人民群众日益增长的美好生活需要"的立场上，理性进行取舍。第六，要自觉运用社会主义核心价值观审视税收营商环境优化的全过程，并以此为税收营商环境优化汇聚更多的精神动能。同时，要以是否满足人民群众不断增长的美好生活需要，作为判定中国税收营商环境优化及其纳税人尊严提升得失的终极标准。

二是就税收营商环境优化的中期目标而言，研究者们也提出了不少建议。学者张国钧就认为，要确定统一、透明的税收营商环境标准，切实降低企业遵从成本；税收营商环境优化要逐步规范，而且优惠与激励要同时优化，即要有助于降低企业制度成本；税收营商环境优化实施既要共建、共治、共享，打造良好的办税环境，也要发挥专业服务优势，管理、支持与保障互动。① 张景华教授认为，税收营商环境优化要以纳税人需求为出发点，转变传统税收征管模式，同时要依托"管数+信用"模式，加快税收治理体系建设，加大"互联网+税务"创新力度，全面提升征管效能。当然，还要继续"以办税厅和12366热线为重点"，全面优化税收服务环境，提升优化税收营商环境的舆论传播和教育力度，营造良好的税收营商环境氛围。②

综合各方观点，笔者认为，要实现税收营商环境优化及其纳税人尊严提升的中期目标，第一要以社会主义核心价值观为价值导向，全面优化中国税收营商环境及其纳税人尊严提升标准体系，助力社会主义核心价值观的税收营商环境标准体系"嵌入"。第二要彻底解决现行税收营商环境标准体系"重形式规则优化，轻内容价值优化"的缺憾与不足问

---

① 张国钧：《优化税收营商环境的调查与思考》，《税务研究》2018年第11期。
② 张景华：《治理视角下的税收营商环境优化研究》，《税务研究》2020年第9期。

题，力争将"用税透明度或公共产品性价比高低"等内容价值指标，纳入新的税收营商环境优化标准体系中。道理如前所述，因为征税的真正目的不是"征税"，是为公共产品生产和供给筹集资金。同时因为"透明"有助于规则效能的发挥，税收营商环境优化及其纳税人尊严提升标准体系也应该"透明化并易于理解"。陈清秀因此认为，"有关课税之法令，应进行体系化整理，使其规律透明化并易于理解，以建构在法律上及经济管制政策上具有效能的经济秩序。"[①] 即税收营商环境标准也要由"稳定性、透明度较强的税收法律而非规范性文件形成公众的共同信念"构成，而且必须增强税收营商环境标准体系的"稳定、公平、透明、可预期等"，因为这才是"促进税企合作法治叙事的核心要素"[②]。第三要把握税收营商环境优化及其纳税人尊严提升的重点，认真对待税权、预算权的合意性扩大问题，并借力"全过程人民民主制度"优势，通过建立有效的税权、预算权"闭环式"监督制约机制，真正将税权、预算权"关进制度的笼子"，有效遏制税权、预算权的滥用和寻租现象，不断增强税收营商环境标准体系的公正性。因为"限制政府裁量权的唯一方法是经由强大的财产权体系，叫停负和博弈，在正和博弈中创造确定的财产权概念"[③]。第四要实现现代税收信息技术软硬件建设与现代预算信息技术软硬件建设联动互动，即必须改变现行税收营商环境优化重视"聚财端"征税现代信息技术应用、忽视预算"用税端"税收信息技术应用的"单兵独进"或不平衡问题，真正体现税收营商环境优化助力税收核心职能发挥的特有作用，即为公共产品生产和供给筹集公共资金的作用。第五始终坚持人民至上原则，即纳税人利益导向原则。因为唯

---

① 陈清秀：《现代财税法原理》，厦门大学出版社2017年版，第5页。
② 林溢呈：《重构法治化税收营商环境的内涵》，《税务与经济》2021年第5期。
③ [美]理查德·A.爱泼斯坦著，刘连泰译：《私有财产、公共行政与法治》，浙江大学出版社2018年版，第125页。

有如此，税收营商环境优化方能获取可持续的推进动力和能量。正如马克思所言，因为"人们奋斗所争取的一切，都同他们的利益有关"①。而且，"社会生活方式的多样化和价值多元化乃至价值体系的迅速变化等使得利益衡量成为必然路径。"②在学者陈艳利看来则是因为，"涉税支出与纳税人的经济利益直接相关，显著影响着经营成本与管理费用。"③第六，要放眼世界，积极借鉴国际先进经验和具体做法。岳树民教授在研究发达国家优化税收营商环境做法之后认为，中国税收营商环境优化需要借鉴的主要国际经验在于：既要利用信息技术提升税收征管质效，也要"切实简化税制和征管流程，提升纳税遵从，还要以保护纳税人合法权益为出发点"④。

三是就税收营商环境优化目标的远期目标而言，在厘清中国税收营商环境优化及其纳税人尊严提升必须直面的主要缺憾与挑战的同时，还必须认清"百年未有之大变局"的基本特征与趋势，紧扣决定税收营商环境优化及其纳税人尊严总体水平的宏观、核心与根本要素，找准并确立中国税收营商环境优化及其纳税人尊严提升的战略目标定位，谋定后动，负重前行。在此艰难跋涉的过程中，我们必须牢记社会主义初级阶段的特定国情与税情，切不可轻言赶超与重构。同时要警惕全球化与"逆全球化"可能带来的负面效应。当然，我们更要自觉防范大数据等信息技术异化可能带来的消极影响，包括中国传统文化糟粕及其落后惯性带来的负面影响。税收营商环境优化的未来出路，在学者毛圣慧看来，必须走法治化道路，即"要从根本上改善我国的税收营商环境，必

---

① 《马克思恩格斯全集》（第46卷），人民出版社1975年版，第146页。
② 李国强、孙伟良：《民法冲突解决中的利益衡量——从民法方法论的进化到解释规则的形成》，《法制与社会发展》2012年第1期。
③ 陈艳利、蒋琪：《我国税收营商环境评价体系的构建与运用——基于扎根理论研究方法》，《税务研究》2021年第6期。
④ 岳树民：《优化我国税收营商环境的借鉴与路径选择》，《税务研究》2021年第2期。

须坚持法治化的道路，做好顶层设计，将税收法治的理念贯彻到税收立法、执法、守法的各个方面"。

简而言之，中国税收营商环境优化的关键在于社会主义核心价值观在构建税收营商环境标准体系及其实施过程中的实质性"嵌入"，即在于满足人民群众不断增长的美好生活需要之终极目的，在于能否实现人道自由道德原则（平等、法治、限度与政治、经济、思想自由价值原则）在税收营商环境标准体系及其实施过程中的实质性"嵌入"，在于公正根本道德价值和原则能否实现在税收营商环境标准体系及其实施过程中的实质性"嵌入"，以及诚信、节俭、便利等重要道德原则和价值能否实现在税收营商环境标准体系及其实施过程中的实质性"嵌入"。用一句话来说，在于能否有助于人民群众不断增长的美好生活需要之可持续满足，在于纳税人尊严总体水平能否可持续满足。

五、结语

总之，在"百年未有之大变局"下，中国税收环境优化及其纳税人尊严总体水平之提升，任重道远。我们一方面要直面国内外政治经济形势愈加严峻复杂并充满不确定性的挑战，也要直面全球化与"逆全球化"的双重挤压与冲击，同时还要应对现代税收信息技术异化诱发的新风险，并积极应对传统文化中的糟粕沉疴带来的隐痛；另一方面则要直面税收营商环境标准及其纳税人尊严体系存在的结构性缺陷与不足，并有效应对税收营商环境优化过程中遭遇的诸多现实阻力与具体困难等。中国税收营商环境优化及其纳税人尊严总体水平提升乃是一项复杂的系统工程，不可能一蹴而就，需要全面动员税收营商环境优化及其纳税人尊严提升相关利益主体的共同参与，走"互信共识、多元协同共治"的优化与提升之路。逻辑上，我们必须从大处着眼，把握税收营商环境优化与纳税人尊严总体水平提升的根本和关键问题，并做好长期坚持不懈推进的思想准备。也唯有如此，方可真正提升中国经济的全球竞争力，充分发挥税收在国家治理中"基础性、支柱性、保障性"及其"枢纽性"的重要作用，全面提升纳税人尊严的总体水平，为实现中华民族伟大复兴的中国梦奠定坚实稳固的物质与精神基础。

第八章
以企业税收合规评价提升纳税人尊严[①]

——兼论中国存在的主要问题与对策

  企业税收合规评价既是指对企业主体一切涉税行为的价值判断、价值认识与价值意识，也是指贯穿企业合规行为全过程的活动。而且，既是指评价者，根据一定税收合规之"规"（税收道德与税法），对企业内外利益相关者涉税行为之价值评价，更是指对企业合规之"规"本身优劣善恶进行价值评价。前者有助于企业经营者有效防范与化解税收风险，助力企业可持续、高质量和健康发展，有助于消费者不断增长的美好生活需求的满足，从而获得"尊贵、庄严的愉悦型心理体验"——纳税人尊严；后者则有助于企业税收合规之"规（税制）"的不断优化，助力全社会企业税收合规总体水平的提高，发挥税收在国家治理体系中"基础性、支柱性与保障性"及其"枢纽性"的重要作用，从而提升全社会每个纳税人和国民的尊严水平。逻辑上，企业税收合规评价越客观理性科学，便越有助于纳税人（既指法人纳税人，也指自然人纳税人）

[①] 根据拙文《企业税收合规评价论纲——兼议目前存在的主要问题与对策》改写，原载禄正平主编：《企业合规》，法律出版社2023年版。

尊严水平的总体提高；相反，企业税收合规评价越充满主观随意性和非理性，则越会拉低纳税人的总体尊严水平。道理就在于，税收风险不仅影响"企业内部税收成本的合理筹划，也决定着对外企业的形象"[①]，或者说，税收合规风险直接关系企业生存与发展的可持续性与效率，关系企业涉税尊严需求的满足程度及其强弱、广狭与久暂等。问题是，目前企业合规研究者在企业合规评价的"可能性与有效性"及其具体方法、根据、程序和步骤等方面，并未达成基本共识。[②] 客观上，这便会消减企业税收合规评价在企业合规行动计划及其纳税人尊严提升中的积极作用。鉴于此，本章拟对企业税收合规评价主体资格、评价根据与程序等基本问题进行探讨和分析，以期深化对企业税收合规评价问题的研究，进一步发挥企业税收合规评价对纳税人尊严总体水平提升的特有作用，助力中国企业的低风险、高质量与可持续发展，直接或间接增进全社会和每个国民的利益与福祉、幸福与尊严总量。

一、企业税收合规评价的内涵与本质

准确把握企业税收合规评价的内涵，乃是深化企业税收合规评价及提升纳税人尊严水平相关问题研究的前提，因此，首先我们需要弄清楚"评价""税收道德""税法"等概念的基本内涵与本质。

（一）关于"评价"

何谓"评价"？《说文解字》曰："评，从言，平声。"本义指议论是非高下。《广雅》曰："评，议也。"《广韵》曰："评，评量。"《说文解字》："价，从人，贾声。"本义指价格，价值。"经千载以待价兮。"[③] "国

[①] 徐雯婕：《企业税务风险评估体系的建立及执行》，《全国流通经济》2018年第6期。
[②] See Maurice E, Stucke, *In Search of Effective Ethics and Compliance Programs*, Journal of Corporation Law, Vol.39, (Summer 2014), pp769-832.
[③] 戴明扬校注：《嵇康集》，人民文学出版社1962年版。

贫而用不足，请以平价取之。"[1] 都是此义。"评"与"价"二字合用，如《高级汉语大词典》所注，是指评估价值，即对人或事物所评定的价值，具体是指"价值判断、价值认识、价值意识"。评价与评估是同义词，可以互用。

（二）关于"税德"与"税法"

何谓"税收道德"（以下简称"税德"）？要正确理解"税德"，就必须首先弄清楚何为"税收"。关于"税收"，《税收辞海》有权威解释（见脚注）[2]。问题是，税收这一流行界定，存在明显的缺陷，因为它至多是界定了阶级社会中的税收概念。问题是，难道共产主义社会就没有公共需要和生活，就不需要公共产品和服务，就不需要筹集生产和供给公共产品的公共资金——税收等规费了吗？难道公共资源就不需要保护和再生产了吗？这一界定的具体不足如下：一是片面强调了征税一方的索取（权利），淡化了征税者的给予（义务），忽视了纳税者的索取（权利），夸大了纳税一方的给予（义务），因此便有税收"无偿性"的判断。二是片面强调了税法权威与强制性的一面，忽视了税收治理中道德的作用，即单纯夸大了税收的"强制性"。三是忽视了对征税权力进行合法性追问这一核心问题。岂不知——"权利是权力所保护的利益，是社会所承认的必须且应该得到的利益。"[3] 如果权力不合法，何谈权利与义务的公正平等交换和分配？四是未将"税收"与"规费"真正区别开来。[4] 其实在

---

[1] 马非百撰：《管子轻重篇新诠》，中华书局1979年版。
[2] 税收是国家为了实现其职能，凭借政治权力，按照法定标准，无偿地集中一部分社会产品所形成的分配，是国家取得财政收入的一种主要形式，本质上体现以国家为主的分配关系。税收是一个历史范畴，是人类社会发展到一定历史阶段的产物。张同青等主编：《税收辞海》，辽宁人民出版社1993年版，第1页。
[3] 孙英：《权利与义务新探》，《中国人民大学学报》1996年第1期。
[4] 姚轩鸽：《税道德观——税收文明的伦理省察与探寻》（下），西北大学出版社2017年版，第127页。

笔者看来，税收乃是社会为公共产品生产和供给筹集资金的活动，或者是指国民与国家之间就公共产品交换价款缔结、履行原初或衍生"双务契约"的活动。[1]关于"道德"的定义，学界已有基本共识，即认为"道德是一种应该如何的非权力规范"[2]。而且，道德实现主要依靠舆论强制与教育强制。法则是指重大人际利害行为"应该且必须"如何之权力规范，主要依靠的是暴力强制与行政强制。

总而言之，税收道德（税德）是指征纳税主体一切利害社会行为"应该"如何之非权力管理规范，税法则是指一种权力税收管理规范，是指征纳税主体的那些利害社会之重大涉税行为"应该且必须"如何之权力管理的规范。具体来说，税德是社会管理者对一切涉税利害行为进行"非权力"（舆论强制与教育强制，前者如议论、谴责、赞扬、批评等，后者如灌输、熏陶、培养等）管理的规范；税法则是社会管理者对征纳税人那些具有重大涉税利害社会效应行为进行"权力"强制（即暴力强制与行政强制，前者如判刑、收监、枪杀、体罚，后者如处分、降职、降薪等）管理的规范。而税德与税法的根本区别在于：税德规范的对象是一切具有社会利害效用的征纳税行为，是通过一种"应该"的力量——非权力力量来实现和保证；税法管理的对象仅是那些具有重大社会效用的征纳税行为，而不得不通过一种"应该且必须"服从的力量——权力力量（暴力强制与行政强制）来实现和保证。

（三）企业税收合规评价的内涵与本质

广义而言，所谓企业税收合规评价是指"税德"价值判断、价值认

---

[1] 姚轩鸽：《为何说"税收影响社会未来"》，《深圳特区报》2022年5月31日。
[2] 道德是社会制定或认可的关于人们具有社会效用（亦即利害人己）的行为应该而非必须如何的非权力规范；简言之，也就是具有社会效用的行为应该而非必须如何的规范，是具有社会效用的行为应该如何的非权力规范，说到底，亦即非权力规范。这就是道德的定义。王海明：《新伦理学》（上），商务印书馆2008年版，第335页。

识与价值意识。即是对企业主体一切涉税行为的价值判断、价值认识与价值意识。就具体企业涉税利害社会之行为而言，既有根据科学优良理想"税德"原则和标准，对企业相关之税收立法、执法、司法、守法活动合德与否之评价，又有根据现实"税德"原则和标准，对企业具体涉税行为合德与否之评价。逻辑上，企业税收合规评价，既有对整个社会企业"税德"规范体系优劣之价值判断、价值认识和价值意识，也有对企业具体涉税行为之善恶的价值判断、价值认识与价值意识。前者是对整个社会企业"税德"规范体系本身优劣之道德价值判断、价值认识与价值意识，后者则是对企业具体涉税行为合德与否的价值判断、价值认识与价值意识。前者是用一些最为普遍、一般、简单、抽象和笼统的道德原则对企业"税德"规范体系本身优劣所进行的价值评价，也就是对整个社会企业"税德"规范体系本身优劣进行的价值评价，无疑，最高的那个抽象原则，就是社会创建企业"税德"规范体系的终极目的。后者则是用一些相对复杂、具体、多样的"税德"原则或准则，即用具体企业"税德"原则和准则，对企业内外利益相关者的涉税行为进行合德与否的价值评价，即用现行企业"税德"规范，包括运用企业内部具有道德属性的规章制度，对企业内外利益相关者的具体涉税行为的价值评价、价值判断与价值意识。

狭义而言，所谓企业税收合规评价是指"税法"价值判断、价值认识与价值意识。即评价者对企业主体那些具有重大涉税利害行为之价值判断、价值认识与价值意识。既有根据科学优良之税法原则和标准，对现行企业相关之税收立法、执法、司法、守法活动合法与否的评价，也有根据现行有效税收法律对企业具体涉税行为合法与否进行的价值评价。逻辑上，企业税收合规评价，既是指对企业税收合规之"规"——税法（现行税收法律）优劣进行的价值评价，也是指对企业重大涉税利害行为合法与否进行的价值评价——价值判断、价值认识与价值意识。换句话说，既有对全社会企业税法体系本身优劣之价值判断、价值认识与价值意识，也有对企业主体具体涉税行为合法与否的价值判断、价值认识与价值意识。前者是对整个社会与企业相关税法规范体系本身优劣及其合法与否的价值判断、价值认识与价值意识，后者则是对企业主体具体涉税利害行为合法与否的价值判断、价值认识与价值意识。同理，前者主要是指用最普遍、一般、简单、抽象和笼统的税法原则（多是指优良税收道德原则——笔者注），对现行企业税法规范体系之优劣进行的合法性与否之价值评价，就是对现行企业税法规范体系本身优劣进行的善恶道德评价。毋庸置疑，最高的那个抽象原则，也就是社会创建企业"税德"与税法规范体系之终极目的，即直接增进全社会和每个企业利益总量，间接满足每个消费者的消费需求。后者则是用一些相对复杂、具体、多样的税法原则和规范，用当下有效的、与企业相关之税法规则或规定（税收法律体系，诸如法律、行政法规、地方性法规、部门规章、地方规章等），对企业内外利益相关者那些重大涉税行为进行"合规"与否（是否符合税收法律）的评价，也就是用那些与现行企业相关的税法规则与规定，对企业具体涉税行为进行价值评价、价值判断与价值意识，目的在于促进具体企业涉税行为者能自愿遵从现行税法与税收政策等规定，即使企业及其员工的经营管理行为符合税务方面的法律规范、监管规定、行业准则和企业规章，以及国际条约、规则等要求。

企业税收合规评价的社会价值和实践功德在于，一方面它能不断优化与企业相关之税法及其税收政策体系；另一方面它能有效促进涉税企业主体自愿遵守税法和税收政策，降低企业经营的税收风险与成本，促进企业可持续、高质量与健康发展，并能间接促进社会创建税制（税收道德与税法）终极目的——增进全社会和每个国民利益或福祉、幸福和尊严总量——之实现。必须强调的是，企业税收合规评价的关键与根本在于，对全社会企业税收合规之"规"本身优劣的价值判断。既在于不断优化税制（税收道德与税法，因为在现实中，二者之间多是一种交叉关系。——笔者注）规范体系，也在于能有效促使涉税企业自愿遵守税制规范，有效化解企业涉税道德风险与税法风险，护佑企业低风险、可持续与高质量地生存和发展，从而满足企业法人纳税人与自然人纳税人的涉税需要、欲望、目的与兴趣等衍生物，进而获得"尊贵、庄严的愉悦型心理体验"——纳税人尊严。

因此，企业税收合规评价的对象，既可能是一定社会企业的税德税法规范体系，也可能是一定社会企业主体的具体涉税行为。而且企业税德税法规范作为企业主体涉税行为的表现与结果，也属于企业税收行为范畴。逻辑上，企业税收合规评价自然包括对税收立法、执法、司法、守法行为主体品行的价值评价与判断。而且，由于企业涉税行为主体"品德"品质的表现形成于企业行为，是企业行为的内在因素，也属于企业行为范畴。因此，所谓企业税收合规评价的对象，既是指对企业那些具有重大社会效用之涉税行为的价值判断、价值认识与价值意识（税法评价），也是指对企业一切利害社会效用之涉税行为的价值判断、价值认识与价值意识（税德评价）。其本质在于，既是对企业那些具有重大利害社会效用之涉税行为的价值评价，也是对企业一切具有社会利害效用之涉税行为的价值评价。但终极而言，企业税收合规评价应是"合道"评价，即促进企业涉税规范（税德与税法）体系能不断接近其终极目的，越来越符合征纳税行为事实如何之规律，实现人道自由、法治、公正、平等、诚信等文明社会治理价值的税制"嵌入"，最大限度发挥企业税收合规评价在企业低风险、可持续、高质量地生存与发展中的重要作用，促进企业视域纳税人（法人与自然——笔者注）尊严水平的总体、可持续提升。

二、企业税收合规评价的类型

毋庸置疑,企业税收合规评价的类型不同,对纳税人尊严水平的影响就不同。众所周知,类型是"把一个事物作为普遍事物分成若干具体事物而成,被划分的事物与所分成的事物是一般与个别的关系"[①]。因此,企业税收合规评价的类型划分,理论上有多少种划分类型的标准,就有多少种企业税收合规评价类型。

如果以价值评价的"知(认知、认识)""情(情感)""意(意志)"结构为标准进行分类,企业税收合规评价便有税德认知合规评价、税德情感合规评价与税德意志合规评价,同时也可分为税法认知合规评价、税法情感合规评价与税法意志合规评价。无疑,两种分类方法对纳税人尊严水平的影响是不同的。

如果以企业税收合规评价所依据标准的抽象程度划分,就有抽象企业税收合规评价与具体企业税收合规评价。抽象企业税收合规评价的功能和价值在于制定和确立优良企业税德与税法治理规范;具体企业税收合规评价的功能则在于促使征纳税人更好地遵守税德,遵从税法。同样,抽象企业税收合规评价与具体企业税收合规评价对纳税人尊严水平的影响也是不同的。

如果以评价对象进一步划分的话,还可以划分为企业税德内评价与企业税德外评价,以及企业税法内评价与企业税法外评价。企业税德内评价是指企业主体对自己具体涉税行为所进行的税收合规(合德)评价;企业税德外评价则是指社会对企业主体具体涉税行为所进行的税收合规(合德)评价。企业税法内评价是指企业主体对自己具体涉税行为所进行的税收合规(合法与合法律)评价;企业税法外评价是指社会

[①] 王海明:《伦理学方法》,商务印书馆2003年版,第33—34页。

对企业主体具体涉税行为所进行的税收合规（合法与合法律）评价。同样，不同的内外评价，对纳税人尊严水平的影响也是不同的。

如果以与企业相关之税种规定为标准的话，便有诸如企业所得税、增值税、消费税等税收合规（合法与合法律）评价。自然，对纳税人尊严水平的影响也不同。

如果以评价对象的纵向与横向为标准划分的话，便有纵向企业税收合规评价与横向企业税收合规评价。有研究者认为，纵向企业税收合规评价是指企业对自身涉税行为合规管理的评价；横向企业税收合规评价是指对同类企业涉税行为合规管理的评价。[①] 显然，纵向企业税收合规评价与横向企业税收合规评价对纳税人尊严水平的影响也不同。

如果以企业税收合规评价所依据标准的性质进行划分，则有普遍性企业税收合规评价与特殊性企业税收合规评价（共同企业税收合规评价与特定企业税收合规评价）、相对性企业税收合规评价与绝对性企业税收合规评价、客观性企业税收合规评价和主观性企业税收合规评价。普遍性企业税收合规评价是指运用适用于人类一切社会、一切税德税法活动、一切组织和企业主体的税德税法原则，对一定税德税法活动所进行的价值评价；绝对性企业税收合规评价是指运用绝对标准、终极标准，对一定税德税法活动所进行的价值评价。企业税收合规评价的绝对标准——即产生和决定、支配其他一切原则和标准的标准，是人类一切社会、一切税德税法活动、一切组织和征纳税人都应该遵守的原则，或者是指一切税德税法活动在任何情况下都应该无条件、绝对遵守的原则。这个原则就是社会创建税德税法规则体系的终极目的——增进全社会和每个国民的"利益或福祉、幸福和尊严"总量。而且，这是

---

① 参阅王春军：《施工企业合规管理体系和能力建设系列之五——合规管理：施企发展的"助推器"》，《施工企业管理》2020年第5期。

衡量一切社会税德税法规范体系优劣之终极标准,是衡量一切税德税法原则之标准,是一切税德税法原则由以推导制定的标准——终极标准。而相对性企业税收合规评价则是指运用相对标准对一定税德税法行为进行的价值评价。客观性企业税收合规评价,是指运用客观性标准,对一定税德税法活动所进行的价值评价;而主观性企业税收合规评价,则是指运用主观性标准,对一定税德税法活动进行的价值评价。坦率地说,唯有全面科学客观的企业税收合规评价,才是企业税收合规评价真正需要之价值评价。毋庸置疑,普遍性企业税收合规评价与特殊性企业税收合规评价(共同企业税收合规评价与特定企业税收合规评价)、相对性企业税收合规评价与绝对性企业税收合规评价、客观性企业税收合规评价和主观性企业税收合规评价,各自对纳税人尊严水平的影响也是不同的。

需要强调的是,尽管企业税收合规评价的"原则、规范、标准"可能是主观任意的,但其原则、规范、标准的正确性和优良性则是客观的、不以人的意志为转移的。道理在于,一是因为原则、规范、标准的结构是客观的,都是由税德税法行为事实如何对于税德税法终极目的之效用构成,而税德税法行为事实是原则、规范、标准构成的源泉和实体,税德税法目的则是原则、规范、标准构成的条件与主体;二是因为优良税德税法治理原则的制定过程是客观的,即都需要把握税德税法目的之本性、税德税法涉税行为事实如何的本性,以及税德税法行为应该如何的科学制定过程,都必须通过社会制定税德税法的目的,即从税德税法"行为事实如何之客观本性"中推导、制定出来;三是因为优良税德税法的治理原则、规范、标准的本性是客观的、可以普遍化的,只有可以普遍化的原则和规范才是优良的;四是因为原则、规范、标准的优劣发展规律是客观的,因为随着人类社会的发展,人们关于税德税法之知识无疑会越来越丰富,对税德税法目的和税德税法征纳行为事实如何之客观本性的认识会越来越接近真理。[①] 逻辑上，企业税收合规评价对纳税人尊严水平的影响也是"客观的、不以人的意志为转移"的。

当然，如果以企业合规评价所依据之原则和标准的优劣性质划分，也有科学优良之企业税收合规评价与恶劣落后之企业税收合规评价。无疑，前者的社会正效应更大，更有助于促进企业税收合规规范（税德与税法）体系的优化，可最大限度发挥企业税收合规行动在企业管理和社会治理体系中的积极效应，消减企业经营的税收风险与道德风险，助力企业的可持续、高质量与健康发展；相反，如果是后者，负效应则会更大，无助于企业税收合规规范（税德与税法）体系的不断优化，无助于发挥企业税收合规行动在企业管理和社会治理体系中的积极效应，反而会加剧企业经营的税收风险与道德风险，阻滞企业的可持续、高质量与健康发展，消减全社会和每个国民的"利益或福祉、幸福和尊严"总量的增进。进而，还可以依据企业税收合规评价的根据进行划分，即有动机型企业税收合规评价与效果型企业税收合规评价。税德税法动机型评价是指根据涉税行为主体所从事税德税法活动之动机进行的价值判断，即根据企业主体及其利益相关者的涉税行为之思想意识、心理因素进行的价值判断，或者是指根据企业主体之涉税行为的思想，也就是对于涉税行为目的与手段的思想，对涉税行为结果和过程之预想而进行的价值判断。税德税法效果型评价则是根据企业主体涉税行为者所从事税德税法活动之效果所进行的价值判断，是指根据企业涉税行为者动机的实际结果——即实际出现的企业涉税行为目的与行为手段的价值判断，或者是指根据实际出现的涉税行为结果与涉税行为过程所进行的税德税法之价值判断。因此，对企业涉税合规行为的价值评价，显然不能依据"动机"，只能依据其"效果"；对企业涉税合规行为者品德之评价，显

---

① 参阅王海明：《新伦理学》，商务印书馆2001年版，第129–130页。

然不能依据"效果",只能依据其"动机"。用一句话来说,企业合规评价类型不同,其对纳税人尊严的影响效果是不同的。科学优良之企业税收合规评价,有助于纳税人尊严水平的总体提升;恶劣落后之企业税收合规评价,则拉低纳税人尊严的总体水平。

三、企业税收合规评价的主体资格

既然企业税收合规评价是一种价值判断,那么,企业税收合规评价必然有其主体——价值主体。具体来说,谁或什么才有资格成为企业税德税法价值合规评价的主体是企业税收合规评价研究必须厘清的基本问题。对此,有企业合规研究者认为,从保证合规评价结论的中立性、客观性与社会认同角度而言,评价主体应以"第三方"为主。[1]其实,企业税收合规评价的主体既可能是税务机关,也可能是受企业委托的第三方(税务律师及律师税务所等),还可以是企业自身及其具体的利益相关者。当然,企业税收合规评价主体的综合素质,诸如公正性、客观性与专业能力以及评价的前提条件等,[2]也十分重要。至少,企业税收合规评价主体应是"合格"[3]的。问题或在于,何谓"主体"?

众所周知,主体是一个关系范畴,而且"一事物只有相对另一事物来说,才可能是主体;离开一定关系,仅就事物来说,是无所谓主体的"。只是尽管相对客体的主体是"活动者和主动者",但不是所有的"活动者和主动者"都是主体。因为要成为主体,必须是一种能够"自主的主动者与活动者"。"主体是一种能够自主的东西,是能够自主的主动者、活动者。所谓自主,亦即选择之自主、自主之选择。"而"自

---

[1] 周振杰:《合规计划有效性评估的核心问题》,《国家检察官学院学报》2022年第1期。
[2] 参阅[日]浅田和茂:《刑法总论》(第2版),成文堂2019年版,第293页。
[3] See Wouter P. J. Wils, *Antitrust Compliance Programs and Optimal Enforcement*, 1 Journal of Antitrust Enforcement 52, 52(2013).

主之选择"乃是一种具有"分辨好坏利害能力"的选择,是具有"为了什么"属性的选择,即为了保持自己存在而"趋利避害"的选择。即"主体是能够自主的活动者,意味着主体就是能够自主选择的活动者,就是具有分辨好坏利害能力的活动者,就是具有'为了什么'属性的活动者,就是能够为了保持自己存在而趋利避害的活动者。"[1]需要指出的是,主体自身也可以成为主体的活动对象,即主体既可以为主体,又可以为客体。而且能够自主选择的活动者、具有分辨好坏利害能力的活动者既可能是人,也可能是其他生物。就企业税收合规评价而言,企业税收合规评价主体既可能是社会活动者,也可能是企业自己及其利益相关者,因为它们都是具有"自主选择、分辨好坏利害"能力的涉税"活动者和主动者"。

问题是,合规企业及其涉税利益相关者能不能自主选择,选择的范围有多大,选择的效果如何?这是企业税收合规评价主体最为关注的现实问题。因为在一些社会,征税人的自主选择范围可能更大一些,作为纳税人的企业及其利益相关者,其涉税自主选择的范围相对小一些;而在另一些社会,作为纳税人的企业及其利益相关者,自主选择的范围可能更大一些,征税人的自主选择范围可能相对小一些。逻辑上,在一些社会里,征税人自主涉税选择产生的效应可能更明显一些,纳税人自主选择产生的效应可能微弱一些;但在另一些社会,作为纳税人的企业及其利益相关者的涉税利益自主选择效应可能更明显一些,征税人的自主选择效应可能相对微弱一些。在作为纳税人的企业及其利益相关者涉税利益自主选择范围相对大一些的社会,涉税自主选择能产生的正效应相对明显,这个社会的税德税法规范体系便相对优良,税收合规评价有助于纳税人尊严水平的提升;相反,则要相对落后一些,会降低纳

---

[1] 王海明:《新伦理学》,商务印书馆2001年版,第189–190页。

税人尊严水平。因为涉税利益自主选择性越大的社会，作为纳税人的企业及其利益相关者的自主性就大，其税德税法规范体系就越能反映和体现更多纳税者的涉税意志和需求，越是有助于满足消费者不断增长的美好生活需求，越是有助于增进全社会和每个国民的利益或福祉、幸福和尊严总量，从而提升纳税人尊严总体水平；反之，则会较少反映纳税人的涉税意志与需求，越是无法满足消费者不断增长的美好生活需求，越容易消减全社会和每个国民的利益或福祉、幸福和尊严总量，降低纳税人尊严总体水平。

四、企业税收合规评价的标准

企业税收合规评价的标准是指企业税收合规评价主体进行税德税法价值判断时所依据的原则和标准。如前所述，根据企业税收合规评价标准之抽象与具体性质，可以将税德税法价值判断的原则和标准分为两类：一类是抽象的原则和标准，用以对企业总体税德税法与一切涉税行为进行优劣合规与否的价值判断；另一类则是具体的原则和标准，用以对企业具体涉税行为进行税收合规与否的价值判断。

就税德税法价值评价抽象原则和标准而言，最抽象的原则和标准就是税德税法价值判断的终极标准，是社会创建税德税法之终极目的。这个目的既是衡量一切税德税法规范体系优劣的标准，也是一切税德税法原则、规范由以推导出的标准，是衡量一切税德税法原则价值之正负、大小、优劣、高低的终极标准，同时也是衡量任何企业涉税行为价值之正负、大小和有无之终极标准。即税德税法之终极目的，既是衡量一个社会企业税德税法体系本身优劣之终极标准，也是衡量每个企业及其利益相关者涉税行为价值大小有无的终极标准。那么，税德税法的终极目的到底是什么呢？如前所述，是"增进全社会和每个国民的利益或福祉、幸福和尊严总量"。

需要强调的是,税德与税法都是社会治理税收利害交换活动的一种"必要的恶",因此税德税法一定是他律的,是为了保障社会的存在和发展,最终有助于增进全社会和每个国民的"利益或福祉、幸福和尊严"总量。或者说,增加还是减少全社会和每个国民的利益或福祉、幸福和尊严总量,乃是评价税德税法规范优劣与企业及其利益相关者所有涉税行为善恶得失的终极总标准。但这个功利总标准,无疑具有双重内涵:一是增加还是减少全社会和每个国民的"利益或福祉、幸福和尊严"总量,这是评价企业及其利益相关者所有涉税行为有无价值以及价值大小的终极标准,即凡是增进企业或全社会和每个国民"利益或福祉、幸福和尊严"总量的涉税行为,不论其涉税行为主体的品德品质境界如何不理想或不完善,都具有正价值;相反,凡是减少企业或全社会和每个国民"利益或福祉、幸福和尊严"总量的涉税行为,不论其品德品质境界多么高尚,也只能具有负价值。二是增加还是减少企业或全社会和每个国民的"利益或福祉、幸福和尊严"总量,乃是评价一切税德税法规范本身优劣的终极标准。对一种企业税德税法规范(税收合规之"规")优劣的价值评价,只能看其对企业或全社会和每个国民"利益或福祉、幸福和尊严"总量的效用如何。或者说,哪种税德税法规范体系对企业和每个国民的欲望和自由侵犯得最少,有利企业化解企业经营的税收风险,能促进企业可持续、高质量与健康发展,助力全社会经济和科教事业发展速度最快,增进企业及其利益相关者的利益最大,供给每个国民"利益或福祉、幸福和尊严"总量最多,给予每个企业及其利益相关者和每个国民利与害的比值最大,哪种企业合规之"规"——税德税法规范体系便最优良,企业合规计划就越"应该且必须"自愿遵从这种税收规范(税德与税法);相反,企业合规计划自愿遵从这种税收规范的动力越不足,越不愿遵从这种税收规范(税德与税法)。也就是说,评价一种税德税法规范体系本身之优劣好坏,绝不能只看其表面如何，关键要看它实现税德税法终极目的的程度如何，即对企业对社会的实际效用——"利益或福祉、幸福和尊严"总量增进的质效如何，或者说，要看其对企业税收风险化解的质效如何，促进企业可持续化、高质量发展的效能如何，要看其对全社会经济与科教事业发展的积极效应如何，等等。用一句话来说，"增减全社会和每个国民利益或福祉、幸福和尊严"总量乃是衡量企业税德税法规范体系优劣与否，以及一切涉税行为合规（合德与合法）与否的终极标准——终极总标准或功利总标准。但这一企业税收合规的终极总标准，也会因为具体情境的不同而表现为不同的分原则与分标准，从而衍生出若干的功利分原则与终极分标准。即在企业及其利益相关者涉税利益一致、可以两全的情境中，通常表现为"不伤一人地增加所有人的利益或福祉、幸福和尊严"总量之"帕累托最优"终极分标准；而在企业及其利益相关者涉税行为发生根本性冲突且不可两全的情境中，则表现为"最大利益净余额"原则的"最大多数人的最大利益"终极分标准。逻辑上，凡能"增进全社会和每个国民的利益或福祉、幸福和尊严总量"的企业税收合规评价，便有助于纳税人尊严总体水平的提升；相反，则会加剧纳税人尊严总体水平的降低。

就企业税收合规评价具体原则与标准而言，既有一些比较普遍、一般、简单、抽象和笼统的标准，也有一些相对复杂、具体、多样的标准。而社会制定这些复杂、具体、多样的税德税法标准的目的，就在于能够迅速和准确地使企业主体快速方便地对各自的涉税行为做出"应该"如何的合规与否评价，从而助力税德税法终极目的的实现。即社会制定这些比较普遍、一般、简单、抽象与笼统的税收评价标准和相对复杂、具体、多样的税收评价标准，都是为了迅速准确地对企业具体涉税利害行为进行价值判断和评价，使之符合企业税德税法规定。逻辑上，当这些具体评价标准与终极评价标准之间发生冲突时，就必须以终极标准作为最高、最权威的评价标准。因为税收终极评价标准，既肩负对企业税德税法规范（合规之"规"）优劣评价的使命，也肩负着对企业及其利益相关者所有涉税行为善恶的评价，特别肩负着对企业合规之"规"一般标准和规范之间发生冲突时进行最终裁决的终极使命。

当然，就企业税德与税法的终极目的而言，直接是为了增进企业及其利益相关者的"利益或福祉、幸福和尊严"总量，间接则在于增进全社会和每个国民的"利益或福祉、幸福和尊严"总量，客观上便会提升纳税人尊严总体水平。二者都是企业涉税行为应该或"应该且必须"如何的规范和标准，其不同仅在于税德与税法各自所借以实现自己的力量存在差异。换句话说，企业税德会比企业相关税法对企业主体自由与欲望的压抑和侵犯比较大，因为税法作为一种权力性侵犯，是暴力强制与行政强制，而税德是一种非权力性的侵犯，即为"思想教育和舆论强制"的侵犯。但就二者所侵犯之企业及其利益相关者涉税行为的范围而言，税德无疑比税法对人的自由和欲望的侵犯较多，税法只对企业及其利益相关者那些具有重大涉税效用的欲望和自由进行约束，而税德则约束企业及其利益相关者的所有具有涉税利害效用之欲望和自由。因为税法仅仅要求不损害别人或社会的利益，而税德还要求人要自觉自愿，甚至自我牺牲。耶林因此认为，"法是道德的最低限度"[①]。而且，税德所要求的境界越高，则对企业及其利益相关者的涉税自由和欲望侵犯就越重；所要求的境界越低，则对企业及其利益相关者的涉税自由和欲望的侵犯就越轻。逻辑上，优良企业税收合规之"规"（税德与税法）的制定，应遵循如下原则：一是如果只需要税德保障便有助于企业及其利益相关者实现税收合规目的，就不要使其成为税法规范的对象，只有在非税法便不能实现企业合规目的、无法规避企业税收风险时，方可用税

[①] 转引自王海明：《新伦理学》（上），商务印书馆2008年版，第68页。

法规范（税法不要过于严苛——笔者注）；二是只要符合较低的税德标准便无害企业及其利益相关者的涉税行为，便不应要求这些涉税行为非要符合较高的税德标准，只有不符合较高税德标准便有害的涉税行为，才应该要求这些涉税行为符合较高的税德标准；三是较高的税德标准只应该规范那些对企业而言公私难兼顾、己他难两全的涉税行为，而对那些可以公私兼顾、"征纳两利"的涉税行为，则应该尽量用较低的税德标准；四是税德标准应该高低有致，并兼具多元化，不应该求高弃低，搞一元化和绝对化；五是税德与税法之间的功能区域应当合理配置，既不能越位，也不能缺位。二者固然是一种交叉关系，但优良税法意味着其合德比重较大。关于这个道理，狄骥曾有精辟的论述，[①]西季威克也认为，"法律仿佛构成社会秩序的骨架，道德则给了它血和肉"[②]。就是因为，税德与税法二者的区别仅在于有无一种特殊的强制——权力。企业税收合规评价中的权力，无疑是指税收权力——税权，就是保障企业及其利益相关者重大涉税活动正常运行"应该且必须"的一种强制力量。而且，税法作为税收治理的一种权力规范，其合法性也是由社会政治权力之合法性总体决定的。即是说，税权合法性也来自全体国民或企业及其利益相关者的同意。

就企业税收合规评价之本性与特征而言，企业税收合规评价标准也具有普遍性与特殊性、绝对性与相对性、客观性与主观性的特征。毋庸讳言，企业税收合规之"规"（税德与税法）及其评价标准存在优劣高下之别，企业税收合规评价之结论也呈现多元性、多样性等特点，甚至大

---

① "一种道德规则或经济规则是在组成一定社会集团的个人一致或几乎一致地具有这样感觉，认为如果不使用社会的强力来保障遵守这种规则，则社会连带关系就会受到严重危害时才成为法律规则。"[法]狄骥著，钱克新译：《宪法论》，商务印书馆1959年版，第67页。
② "在一个组织良好的社会中，最重要、最必要的社会行为规则通常是由法律强制实行的，那些在重要程度上稍轻的规则是由实证道德来维系的。"[英]西季威克著，廖申白译：《伦理学方法》，中国社会科学出版社1993年版，第469页。

相径庭。逻辑上，企业税收合规评价标准不同，对纳税人尊严水平的影响就不同。或者说，优化企业税收合规评价标准，乃是总体提升纳税人尊严水平的重要前提。

五、企业税收合规评价的根据

企业税收合规评价的根据即企业税收合规评价的主体依据，是指一定企业税收合规评价者对企业及其利益相关者涉税行为进行善恶评价时所依据的载体或者实体。具体问题是，企业税收合规评价应该依据企业及其利益相关者的动机，还是依据其涉税行为的效果。要回答这个问题，无疑首先要弄清楚何谓"动机"与"效果"。

1. 动机论

"动机"通常是指"行为的思想意识、心理因素"。企业税收合规动机便是指企业及其利益相关者对于其涉税行为的思想，即是对企业涉税"行为目的与行为手段的思想"，也就是对企业涉税行为"结果与过程之预想"。它是企业及其利益相关者涉税行为的意识、思想、心理、观念、主观的方面，是意识中、思想中、观念中的涉税行为。因为"动机完全属于意志的范围，是行为的观念。我们要做某事时，心里就是先有做某事的观念，这种观念就是动机"[①]。而"效果"则是动机的实际结果，是实际发生的企业及其利益相关者的涉税行为，是实际出现的企业及其利益相关者的涉税行为目的与行为手段，是实际出现的企业及其利益相关者的涉税行为结果与行为过程，是企业及其利益相关者涉税行为之客观实际方面。因为，"行为效果与行为动机是构成行为的两个方面。因此，行为效果不是相对行为来说的，而是相对行为动机来说的；不是行为的效果，而是动机的效果：动机是行为之观念，效果是行为之实

---

① 《郭任远心理学论丛》，上海开明中华民国十七年（1928年）版，第19页。

际。这样，动机既包括预期的行为过程又包括预期的行为结果；相应地，效果也就既包括行为的实际结果又包括行为的实际过程。"[1]推而可知，企业及其利益相关者涉税行为的效果与动机，也是构成企业及其利益相关者涉税行为的两个方面。但企业及其利益相关者涉税行为效果，也不是相对企业及其利益相关者的涉税行为而言的，而是相对企业及其利益相关者涉税行为之动机而言的；不是企业及其利益相关者涉税行为的效果，而是企业及其利益相关者涉税行为动机的效果——企业及其利益相关者涉税行为动机，是指企业及其利益相关者涉税行为之观念；企业及其利益相关者涉税行为效果，是指企业及其利益相关者涉税行为之实际。因此，企业及其利益相关者的涉税行为动机，既包括预期的企业及其利益相关者涉税行为过程，又包括预期的企业及其利益相关者涉税行为结果；相应地，企业及其利益相关者涉税行为效果，便既包括企业及其利益相关者涉税行为的实际结果，又包括企业及其利益相关者涉税行为的实际过程。逻辑上，我们对具体合规企业的税收合规评价，不是对合规企业主体涉税行为进行的评价，就是对企业主体者的品德品质进行的评价。而对企业及其利益相关者涉税行为的评价，就只能依据企业及其利益相关者涉税行为的实际效果，看企业及其利益相关者涉税行为实际发生的涉税行为如何。但对企业及其利益相关者品德品质之评价，则与企业及其利益相关者涉税行为的评价不同，必须依据企业及其利益相关者的观念、意识等预想如何，看其思想中、观念中的涉税行为如何，即只能看企业及其利益相关者的具体涉税动机如何。

毋庸讳言，在企业税收合规评价中也存在上述分歧。有的认为要依据动机；有的认为要依据效果；有的认为既要依据动机，又要依据效果。因为在动机论者看来，企业税收合规评价者认为，应该依据企业及

---

[1] 王海明：《新伦理学》(上)，商务印书馆2008年版，第581页。

其利益相关者的涉税行为动机进行税收合规评价，即要看企业及其利益相关者涉税行为动机是否符合企业税收合规之"规"（税德与税法）。认为企业及其利益相关者涉税行为本身与税德税法目的无关，无所谓道德不道德、合法不合法、合规不合规，即认为企业及其利益相关者涉税行为本身没有价值，故而推论认为，对企业及其利益相关者涉税行为本身的评价不能评价其涉税行为本身，只能评价其涉税行为所表现出的行为者品德和品质。现实中，"合规不起诉论"主张者多以此为据进行论证和辩护。问题是，正如道德目的自律论不能成立一样，税德税法目的也是他律的，税德税法目的在于保障税德税法之外的他物——社会的存在发展与每个国民的"利益或福祉、幸福和尊严"总量。因此，不但企业及其利益相关者涉税行为所表现出的行为者品德品质与税德税法目的有关，而且企业及其利益相关者涉税行为本身也与税德税法目的有关。对企业及其利益相关者涉税行为的评价，不仅是评价企业及其利益相关者涉税行为所表现出的涉税行为者品德和品质，而且也应评价企业及其利益相关者涉税行为本身。于是便有研究者认为，对企业及其利益相关者涉税行为进行评价，不仅要依据动机而且要依据效果，即对企业及其利益相关者涉税行为者品德和品质的评价要依据动机，对企业涉税行为本身的评价要依据效果。但动机论是错误的，因为它将评价对象片面化，即绝对化了对企业及其利益相关者涉税行为者品德和品质的评价，抹杀了对企业及其利益相关者涉税行为本身的评价。逻辑上，对企业及其利益相关者涉税合规与否的价值评价，也会犯类似错误，即绝对化对企业及其利益相关者涉税行为者品德和品质的评价，抹杀了对企业及其利益相关者涉税行为本身的评价。

2.效果论

此论认为，企业税收合规评价就是对企业及其利益相关者涉税行为对于社会效用的价值判断。即企业税收合规评价是对企业内外利益相关者及全社会和每个国民的效用，因而只能看其社会效用如何，这是正确的。问题在于，效果论者将"效用"与"效果""行为效用""行为效果"等同起来，企业税收合规评价只能看其涉税行为的效果，只能以涉税行为的效果为依据，便埋下了"谬误的种子"。因为企业涉税行为效用与企业涉税行为效果是两个根本不同的概念，企业涉税行为效果不是企业涉税行为的效果，而是企业涉税动机的效果，是相对企业涉税行为动机来说的。企业涉税行为效用则是企业涉税行为自身动机与效果的统一体，与非企业涉税行为的他物（税德税法目的）的外部关系，是相对非企业涉税行为的他物来说的，不是相对企业涉税行为动机来说的。逻辑上，企业涉税行为的效用，便与企业涉税行为的动机不是对立的，因为企业涉税行为的效用，既是指企业涉税行为动机的效用，也是指企业涉税效果的效用。因此，企业税收合规评价只看企业涉税行为效果，与只看企业涉税行为效用乃是根本不同的。如此来看，效果论者认为企业税收合规评价只看企业涉税行为的效果便是片面、错误的，因为这意味着企业税收合规评价只看企业涉税行为效果的效用，不看企业涉税行为动机的效用。但企业税收合规评价只看企业涉税行为效用则是全面、正确的，因为它意味着，企业税收合规评价既要看企业涉税行为效果的效用，也看企业涉税行为动机的效用，即对企业涉税行为本身的评价要看企业涉税效果的效用，对企业涉税行为者品德品质的评价则要看企业涉税动机的效用。

3.动机效果统一论

对企业税收合规评价根据的动机论与效果论之分歧，便产生了企图调和二者的动机效果统一论。该观点认为企业税收合规评价既要依据企业涉税行为的动机，又要依据企业涉税行为的效果。遗憾的是，动机效果统一论由于将认识论问题与价值论问题混同起来，同样是错误的。因为此论主张者在认识论上强调"效果"，但在价值论上却倾向于"动机"，默认企业税收合规评价只是对企业及其利益相关者涉税行为所表现出的行为者品德和品质进行评价，而不是对企业及其利益相关者的涉税行为之评价。逻辑上，动机效果统一论便由"动机是什么，只有通过效果才能表现出来而加以检验和判断，因而对行为者品德的评价不能不看效果"的正确认识论前提，得出了错误的价值论结论，认为对企业及其利益相关者行为者品德和品质的评价，既要看动机，依据动机，也要看效果，依据效果。岂不知对企业及其利益相关者涉税行为者品德和品质的评价要看效果，仅仅因为动机只有通过效果才能检验和判断，仅仅为了弄清楚动机究竟是什么，而与对企业涉税行为者品德和品质的评价毫无关系。对企业涉税行为者品德品质的评价，虽然既看动机又看效果，却不能依据效果，只能依据动机。其错误在于，把"看效果"的认识论意义的"看"，偷换成价值论意义上的"看"，进而由对企业及其利益相关者涉税行为者品德和品质的评价——"既看动机又看效果"的正确前提出发，得出了错误的结论——既应该看动机，依据动机，也应该看效果，依据效果。①

4.动机效果分别论

基于上述推论，我们主张动机效果分别论。即企业税收合规评价的真理只能是动机效果分别论，评价企业涉税行为者的品德和品质依据其"动机"，评价企业涉税行为本身则要依据其"效果"。用一句话来说，在实际的企业税收合规评价中，特别是在对企业存在的税收不合规行为的处理中，应该坚持动机效果分别论，比如对那些涉税行为不合税收之"规"的企业及其企业家，如果其行为动机并不是有意或恶意逃避纳税义务，且未突破人伦底线、危害生命的，应该给予足够的谅解与改过自新的机会，多进行"合规不起诉"的辩护与判定；相反，则应该严惩不

---

① 王海明：《新伦理学》（上），商务印书馆2008年版，第589页。

贷，不能姑息。

逻辑上，唯有坚持动机效果分别论的企业合规评价，才有助于纳税人尊严水平的总体提升。而坚持动机论，或者效果论，或者动机效果统一论者的企业合规评价，或将拉低纳税人尊严的总体水平。

六、企业税收合规评价的功能与作用

企业税收合规评价可根据不同的标准进行多种分类，就抽象的企业税收合规评价而言，企业税收合规评价乃是对于税德税法规范优劣之意识，这些规范不论是税德税法的道德原则，还是税德税法规则，都是抽象的、普遍的、一般的涉税利害行为规范。逻辑上，抽象企业税收合规评价，其功能和作用就在于不断优化和确立企业税德税法治理基本规范体系，在于不断创建和制定优良企业税德税法规范总体体系，有助于一个国家和社会纳税人尊严总体水平的提升。具体企业税收合规评价，由于是对税德税法的规范是否被企业及其利益相关者所遵守的意识，因此，其功能和价值便在于使企业及其利益相关者自愿遵守税德税法，从而遵守遵从税德税法规范，发挥二者在企业组织化创获财富活动中的积极作用，消减企业经营的具体税收风险与道德风险，助力企业的可持续、高质量与健康发展，具体提升该企业的纳税人尊严水平。因此，有专家认为企业税收合规评价既为了"达到税务风险控制的目的，有效降低企业税收违法成本，塑造公司合规纳税的社会形象"，也为了"便于企业结合税收法规合法、合规地对公司的税收进行筹划，将税收风险评估管理嵌入于企业生产经营的全过程"[①]。而这种有助于企业实现税德税法目的的企业税收合规评价，通常是指税收合规良心与税收合规荣誉。

具体来说，税收合规良心是企业及其利益相关者自身的税收合规评

---

① 徐雯婕：《企业税务风险评估体系的建立及执行》，《全国流通经济》2018年第6期。

价，是企业及其利益相关者自己对自己涉税行为合规与否的道德与法律评价，也是合规企业自己对自己涉税行为价值的知（认知）、情（情感）、意（意志）之意识。税收合规荣誉则是企业及其利益相关者之间相互的外部税收合规评价，是自己对其他企业以及其他企业对自己企业涉税行为之价值评价，是企业自己对其他企业和他人对自己企业涉税行为之税德税法与税德税法价值的意识、认识、判断、情感、意志等一切的心理反应活动。逻辑上，由于税收良心是每个企业内外利益相关者自身的力量，它总是有助于企业内外利益相关者真诚地遵守税德税法，从而增加纳税人尊严感，使其感受到"尊贵、庄严的愉悦型心理体验"。而税收名誉则属于一种外部力量，是可以逃避的，尽管也会使企业纳税人感受到"尊贵、庄严的愉悦型心理体验"，但是有条件的。道理在于，面对税收名誉这种无可逃避的使涉税企业内外利益相关者遵守税德税法的巨大力量，作为企业内外涉税利益相关者，具有两种不同的选择：或者是对光荣的追求，或者是对虚荣的追求。因为税收良心是企业内外利益相关者对自己涉税行为的意识，因此总是与自己的事实相符，而税收名誉是对别人涉税行为的认识，因此容易背离事实。用一句话来说，尽管企业税收合规评价的良心与荣誉都有助于纳税人尊严水平的提升，但税收良心评价副作用最小，更有助于纳税人尊严水平的提升。

七、企业税收合规评价的步骤与方法

弄清楚企业税收合规评价的内涵、资格、标准、对象、根据等问题，无疑是进行企业税收合规评价的前提，也是发挥企业税收合规评价总体提升纳税人尊严水平作用的前提。但要实现全面客观科学的企业税收合规评价，充分发挥企业税收合规评价总体提升纳税人尊严水平的作用，还需要科学的具体步骤与方法保障。因为"评估方法与评估

标准同等重要"①。

(一)必须明确企业税收合规评价的主体

必须明确企业税收合规评价的主体,即"谁"来评价——我对他人的企业涉税行为进行评价,还是我对自己企业的涉税行为进行评价。明确企业税收合规评价主体的意义在于,既可以为企业税收合规评价明确方向,也可以为企业税收合规评价明确难点与关键。因为,一切企业税收合规评价的真假对错最终取决于企业税收合规评价标准,以及对企业涉税行为事实如何之规律认识的真假。问题在于,对他人企业的税收合规评价,如果要获得正确的评价结果,既取决于企业税收合规评价标准的优劣,也取决于对他人企业涉税行为事实如何之规律认识的真假。最为困难的是对他人企业涉税行为事实如何之规律真假的认识。因此,在对他人企业涉税行为进行企业税收合规评价时,必须将重点放在对他人企业涉税行为事实如何之规律真假的认识方面。相对而言,对自己企业涉税行为进行税收合规评价时,对涉税行为事实如何之规律的真假认识比较容易。理性的选择显然是,我们应将评价的重点放在对企业税收合规评价标准优劣的选择方面,力争用优良税收合规标准(税德与税法)进行价值评价。

(二)必须弄清楚企业税收合规评价的对象

必须弄清楚企业税收合规评价的对象,即对"谁"的"什么"进行评价——是对税德税法规范体系本身进行优劣评价,还是对具体企业的涉税行为进行合规与否的评价。明确企业税收合规评价之对象,既是企业税收合规评价十分重要的一步,也是所有企业税收合规评价活动的关键环节。评价者分清即将展开的企业税收合规评价是针对抽象的税德税法规范,还是针对具体的企业涉税利害行为十分重要。如果是对前

---

① 李勇:《美国检察官对涉案企业合规有效性的评估与考量》,《人民检察》2022年第5期。

者，企业税收合规评价的价值与意义在于可通过持续、科学、客观的评价，不断完善和健全一个社会的总体税德税法规范体系，促使其越来越科学和优良，并逐步抵达最优；如果是对后者，企业税收合规评价之价值和意义则在于可通过持续、科学、客观的评价，不断促进企业内外利益相关者遵从和遵守税德税法规范，即通过形成企业内外利益相关者的稳定心理品质，促进企业内外利益相关者更好地遵守税德和税法，助力企业防范和化解税收风险与道德风险，能可持续、高质量与健康发展，满足消费者不断增长的美好生活需求，最终增进全社会和每个国民的"利益或福祉、幸福和尊严"总量。

（三）必须选择企业税收合规评价的类型

选择企业税收合规评价的类型，即对企业的"什么"进行合规评价——是对企业税收合规主体的涉税品德与品质善恶进行评价，还是对企业税收合规主体的涉税行为进行合规与否的评价？是对企业税收合规之税德规范进行道德评价，还是对企业税收合规主体的税德品质进行企业税收合规与否的评价？是对企业合规之税法规范本身优劣进行评价，还是对企业税收合规主体的税法品质进行善恶评价？是对企业涉税合规之具体规范进行道德评价，还是对企业涉税合规之具体规范进行税法评价？质言之，评价者究竟是对企业涉税行为进行"合德性"税收评价，还是对企业涉税行为进行"合道性"的税收评价？甚至是对企业涉税行为进行"合道性"税收评价，还是对企业涉税行为进行"合法律"税收评价？或是对企业涉税行为进行"合法"税收评价，或是对企业涉税行为进行"合道性"之合规评价？等等。

毋庸讳言，由于企业税收合规评价的内容十分丰富，既有对企业税收合规之抽象评价，也有对企业税收合规之具体评价；既有对企业税收合规之合德评价，也有对企业税收合规之合法评价，还有对企业税收合规之合道评价；既有对企业税收合规行为者品德品质之善恶评价，也有对企业涉税行为合规与否之评价；既有对企业税收合规的认知评价，也有对企业税收合规的情感评价以及对企业税收合规的意志评价。因此，在企业税收合规评价展开之前，在明确企业税收合规评价主体与对象的前提下，我们还必须明确当前要进行的究竟是哪种企业税收合规评价。事实上，企业税收合规评价类型选择，与所依据标准的选择是不同的。如前所述，对企业税收合规行为者的品德和品质评价，与对企业涉税行为评价所依据的根据是不同的。前者根据的是企业者的涉税行为"动机"，后者根据的则是企业者的涉税行为"效果"。逻辑上，如果不首先明确企业税收合规评价类型这个前提，就可能混淆标准或根据，便难以获得全面客观正确的企业税收合规评价结果，无法有效发挥企业税收合规评价应有的积极作用。

（四）选定企业税收合规评价的标准

选定企业税收合规评价的标准，即依据哪种标准进行评价——是抽象原则和标准，还是具体原则和标准，是进行企业税收合规评价至关重要的一个环节。不论评价的对象是企业合规之规（税德与税法）还是具体企业的涉税行为，也不论是企业税收合规者的税收品德和品质还是企业税收合规者的涉税行为，最终都要靠企业税收合规评价标准来裁定和判断。用什么样的标准评价，就可能得出什么样的结果。而且，企业税收合规评价标准的优劣，直接决定企业税收合规评价结果的质效。比如选择用现行税收法律法规进行"合法律"税收合规评价是一种结果，选择运用优良税收原则和法律法规标准进行税收"合法"评价，则会是另一种结果；如果选择用现行税收道德标准进行"合道德"税收合规评价是一种结果，选择运用优良税收道德标准进行企业税收"合道"评价则是另一种结果。用一句话来说，选择的评价标准不同，则企业税收合规评价的结果肯定不同。至少因为企业税收合规评价的标准由低到高如下：符合现行税收法律法规（税收法律、税收行政法规、税收地方性法规、税收部门规章、税收地方规章及其税务征管具体办法）——现行社会治理法律——现行税收道德——现行社会治理道德——优良社会治理道德（良德），即企业税收合规评价的结果便存在合法律、合法、合德、合道之别。

（五）确立企业税收合规评价根据

确立企业税收合规评价根据是一个与评价对象紧密相关的问题。如果要对涉税企业主体的品德和品质进行评价，就必须根据企业主体在某一具体涉税行为中表现出的动机，即依据其在某一具体涉税行为中对行为目的与手段之预想，对其涉税行为之过程与结果的预想进行判断和评价；如果要对企业主体涉税行为进行价值评价，则只能根据该企业主体涉税行为的实际效果——即实际出现的该企业主体的实际纳税行为目的与行为手段进行价值判断，或者说，根据该企业主体实际履行的纳税义务情况，进行税收合规判断与评价。

（六）按照科学的评价方法展开企业税收合规评价

按照科学的评价方法展开企业税收合规评价，即按上述步骤、程序和方法进行企业税收合规评价。因此，企业税收合规评价就是要按照明确主体—弄清对象—选择类型—选定标准—确立根据的步骤，对企业税收合规主体品德品质与行为进行价值分析、比较和判断的过程。举例来说，如果我们要对某一个企业税德税法规范体系之优劣进行评价，首先要明确谁来评价，评价谁；接着要选定评价标准、终极标准、终极分标准（即选择利益一致情况下的分标准，还是选择利益冲突情况下的分标准）、最高原则（诸如平等、人道、自由、法治、民主、异化等原则）、根本原则（公正：完全平等原则与比例平等原则）、重要规则（诸如诚信、便利、节俭等）；然后才能用这些标准和原则去比照、衡量现实中的企业税德税法价值的大小、久暂与强弱等，看它们距离这些原则和标准的远近，与这些标准和原则的符合程度。无疑，终极标准是最后、最高、最权威的评价，其他原则、规则显然是终极标准的具体展开。

简言之，如果要对企业税德税法本身优劣进行评价，则要根据他们所制定之企业税德税法的实际效果，即动机的实际结果。这是实际发生的制定企业税德税法行为，是实际出现的企业税德税法行为目的与行为手段，是实际出现的企业税德税法行为结果与企业税德税法行为过程，是企业税德税法行为的客观实际方面。如果要评价某一个具体企业及其利益相关者的涉税行为，则要依据具体的企业税德税法要求，对实际出现的企业主体涉税行为之目的与行为手段进行税收合规价值判断和评价，对实际出现的企业主体之涉税行为结果与行为过程进行税收合规价值判断和评价；如果要评价某一个企业及其利益相关者的税德税法品德和品质，则需要依据具体的税德税法要求，看这个企业及其利益相关者涉税者的动机，看这个企业及其利益相关者在具体纳税行为中的思想意识、心理因素，看企业及其利益相关者的涉税行为目的与手段，看其对企业及其利益相关者涉税行为结果与过程的预想。

当然，要评价一个国家和地区总体企业税收合规之"规"的优劣，则要看这种企业税收合规之"规"化解企业税收风险与道德风险的实际效果如何，促进企业可持续、高质量和健康发展的实际效果如何。自然，要评价一个国家和地区企业税收合规之"规"制定者的品德品质如何，则要看其化解企业税收风险与道德风险的实际效果如何，促进企业可持续、高质量和健康发展的实际效果如何，最终则要看其动机如何，即企业税收合规之"规"制定者在涉税规则制定中的思想意识、心理因素如何，看其对企业及其利益相关者涉税行为之结果与过程的预想如何。

逻辑上，唯有遵循上述企业税收合规评价方法和步骤，或能真正发挥企业税收合规评价对纳税人尊严水平提升的积极作用；反之，则会消减企业税收合规评价对纳税人尊严水平提升的积极作用。

八、兼议目前中国企业税收合规评价中存在的问题与因应策略

借助上述对企业税收合规基本理论问题探讨分析的框架，审视当前中国税收合规评价领域存在的缺憾与不足，坦率地说，悲观大于乐观，危机大于机遇，我们必须以相对客观理性的对策因应，在动态平衡中寻求企业合规评价的相对优化。

（一）目前企业税收合规评价存在的主要问题与挑战

1.重视企业税收"合法律"评价，忽视企业税收"合法性"评价

重视企业税收"合法律"评价意味着，企业合规计划的推动者与参与者，都比较重视企业具体涉税风险问题的研究与防范，甚至不惜重金外请税务专家或执法、司法机构的实务工作者，为本企业化解相关税收风险而出谋划策，功夫更多花在如何协助企业涉税行为符合现行国家税法及其相关税收政策方面，目的非常明确，就是为具体企业经营者化解当前或未来可能面临的涉税风险。忽视企业税收"合法性"评价则意味着，缺乏对现行企业税法规范及其税收政策本身优劣问题的终极追问，或者说缺乏自觉推进税法与税收政策现代化的意识与行动。具体表现为税收公共情怀淡漠，无视中国企业群体未来可能遭遇的制度性隐性税收风险，仅仅满足于本企业税收合规、"降低经营风险、提高可持续发展动力"的具体目的。问题或在于看不见的隐性风险才叫"真风险"。换句话说，如果仅仅满足于为具体企业化解眼前的税收风险，却忽视其他企业，特别是忽视中国企业家群体必须直面的制度性、隐性税收风险，至少是缺乏远见和战略眼光的。具体来说，如果不从体制优化角度谋划，只图眼前本企业利益的税收合规风险化解，其风险随时会爆发。因为，"税收合法性"是指税制（税德与税法）是否符合"法"之性质。"税收合法性"与"税收合法"不同。"税收合法"主要是指符合"税法"（即

合法律）的权力规范。因为根本说来，"税收合法"既指符合广义的税收法律规范，"国家制定的用以调节国家与纳税人之间在征纳税方面的权利及义务关系的法律规范"；也是指符合狭义的税收法律规范，"特指由全国人民代表大会及其常务委员会制定和颁布的税收法律"，包括"宪法、法律、行政法规、地方性法规、自治条例和单行条例"等各个层次的税收法律。当然也应包含符合"税收道德"的非权力规范。但"税收合法性"不同，它意味着既要符合税收创建的终极目的，又要敬畏涉税行为心理事实如何之规律，还要符合征纳两利的税收价值，而且要实现人道自由、法治、平等最高价值与公正根本价值的税制"嵌入"，等等。

2. 重视企业税收"合法律"评价，忽视企业税收"合德性"评价

忽视企业税收"合德性"评价意味着，企业税收合规评价忽视对现行企业相关涉税行为道德风险问题的防范，存在以税收"合法律"——即以符合"税法"评价代替符合"税收道德"评价的现象。岂不知，税收道德是税法的价值导向系统，税收道德优良，则税法可能优良；税收道德低劣，则税法可能低劣。在理想情况下，税收道德与税法是一种包含与被包含的关系，即所有的税法都属于税收道德范畴，符合税法则符合税收道德。但在现实中，税法与税收道德则是一种交叉关系，即所有的税法并不一定属于税收道德（理想优良的）。正如哈特所言，因为"法律反映或符合一定道德的要求，尽管事实上往往如此，然而不是一个必然的表现"[1]。或者说，符合税法的，不一定符合税收道德。逻辑上，科学理性的企业税收合规评价，也需要企业税收道德的规范与导引，不能用企业税收"合法律"评价完全代替企业税收"合德性"评价，

---

[1] [英]哈特著，张文显、郑成良、杜景义、宋金娜译：《法律的概念》，中国大百科全书出版社1996年版，第181页。

或者用税法合规代替税收道德合规。特别是在社会主义初级阶段，由于税权合意性与合法性有待借助"全过程人民民主制度"的进一步奠定和扩大民意基础，税权尚未真正装进"制度的笼子"，企业税收"合法律"并不等于"合税法"，也不等于"合税收道德"，更应发挥优良税收道德评价的价值导向与激励作用。

3.重视企业税收"合法律"评价，忽视企业税收"合道"评价

企业税收"合道"评价意味着，企业税收合规评价既要"合法"，也要"合税收道德"，更要符合税收治理的大道——有助于企业内外利益相关者"利益或福祉、幸福和尊严"总量的增进。企业税收"合道"具体意味着，一是要符合税收治理终极目的之道与企业涉税行为事实如何规律之道。或者说，既要直接有助于企业及其利益相关者降低税收道德风险与税法风险，有助于企业的可持续、高质量和健康发展，增强企业的市场竞争力，同时也要间接增进企业内外利益相关者"利益或福祉、幸福和尊严"总量，最大限度满足消费者不断增长的美好生活需求。二是企业税收"合道"意味着，企业税收合规之"规"，既是实现了人道自由一般价值——平等、法治与限度原则的实质性税制"嵌入"之"规"，也是实现了人道自由具体价值——政治、经济、思想自由原则的实质性税制"嵌入"之"规"。三是企业税收合规之"规"，既要实现企业及其利益相关者之间基本权利与义务交换完全平等原则的实质性税制"嵌入"之"规"，也要实现企业及其利益相关者之间非基本权利与义务交换比例平等原则的实质性税制"嵌入"之"规"。当然，企业税收合规之"规"，还要实现诚信、便利、节俭等重要道德原则的实质性税制"嵌入"。如此观之，重视企业税收"合法律"评价，仅仅有助于企业经营者眼前税收经营风险的化解，却会积累大面积的隐性税收风险。因为对落后与低劣税制（税收道德与税法）的遵从与遵守，才是企业合规建设真正必须直面的税收风险与经营风险。

4.企业税收合规评价存在方法论方面的缺陷

具体而言,一方面在企业税收合规评价根据认知方面存在误区,即以为动机效果统一论是真理,岂不知动机效果分别论才是;另一方面表现在忽视对税收合规评价对象的辨析,既混同了对企业税收合规之"规"(税德与税法)体系优劣之评价与对企业涉税行为之善恶评价的区别,同时也忽视了企业税收合规评价标准之异同和优劣,比如现实税收道德标准与税法标准之异同,优良税收道德标准与税法标准的异同,以及合法律、合法与合德、合道之间各自标准之差异,等等。客观上,这就无法最大限度发挥企业税收合规评价在企业合规行动与社会治理中的特有作用。当然,我们还忽视了对企业税收合规评价具体步骤、方法等问题的关注和研究。

坦率地说,这些缺憾与不足的存在,注定会消减企业税收合规评价对纳税人尊严提升的积极效应,亟待解决和弥补。

(二)因应企业税收合规评价挑战的具体策略

基于上述对目前中国企业税收合规评价存在问题与挑战的分析,笔者认为,具体因应策略如下。

第一,要重视企业税收合规评价相关理论与实践问题的研究,深刻认识此领域基础理论研究的重要性与必要性。因为企业税收合规评价贯穿企业经营的全过程和各个环节,既有助于全社会企业税德税法总体规范体系的不断优化,发挥税收在国家治理体系中"基础性、支柱性与保障性"的重要作用,同时也有助于企业及其利益相关者涉税行为能自愿信奉和遵从企业税德税法,形成相应稳定的税收合规心理品德和品质,降低企业经营的税收成本与风险,助力中国企业的可持续、高质量和健康发展,全面激发企业家精神,高效率创获社会物质与精神财富,不断满足更多消费者的美好生活需求。

第二,要建立科学优良的、有层次的、有结构的企业税收合规评价体系（税收道德与税法）。一方面，企业税收合规评价要扭转目前仅仅局限于用现行税法与税收政策评价的现象，既要避免用税收"合法律"评价代替企业税收合规评价，也要避免现行税收道德评价代替企业税收合规评价的现象。因为企业税收合规评价既有依据现行税收法律与税收政策的评价——合法律评价，也有依据优良税收道德对现行税收法律与税收政策优劣之"合法性"评价，同时还有对现行税收法律与税收政策优劣之"合德性"与"合道性"的评价。当然，关键在于如何区分，是对企业涉税规则（税德与税法）本身优劣进行合规评价，还是对企业及其利益相关者的具体涉税行为进行合规评价？同时还要重视选择不同的企业税收合规评价的原则和标准，比如是用一般抽象的税收道德原则与标准进行评价，还是用具体的税收道德原则和标准进行评价？而且必须区别对待，分类进行，精准评估。

第三，企业税收合规评价必须坚持动机效果分别论，彻底告别动机效果统一论。因为对企业及其利益相关者涉税品德和品质的评价，要以企业及其利益相关者涉税行为的动机为根据；对企业及其利益相关者涉税行为的评价，则要以其涉税行为的效果为根据。如果混淆动机与效果，必然导致企业税收合规评价结论的混乱与无序，消减企业税收合规评价应有的积极功能与作用，增加而不是消减企业经营的税收成本与风险，阻滞而不是助力企业的可持续、高质量和健康发展，自然无法创获更多高性价比的物质与精神财富，无法满足广大消费者不断增长的美好生活需要。

第四，长期看，企业税收合规评价要重视"合道"评价及其科学合规评价方法的研究与探索。唯有如此，或可充分发挥企业税收合规评价在化解企业经营面临的系统性税收风险与道德风险方面的作用，助力中国企业的可持续、高质量与健康发展，创获更多高性价比的物质与精神财富，最终增进全社会和每一个国民的利益或福祉总量。

必须强调的是，企业税收合规评价必须处理好企业长期高质量发展与短期生存之间的复杂关系。或者说，在坚守人道、生命价值底线的前提下，应尽量降低企业经营的税收道德风险与税法风险，寻求动态平衡的理性生存之道，这是企业税收合规评价者也应该奉行的价值理想。因为现实不是在非黑即白之间进行选择，而是在许多不完备的选择项之间进行计较和权衡。而且，企业税收合规评价对提升纳税人尊严水平的积极作用毋庸置疑。

九、结语

总之，科学客观的企业税收合规评价意味着，既要运用税收道德终极目的对现行税收道德与税法规范体系的价值优劣进行评估，也要运用税收道德与税法规范对企业及其利益相关者的具体涉税行为进行价值判断。毋庸置疑，企业税收合规评价与纳税人尊严水平呈正相关关系，即企业税收合规评价越客观、理性、科学，则纳税人尊严水平越高；反之，企业税收合规评价越远离客观、理性和科学，则纳税人尊严水平越低。而企业税收合规评价之难，一是在于企业税收合规评价所依据之标准（税德与税法）优劣不一，即每个社会、每个企业及其利益相关者都有自己的税收评价标准，无法完全拒绝主观性与随意性；二是在于对企业及其利益相关者涉税行为事实如何之真假认知与判断比较困难，特别是对企业及其利益相关者涉税行为的实际效用之判定，至少不容易准确地把握与量化，自然对纳税人尊严大小、强弱与久暂等性质的评价也就比较困难；三是在于企业税收合规评价方法的差异性与复杂性，也会影响对企业合规行为及其纳税人尊严水平大小、强弱与久暂等性质做出客观准确的评价。或正因如此，国外有企业合规研究者认为，"有效性评估是非常复杂的问题,甚至被认为是不可能完成的任务"[1]。

尽管企业税收合规评价及其纳税人尊严评价标准充满一定的主观性、相对性与特殊性,但优良企业税收合规评价及其纳税人尊严评价标准之优良性与正确性,是不以任何群体或者涉税行为主体的意志为转移的,即取决于人们对企业涉税行为事实如何之客观规律认知的科学性,取决于人们对社会创建税制(税德与税法)终极目的认知的科学性。反过来看,这无疑意味着企业税收合规及其纳税人尊严评价的客观性、正确性与优良性是可期的,其积极价值与意义也不容否定或无视。具体来说,企业税收合规评价及其纳税人尊严评价的理论价值与实践意义在于,既可通过持续的企业税收合规评价,促使一个社会企业税德税法规范体系不断优化,进而确立全社会的优良企业税德税法及其纳税人尊严价值导向系统,也可通过持续的企业税收合规评价,促使一个企业及其利益相关者逐步信奉和遵从税德税法及其纳税人尊严规范,形成稳定的心理品德和品质,有效降低企业经营的税收成本与风险,增加企业在"百年未有之大变局"下的竞争力,最终提升全社会每个纳税人的尊严水平,满足广大消费者不断增长的美好生活需求。事实上,"合规计划对于促进中国企业管理乃至社会治理和治理能力现代化都具有积极意义。"[2]同理,企业税收合规评价由于既是优良企业合规税德税法确立的前提,也是优良企业合规税德税法改革的动力源泉,还是税德税法实现不可缺少的载体与舆论力量,其对全社会纳税人尊严水平的提升,对国家治理现代化具有积极意义。因为客观正确的企业税收合规评价及其纳税人尊严评价,可促进企业税德税法治理体系整体质量的提升;而主观错误的企业税收合规评价及其纳税人尊严评价,则会误导企业税德税

---

[1] See P.J.Wils.Wouter, *Antitrust Compliance Programs and Optimal Enforcement*, Journal of Antitrust Enforcement, Vol.1(2012).

[2] 周振杰:《合规计划有效性评估的核心问题》,《国家检察官学院学报》2022年第1期。

法价值的方向,降低税德税法治理体系的整体质量。更重要的是,我们透过企业税收合规评价及其纳税人尊严评价,也可管窥一个社会治理的文明程度,正如税收历史学者查尔斯·亚当斯所言,因为"国家的繁荣与衰落经常有税收因素"[①]。

[①] [美]查尔斯·亚当斯著,翟继光译:《善与恶——税收在文明进程中的影响》(第二版),中国政法大学出版社2013年版,第9页。

第九章
借用大数据力量提升纳税人尊严

——兼论中国面临的挑战与对策

大数据究竟对人类社会的政治、经济、文化等领域,包括税收治理系统及其纳税人尊严水平能产生多大的作用与影响,虽不能精确描述,并给出终极答案,但毋庸置疑的是,大数据的影响力一定是巨大、深远和全方位的,是一股蕴含着颠覆性、革命性与重构性的洪荒之力,或将全面改变人类社会的思维方式、生产方式与生活方式,包括纳税人尊严及其权利与义务生态系统。世界著名大数据问题专家维克托·迈尔−舍恩伯格与肯尼斯·库克耶因此在《大数据时代》一书中强调:"大数据开启了一次重大的时代转型。"[①]逻辑上,关于大数据对纳税人尊严及其权利与义务生态系统影响机理问题的研究,也应该成为一个重大的时代性理论与实践课题,其理论价值与实践意义不容忽视和无视。基于"导论"中关于纳税人尊严内涵与本质等基本理论问题的研究,本章拟从权利与义务生态视域切入,探讨大数据对纳税人尊严及其权利与义务生态

[①] [英]维克托·迈尔−舍恩伯格、肯尼斯·库克耶著,盛杨燕、周涛译:《大数据时代》,浙江人民出版社2013年版,第9页。

系统的影响机理，以期借助大数据的力量，提升中国纳税人尊严总体水平，同时遏制大数据对纳税人尊严系统优化的消极作用。

一、大数据时代的基本特征与社会影响力

要弄清大数据技术与纳税人尊严及其权利和义务生态系统之间的互动机理，就必须首先弄清楚大数据的内涵与本质、大数据时代的基本特征、大数据的社会影响力等问题。

（一）大数据的内涵与本质

众所周知，数据（data）是指通过科学实验、检验、统计等方式所获得的，用于科学研究、技术设计、查证、决策等目的的数值。[①]何谓"大数据"（big data），至今尚未达成共识，但一般认为："大数据是由数量巨大、结构复杂、类型众多的数据构成的数据集合，是基于云计算的数据处理与应用模式，通过数据的整合共享、交叉复用等过程最终形成的智力资源和知识服务能力。"[②]

"大数据"首先是数据，其次是具备了某些特征的数据。狭义的大数据是指"用现有的一般技术难以管理的大量数据的集合"，广义的大数据则包括相关的处理、储存与分析技术，数据科学专业人才，以及制定规范的政府与民间组织等。而"处理、储存与分析技术"是指用于大规模数据分布式处理的框架Hadoop、具备良好扩展性的NoSQL数据库，以及机器学习和统计分析等。[③]

（二）大数据时代的基本特征

在维克托·迈尔-舍恩伯格与肯尼斯·库克耶看来，大数据具有4V

[①] 胡德维：《数据"革命"教育》，《光明日报》2013年10月19日。
[②] 郑昌璇、陈洋：《大数据下可视化分析》，《技术与市场》2013年第6期。
[③] [日]城田真琴著，周自恒译：《大数据的冲击》，人民邮电出版社2013年版，第9页。

特点：Volume（大量）、Velocity（高速）、Variety（多样）、Value（价值）。[1] 维基百科则认为大数据具有6V特点：Volume（数据量大）、Variety（数据类型多）、Velocity（处理速度快）、Value（应用价值大）、Vender（获取与发送的方式自由灵活）、Veracity（真实准确）。而国内学者认为大数据有三个特点：一是大数据所使用的是海量的、结构复杂的数据；二是大数据与云计算密不可分，没有云计算提供的分布式处理等方法，大数据分析所使用的海量数据只会让电脑瘫痪；三是大数据所提供的是一种与普通数据分析相似的最佳决策服务。[2] 鉴于权威性与分析的便利性，本书采信舍恩伯格的"4V特点"说。因此，所谓大数据时代的基本特征，也就是在大数据基本特征引导、主导和影响下的时代特征，即具有"4V特点"。

（三）大数据的社会影响力

不论是从数据的数量，数据分析的速度，还是数据所承载的内容，以及应用价值而言，大数据都可能对人类的行为心理方式、思维方式、价值取向等要素产生巨大、长期、深刻的影响。而这些影响既可能是正面的，"大数据时代的经济学、政治学、社会学和许多科学门类都会产生巨大甚至本质上的变化和发展，进而影响人类的价值体系、知识体系和生活方式"[3]；也可能是负面的，"大数据大大地威胁到了我们的隐私和自由，这都是大数据带来的新威胁"[4]。逻辑上，大数据也会对税收治理系统产生不可忽视的影响，对纳税人权利与义务生态系统产生巨大的影响。

具体来说，大数据及其应用将会对征纳税人之间、纳税人之间、征

---

[1] 李倩星、王震：《拥抱大数据：新常态下的数据分析典型案例》，广东经济出版社2015年版，第5页。

[2] 同上，第5页。

[3] [英]维克托·迈尔-舍恩伯格、肯尼斯·库克耶著，盛杨燕、周涛译：《大数据时代》，浙江人民出版社2013年版，序二。

[4] 同上，第208页。

税人之间、国际征纳税人之间，以及人与非人类存在物（比如环境等）之间的基本权利与义务、非基本权利与义务生态系统产生重大的影响。而且，这些影响既可能是正面、积极的，也可能是负面、消极的。同时一定存在某种具有规律性的机理，亟待人们去探寻和研究。而且，这种机理一旦被发现和掌握，或将更加有效地帮助我们借用大数据的积极影响力，优化纳税人权利与义务生态系统，增进每个纳税人的福祉总量，提升每个纳税人的尊严水平。

至于大数据具体对纳税人尊严及其权利与义务生态系统产生的重大影响是正面、积极的，还是负面、消极的，以及影响的一般机理与规律性如何，关键或在于，既要看谁有权和能够最先使用这些大数据，为什么使用大数据，为谁使用大数据，也要看如何使用这些大数据，以及能否对大数据使用权力实施有效的"闭环式"控制与约束，等等。

二、大数据与"信息不对称"的关系

大数据对纳税人尊严及其权利与义务生态系统的影响并不是直接完成的，而是通过改变征纳税人之间权利与义务"信息不对称"的状态间接实现的。逻辑上，我们首先必须厘清大数据与"信息不对称"的基本关系。

所谓"信息不对称"，原是指在市场经济活动中，各类人员对有关信息的了解是有差异的。即掌握信息比较充分的人员，往往处于比较有利的地位；而信息贫乏的人员，会处于比较不利的地位。这一现象早在20世纪70年代就受到三位美国经济学家乔治·阿克尔洛夫（George A. Akerlof）、迈克尔·斯宾塞（A. Michael Spence）、约瑟夫·斯蒂格利茨（Joseph Eugene Stiglitz）的关注与研究，他们提出了"信息不对称理论"。其核心观点认为：市场中卖方比买方更了解有关商品的各种信息；掌握更多信息的一方可以通过向信息贫乏一方传递可靠信息而在市场中获益；买卖双方中拥有信息较少的一方会努力从另一方获取信息；市场信号显示则在一定程度上可以弥补信息不对称的问题。

"信息不对称理论"不仅说明了信息在市场交易中的重要性，更说明市场中的人因获得信息渠道不同、信息量的多寡而承担不同的风险和获得不同的收益。而且，"信息不对称"现象存在于人类生活的各个领域，其原理也基本适用。

大数据与"信息不对称理论"紧密相关，大数据既可能增加纳税人尊严及其权利与义务生态系统的"信息不对称"，也可能消减纳税人尊严及其权利与义务生态系统的"信息不对称"。

"信息不对称理论"的现实启示在于，大数据及其处理、储存与分析技术的应用，一定会对税权本身的合法性与合意性及其使用和监督过程的"信息不对称"状态产生重大影响，从而对纳税人尊严及其权利与义务生态系统的人道、自由、公正、平等原则产生干预或扰动，进而提高或者降低纳税人尊严及其权利与义务生态系统的总体质量与效率，最终增进或者消减全社会和每个国民的利益或福祉、幸福与尊严总量，影响纳税人尊严水平的高低、强弱与久暂等。

三、大数据对纳税人尊严及其权利与义务生态系统的影响机理分析

大数据既可能增加征纳税人之间权利与义务的"信息不对称"，从而增加纳税人权利与义务生态系统的不人道、不自由、不公正、不平等，拉低纳税人尊严水平；也可能消减征纳税人之间权利与义务的"信息不对称"，从而消减纳税人尊严及其权利与义务生态系统的不人道、不自由、不公正、不平等，进而提升纳税人尊严水平。

（一）基于要素视域的影响机理分析

大数据对纳税人尊严及其权利与义务生态系统的影响，是一个大数

据诸要素与纳税人尊严及其权利与义务生态系统诸要素之间互动、联动的动态过程。

就大数据诸要素而言，大数据既是一种资源，一种财富，一种能力，同时也是一种强力。因此，正如财富一样，谁拥有它，谁便拥有迫使对方按照自己意志去行动的能力与优势。亚当·斯密曾精辟地指出："财富就是权力……财产直接且即刻赋予所有者的权力，是购买力，是对于市场上各种劳动或劳动产品的某种支配权。这种支配权的大小与他的财产的多少恰成比例；或者说，他能够购买和支配的他人劳动量或他人劳动产品量的大小，与他的财产的多少恰成比例。"① 因为"占有巨大的财富就意味着掌握了统治男人、女人和物质的权力"②，逻辑上，由于大数据是一种更加特殊的资源和财富，谁拥有和占据了它，自然意味着拥有和获得了"迫使对方按照自己的意志去行动的能力与优势"。同样，大数据也是一种"强力"。而且，大数据这种"强力"要成为税收大数据权力，必须经过被管理者，主要是纳税人的同意。如果税收大数据这种资源和财富的力量运用没有经过被管理者——纳税人的同意，便仅仅是一种财富和资源、一种强力，并不是一种权力——税收权力。用一句话来说，税收大数据权力的合意性与合法性，取决于纳税人的同意与否。推而可知，大数据如何影响纳税人尊严及其权利与义务诸要素具体如下。

1.现行税权合法性与合意性的大小。如前所述，纳税人尊严与权利是指税权保障下的利益索取或要求，及其涉税需要、欲望、目的与兴趣等衍生物满足之后所获得的"尊贵、庄严的愉悦型心理体验"。纳税人义务与尊严是指税权保障下的利益奉献或给予，及其涉税需要、欲望、目的与兴趣等衍生物满足之后所获得的"尊贵、庄严的愉悦型心理

---

① Adam Smith, *An Inquiry into The Nature And Causes of The Wealth of Nations*, Vol.1, Clarendon Press.Oxford, 1979, p48.
② [英]拉斯基著，张振成、王亦兵译：《思想的阐释》，贵州人民出版社2002年版，第255页。

体验"。但纳税人尊严及其权利与义务实现的逻辑前提，无疑都是税权的合法性与合意性。即税权合法性与合意性越大，纳税人尊严及其权利与义务越能受到保护，被侵害的可能性就越小；税权合法性与合意性越小，纳税人尊严及其权利与义务越少受到保护，被侵害的可能性就越大。因此，在纳税人尊严及其权利与义务系统中，谁能最先最大拥有和使用大数据，谁便会在纳税人权利与义务交换和分配活动中占据优势与先机，便会获得更多的利益或要求，权利大于义务；相反，则会获得相对较少的利益和要求，权利小于义务。本质上说，大数据对纳税人尊严及其权利与义务生态系统的影响，归根结底是对税权合法性与合意性的影响，核心在于大数据在多大程度上改变和影响了纳税人对当下税权合意性与合法性的认可与同意。纳税人对税收大数据权力合意性与合法性的认可与同意越多，其尊严感的获得便越大而强烈、持久；相反，便越小而短暂。

2.利益索取与奉献的比例，即公正性与平等性。征纳税人之间权利与义务分配越公正越平等，则征纳税人之间基本权利与义务的交换越符合完全平等原则，非基本权利与义务的交换越符合比例平等原则，纳税人尊严水平便越高；相反，纳税人尊严水平便越低。具体来说，征纳税人之间、纳税人之间、征税人之间、国际征纳税人之间，以及人与非人类存在物（比如环境等）之间的基本权利与义务的交换越符合完全平等原则，非基本权利与义务的交换越符合比例平等原则，纳税人尊严水平越高；相反，纳税人尊严水平便越低。因此，大数据对纳税人尊严及其权利与义务生态系统的影响，根本在于对纳税人尊严及其权利与义务系统和结构的影响，核心是对征纳税人之间权利与义务的公正平等交换关系公正性的影响。

3.尊严及其权利与义务结构诸要素。尊严及其权利与义务的基本结构是由尊严及其权利与义务价值与规范二者构成，即由内容与形式构成；尊严及其权利与义务的完整结构由价值、价值判断与规范三者构成；尊严及其权利与义务的深层结构由目的、行为事实如何，以及价值、价值判断与规范五者构成。①因此，大数据对纳税人尊严及其权利与义务生态系统的影响，便会通过对纳税人尊严及其权利与义务目的、征纳税人行为事实如何，以及纳税人尊严及其权利与义务价值、纳税人尊严及其权利与义务价值判断与纳税人尊严及其权利与义务规范五大要素的效用而发挥作用。逻辑上，如果税收大数据的介入有助于上述五大尊严及其权利与义务要素的优化，纳税人尊严水平便会提升；反之，纳税人尊严水平便会降低。

当然，就纳税人尊严及其权利与义务的表层规范要素而言，也涉及税种、课税对象、纳税人、税率及征税环节的选择等具体要素。而且，大数据对纳税人尊严及其权利与义务生态系统的影响，最先是通过这些具体要素及其关系的变化被观察和分析，并产生影响的。

4.纳税人尊严及其权利与义务类型诸要素。由于类型是对事物的外部划分，因此，有多少种划分标准，就会有多少种纳税人尊严及其权利与义务的类型。逻辑上，大数据便会影响纳税人尊严及其权利与义务的类型，改变纳税人尊严及其权利与义务的类型格局和比例。

5.纳税人尊严及其权利与义务来源诸要素。因为道德尊严及其权利与义务来源于社会道德的赋予和认可，法定尊严及其权利与义务来源于社会法律的赋予和认可，因此，大数据对纳税人尊严及其权利与义务生态系统的影响，还要看是对纳税人道德尊严和权利与义务生态系统的影响，还是对纳税人法定尊严及其权利与义务生态系统的影响。

6.纳税人尊严及其权利与义务性质诸要素。因为纳税人尊严及其权利与义务有基本与非基本之别、有享有的与行使的之别等，因此，大数

---

① 姚轩鸽：《论税制与经济自由相关性及其现实启示》，《西部学刊》2015年第4期。

据对纳税人尊严及其权利与义务生态系统的影响,要看是对纳税人基本尊严及其权利与义务的影响,还是对纳税人非基本尊严及其权利与义务的影响。

当然,就纳税人权利与征税人义务是一种必然相关的关系而言,一个纳税人权利与他自己的义务则具有"道德相关性",其所享有的权利与他所负有的义务应该相等,而一个纳税人所行使的权利与他所履行的义务至多应该相等。因此,大数据对纳税人尊严及其权利与义务生态系统的影响,还应看其影响的是纳税人享有的权利与义务,还是纳税人行使的权利与义务,等等。

(二)大数据对纳税人尊严及其权利与义务生态系统影响的一般机理

厘清了大数据影响纳税人尊严及其权利与义务生态系统的具体途径与要素,我们便可展开对大数据对纳税人尊严及其权利与义务生态系统影响一般机理的探讨。

1.大数据通过改变税权的合意性与合法性之"信息不对称"现状,影响征纳税人之间权利与义务生态系统及其尊严的状态。

权力是人们应该且必须服从的力量,它一方面表现为暴力强制,如判刑、收监、枪杀、体罚,等等;另一方面则表现为行政强制,如处分、降职、降薪,等等。[①] 自然,税权也是征纳税人应该且必须服从的一种力量,其合意性与合法性来源于被管理者——纳税人的认可与同意。因此,如果大数据的运用能够有助于提高税权的合意性与合法性,就有助于纳税人尊严及其权利与义务生态系统的优化。反之,则会恶化纳税人尊严及其权利与义务生态系统,无助于纳税人尊严及其权利与义务的保护及其尊严水平的提升。

具体来说,如果大数据促进了税权两大强制力量——暴力强制与

---

① 王海明:《新伦理学》,商务印书馆2001年版,第136页。

行政强制民意基础的扩大，有助于纳税人对税权的认可，大数据的应用就有助于纳税人尊严及其权利与义务生态系统的优化，其影响就是积极、正面的，有助于纳税人尊严及其权利与义务的保护；相反，如果大数据的应用消减了纳税人对税权两大强制力量——暴力强制与行政强制的认可，消减了税权的民意基础，对纳税人尊严及其权利与义务生态系统的影响就是消极、负面的，便意味着纳税人尊严及其权利与义务生态系统的恶化，便无助于纳税人尊严及其权利与义务的保护，便会拉低纳税人尊严水平。

2.大数据会通过影响征纳税人、纳税人、征税人、国际征纳税人、人与环境之间权利与义务的"信息不对称"态势，改变和调节这五大基本关系之间的利益索取与奉献比例，即公正性与平等性，从而影响纳税人尊严及其权利与义务生态系统的优劣。

大数据对纳税人尊严及其权利与义务生态系统的影响，一定会直接反映在征纳税人权利与义务分配的公正与平等领域。同样，大数据会通过对税权合意性与合法性直接或间接的、正面或负面的、微风细雨式或暴风骤雨式的影响，透过征纳税人之间权利与义务分配公正平等的状态，影响纳税人尊严及其权利与义务生态系统。如果大数据的广泛应用，能让纳税人知道更多政府用税的信息，便能有效消减征纳税人之间征税与用税的"信息不对称"现象，就可能有助于纳税人尊严及其权利与义务生态系统的优化；相反，如果大数据的广泛应用，加剧了用税等信息的不透明，便会加剧征纳税人之间征税与用税的信息不对称，从而恶化纳税人尊严及其权利与义务生态系统，降低纳税人尊严水平。

事实上，一些发达国家及我国台湾地区纳税人尊严及其权利与义务生态系统的优化，就是得益于大数据的挖掘与运用。而且，税务部门涉税大数据的开放，也有助于纳税人从中挖掘税收数据价值，提升征管效能与纳税遵从度。

从长时段来看，大数据的运用，是有利于纳税人尊严及其权利与义务生态系统优化的。如果大数据使得国民与国家之间的税收信息不对称现象越来越少，税权的合意性与合法性便可能越来越大，征纳税人之间权利与义务的交换便会越来越符合公正平等原则，即征纳税人之间基本权利与义务分配越来越接近和符合完全平等原则，非基本权利与义务分配越来越接近和符合比例平等原则。逻辑上，大数据的应用将会给纳税人带来更多的税收正义，促进纳税人尊严及其权利与义务保障机制的健全与完备，即纳税人尊严及其权利与义务生态系统便会不断优化；反之，纳税人尊严及其权利与义务的基础便会越来越不坚实，便会给纳税人带来诸多的非正义，不断消减纳税尊严及其权利与义务保障机制的有效性，导致纳税人尊严及其权利与义务生态系统的恶化。

3.大数据会通过对纳税人尊严及其权利与义务结构要素的影响，改变征纳税人尊严及其权利与义务结构诸要素之间的"信息不对称"态势，从而影响纳税人尊严及其权利与义务生态系统的优劣。

由于大数据本身的特点与冲击力，它也会通过影响纳税人尊严及其权利与义务的基本结构，比如尊严及其权利与义务价值和规范，即内容与形式；通过影响纳税人尊严及其权利与义务的完整结构——价值、价值判断与规范；通过影响纳税人尊严及其权利与义务的深层结构——尊严及其权利与义务目的、征纳行为事实如何、价值、价值判断与规范五大要素，从而改变征纳税人之间权利与义务的"信息不对称"态势，进而影响纳税人尊严及其权利与义务生态系统。

4.大数据会通过对纳税人尊严及其权利与义务类型要素的影响，改变征纳税人之间尊严及其权利与义务各类型之间的"信息不对称"态势，从而影响纳税人尊严及其权利与义务生态系统的优劣。

具体来说，大数据会通过对纳税人尊严及其权利与义务类型要素的影响，使纳税人尊严及其权利与义务生态系统逐渐趋于普遍化、绝对化和客观化，从而减少纳税人尊严及其权利与义务生态系统的特殊性、相对性与主观性；当然也可能会使纳税人尊严及其权利与义务生态系统逐渐趋于特殊性、相对性与主观性，从而消减其普遍化、绝对化和客观化。

5.大数据会通过对纳税人尊严及其权利与义务来源及活动要素的影响，改变征纳税人之间尊严及其权利与义务的"信息不对称"态势，影响纳税人尊严及其权利与义务生态系统的优劣。

纳税人道德尊严及其权利与义务来源于社会税收道德的赋予和认可，法定权利来源于一个社会法律的赋予和认可。而且，道德是一种应该如何的非权力规范，凭借舆论和教育两大力量实现自己。因此，大数据通过对税收舆论与教育两大系统"信息不对称"态势的改变，影响纳税人道德尊严及其权利与义务生态系统的优劣，间接影响纳税人尊严及其权利与义务生态系统优劣。而大数据对纳税人法定尊严及其权利与义务生态系统的影响，则是通过税权暴力强制与行政强制而起作用的，具体是通过改变国家的立法、执法与司法系统之"信息不对称"态势完成的。如就税收征管执法而言，大数据对纳税人法定尊严及其权利与义务生态系统的影响，是通过影响纳税人信息权、平等权、索取凭证的权利、请求减免税的权利、退税的权利、拒绝的权利、隐私和保密的权利、聘请代理的权利、要求举行听证的权利、诉讼（包括复议和申诉）的权利、请求赔偿等权利的"信息不对称"状态去实现的。

6.大数据会通过对尊严及其权利与义务性质诸要素的影响，改变征纳税人之间尊严及其权利与义务的"信息不对称"状态，从而影响纳税人尊严及其权利与义务生态系统的优劣。

就尊严及其权利与义务性质分类而言，有纳税人基本尊严及其权利与义务和非基本尊严及其权利与义务、纳税人享有的尊严及其权利与义务和行使的尊严及其权利与义务之别。大数据对纳税人基本尊严及其权利与义务和非基本尊严及其权利与义务的影响，既可能通过改变征纳税人之间权利与义务"信息不对称"的状态，强化两种尊严及其权利与义务生态系统的保护，也可能通过改变征纳税人之间权利与义务"信息不对称"的状态，削弱两种尊严及其权利与义务生态系统的保障力度。

（三）小结

大数据对纳税人尊严及其权利与义务生态系统的影响是毋庸置疑的，既可能是正向、积极的，强化纳税人尊严及其权利与义务生态系统的保障功能，也可能是负向、消极的，消减纳税人尊严及其权利与义务生态系统的保障功能。大数据对纳税人尊严及其权利与义务生态系统的影响，概括地说，主要有以下6点：

1.大数据对纳税人尊严及其权利与义务生态系统的影响是必然和巨大的。同时，大数据的影响也是一柄"双刃剑"，税收治理者必须高度关注和重视。

2.大数据对纳税人尊严及其权利与义务生态系统的影响大小，根本在于国家最高税权的合意性与合法性的大小。因此，对处于社会主义初级阶段的中国而言，大数据的使用必须谨防系统性风险。而最高税权合意性与合法性越大的社会，大数据对纳税人尊严及其权利与义务生态系统的影响更多趋于正向、积极，有助于纳税人尊严及其权利与义务生态系统的优化和保障；而最高税权合意性与合法性较小的社会，大数据对纳税人尊严及其权利与义务生态系统的影响或更多趋于负向、消极，无助于纳税人尊严及其权利与义务生态系统的优化和保障。因此，我们在税收治理中运用大数据，必须抓住主要问题和主要矛盾，发挥优势，防范风险。

3.大数据对纳税人尊严及其权利与义务生态系统的影响，带给税收治理最大的挑战是如何防范大数据应用可能带给纳税人尊严及其权利与义务生态系统的系统性风险。比如，大面积运用大数据可能侵害纳税人尊严及其权利与义务生态系统，突破底线，而且产生无法有效遏制和阻止的风险问题,有效保护纳税人的涉税隐私权问题,等等。

大数据带给纳税人尊严及其权利与义务生态系统的最大挑战在于:一是纳税人保护自己的隐私,防范大数据时代的涉税信息偷窥者;二是新技术新工具的采用,也会加速、加剧、诱发一些新的涉税征纳矛盾与冲突。

另外,税收"数字鸿沟"的存在,会加剧征纳税人之间权利与义务交换的不平等,从而排斥弱势纳税人群体。同时,也会引发一些税收网络暴力行为,诸如涉税侮辱、诽谤、相互谩骂,互相攻击,以及"人肉搜索"等新问题。[①]事实上,大数据意识低、共享障碍多、相关能力弱将成为大数据时代税收治理面临的主要挑战。这也警示我们,必须尽快建立有效的"闭环式"大数据税权监督制衡机制,或能及时防范大数据税收风险,消减大数据技术对纳税人尊严的侵害。

4.大数据对纳税人尊严及其权利与义务生态系统的影响途径与着力点复杂多样。大数据既可能通过影响权利的规范要素,诸如纳税人、税率、税种和征税环节,从而干预纳税人尊严及其权利与义务生态系统;也可能通过影响纳税人尊严及其权利与义务的结构与类型,从而干预纳税人尊严及其权利与义务生态系统;还可能通过影响纳税人尊严及其权利与义务的活动过程,从而干预纳税人尊严及其权利与义务生态系统;同时也可能通过影响纳税人尊严及其权利与义务的五大基本关系,从而干预纳税人尊严及其权利与义务生态系统。这就告诫我们,大数据对纳税人尊严及其权利与义务生态系统的影响,一定会呈现多渠道、多因素以及复杂性等特点。逻辑上,纳税人尊严及其权利与义务生态系统的优化,既需要具体问题具体分析,更需要突出重点,紧扣主要矛盾展

---

① 刘宝臣:《大数据时代对社会治理产生的影响及应对——基于社会冲突与合作行为的分析》,《青岛行政学院学报》2015年第2期。

开，不可眉毛胡子一把抓。

5.大数据对纳税人尊严及其权利与义务生态系统的影响既是全面的，也是深刻的，更是动态和隐蔽的。这是因为，大数据会从纳税人尊严及其权利与义务的行为事实、终极目的、价值、价值判断等结构要素切入，全面、深刻、动态、隐蔽地影响一个国家和社会对纳税人尊严及其权利与义务生态系统的总体认识，从而深化、优化纳税人尊严及其权利与义务意识和尊严情感，以及意志和尊严，或者弱化、钝化纳税人尊严及其权利与义务意识和尊严情感，以及意志和尊严。

6.大数据对纳税人尊严及其权利与义务生态系统的影响，长期看，利好；短期看，利空。长期看，由于征纳税人之间的博弈会趋向于消减"信息不对称"，一定有助于纳税人尊严及其权利与义务生态系统的优化。但短期看，大数据对纳税人尊严及其权利与义务生态系统的影响或喜忧参半，在短期内很可能走弯路，甚至倒退，拉低而不是提高纳税人尊严水平。因此，实践中，我们既要积极大胆地应用大数据技术治理税收，同时也要高度警惕大数据天然携带的内在破坏性等负面因素。

总之，大数据借助"4V"优势，一定会通过改变征纳税人之间的"信息不对称"状态，对纳税人尊严及其权利与义务生态系统产生巨大、重大的影响。而且，这些影响注定是双向的，既有正面、积极的，也有负面、消极的。因此，具体到一个国家和社会，要全面优化纳税人尊严及其权利与义务生态系统，则必须清醒地认识和把握大数据对纳税人尊严及其权利与义务生态系统的影响机理，自觉借用大数据正面、积极的影响，防范或消减大数据负面、消极的影响，力争建立科学有效的纳税人尊严提升和权利与义务生态系统保护机制，最终增进全社会和每个国民的利益或福祉、幸福与尊严总量，实现税收的终极目的，促进国运的可持续兴盛。

四、大数据视域下提升纳税人尊严和权利与义务保障的一般途径

探讨大数据对纳税人尊严及其权利与义务生态系统的影响机理，旨在为构建优良纳税人尊严及其权利与义务生态保障体制提供科学的理论依据与指导。因为，"当世界开始迈向大数据时代时，社会也将经历类似的地壳运动。……大数据早已在推动人类信息管理准则的重新定位。"[①] 纳税人尊严及其权利与义务生态系统保障亦然。逻辑上，我们必须根据大数据对纳税人尊严及其权利与义务生态系统的影响机理，通过构建更加科学优良的纳税人尊严提升及其权利与义务生态系统保障体系，主动应对大数据带来的新挑战。基于上述分析，笔者认为，纳税人尊严提升和权利与义务生态系统保障体系的构想要点如下。

（一）必须全面夯实税收大数据权力的合意性与合法性基础

如前所述，大数据对纳税人尊严及其权利与义务生态系统的影响要素至少有六大方面，但根本说来，大数据对税权合意性与合法性的影响，是关涉纳税人尊严及其权利与义务生态系统优劣的根本要素。因为税权性质乃是保障纳税人利益索取的前提和必要条件，税权合意性与合法性越大，纳税人尊严及其权利与义务生态系统越优良；税权合意性与合法性越小，则纳税人尊严及其权利与义务生态系统越恶劣。税权合意性与合法性的大小取决于纳税人的同意与认可程度。

从本质上说，唯有建立纳税人主导的税制，税权的合意性与合法性才经得起终极追问。这就告诫我们，对于一个正在构建完备民主制度的国家，既要积极参与国家民主制度的建设，从根子上拓展税权及税收大数据权力的民意基础与合法性，同时也要在税收治理领域，借助税收大

[①] [英] 维克托·迈尔-舍恩伯格、肯尼斯·库克耶著，盛杨燕、周涛译：《大数据时代》，浙江人民出版社2013年版，第217页。

数据的优势和平台，积极探索局部扩大税权及税收大数据权力民意基础与合法性的新路子，比如借鉴大数据优势与平台，建立纳税人利益表达机制，创建公开透明、可视化的"用税"大数据平台，等等。

（二）必须尽快建立"闭环式"税权监督制衡机制

我们必须建立"闭环式"税权监督制衡机制，彻底把税权装进"制度的笼子"，唯有此，方可从根本上遏制税权与税收大数据权力的滥用。特别是在大数据时代，由于传统税权最方便占据税收大数据的财富与资源，借助大数据进行税权扩张，如果税权监督制衡滞后，缺乏有效的"闭环式"监督制衡机制，便更容易因为税收大数据的隐形而巨大的力量，习惯性地扩大税权，滥用税权，拉低纳税人尊严水平，劣化权利与义务生态系统，加速对税收增进全社会和每个国民利益或福祉、幸福与尊严总量终极目的的背离。

有效的税权"闭环式"监督制衡机制，一是上下监督制衡形成"闭环"的机制，即对最低与最高税权的监督都有效的机制，不存在选择性的监督盲区或特权；二是内外监督制衡机制形成有力有效"闭环"的机制，即不存在社会监督主体边缘化、摆设化的状况，比如新闻媒体等社会组织的监督是自由的，监督机制是有效的；三是软硬监督制衡机制形成有力有效"闭环"的机制，即不存在软硬越位、错位、失位，软硬搭配不协调的问题，或者说，不存在德法监督越位、错位与失位等问题。

（三）全面优化纳税人尊严及其权利与义务"德定"与法定规范体系

要全面优化纳税人尊严及其权利义务"德定"与法定规范体系。因为"大数据时代，对原有规范的修修补补已经满足不了需要，也不足以抑制大数据带来的风险——我们需要全新的制度规范，而不是扩大原有规范的适用范围"①。就是说，大数据时代纳税人尊严及其权利与义务生态系统的优化，必须根据大数据的特征，全面审视传统纳税人尊严及其权利与义务生态系统的得失与优劣，并基于现实社会的综合因素，重新建立与大数据时代要求相匹配的纳税人尊严及其权利与义务规范体系，不能仅仅满足于对原有纳税人尊严及其权利与义务规范体系的被动适应与枝节性修补。进而言之，这个新的科学、优良的纳税人尊严及其权利与义务规范体系，一定要有助于纳税人尊严及其权利与义务生态系统的整体优化，其内在要求或核心价值如下：

1.要有助于全社会和每个国民的利益或福祉、幸福与尊严总量的增进。在征纳税人之间利益尚未发生根本性冲突、可以两全的情境下，要敬畏和符合"不伤一人地增进所有人利益"的"帕累托最优原则"；在征纳税人之间利益发生根本性冲突、不可两全的情境下，要遵从和符合"最大多数人的最大利益原则"，即"最大净余额原则"。

2.要敬畏和遵从征纳税人行为心理"事实如何"的规律，即行为目的恒久为己、偶尔为他规律与行为手段恒久利他害他，偶尔利己害己规律②等。

3.要敬畏和遵从符合人道自由的最高道德原则，即能"把纳税人当人看"，并"使纳税人成为人"。最高税权是掌握在纳税人手里的；而且，遵从"未经纳税人同意不得征税的原则"；已经实现了税制的实质性"嵌入"；既符合平等、法治、限度的一般自由原则，也符合政治、经济、思想自由的具体原则。

4.要敬畏和遵从公正平等的根本道德原则。不仅征纳税人之间的权利与义务的交换是公正平等的，而且征纳税人之间、纳税人之间、征税

---

① [英]维克托·迈尔−舍恩伯格、肯尼斯·库克耶著，盛杨燕、周涛译：《大数据时代》，浙江人民出版社2013年版，第219页。
② 王海明：《新伦理学》，商务印书馆2001年版，第241页。

人之间、国际征纳税人之间，以及人与环境之间的涉税权利与义务交换也是公正平等的。不仅这些涉税主体之间的基本权利与义务分配是符合完全平等原则的，而且这些涉税主体之间的非基本权利与义务分配也是符合比例平等原则的。

必须强调的是，尽管恶劣、落后的纳税人尊严及其权利与义务规范体系可以任意制定，但科学、优良的纳税人尊严及其权利与义务规范体系，决不能任意制定，必须从征纳税人行为心理"事实如何"的规律出发，经由社会创建纳税人尊严及其权利与义务规范体系的终极目的——增进全社会和每个纳税人的利益或福祉、幸福与尊严总量，再经过纳税人权利价值与价值判断推导出来。用一句话来说，唯有尊重征纳行为"事实如何"规律，有助于全社会和每个国民利益或福祉、幸福与尊严总量增进的纳税人尊严及其权利与义务规范体系才是真正优良的。反之，不论这个纳税人尊严及其权利与义务规范体系看起来多么精致和华美，都是恶劣、落后的，是无助于纳税人尊严及其权利与义务生态体系的全面优化的。

（四）建立大数据纳税人尊严及其权利与义务生态系统保障机制

在大数据时代，政治、经济、文化、税制四大系统仍然会决定一个社会纳税人尊严及其权利与义务生态系统的总体水平，即主导纳税人尊严及其权利与义务生态机制的运行方向与效率高低。换言之，这四大系统会从总体上决定纳税人尊严及其权利与义务生态系统的立法保障机制、执法保障机制、司法保障机制的运行方向与效率高低。毋庸讳言，建立大数据背景下的纳税人尊严及其权利与义务生态系统保障机制，也受制于这四大系统要素的优化水平。但这并不是说，立法、执法、司法三大保障机制的创新和优化无事可做，可以静待四大要素的优化而期望"天上掉馅饼"。事实上，纳税人尊严及其权利与义务生态系统三大保障机制完全可以各自突破与创新，并与四大系统的优化联动进行。

当然，我们也不可忽视纳税人尊严及其权利与义务生态系统道德保障机制的作用，应该充分发挥税收道德在纳税人尊严及其权利与义务生态系统中的导向与激励作用，通过舆论与教育两大途径和方法，营造纳税人尊严及其权利与义务生态系统保障的积极氛围。

（五）切实强化大数据背景下的纳税人尊严及其权利与义务意识

有人以为，纳税人尊严及其权利与义务意识是指纳税人对税法以及与之相关的法律制度中有关权利内容的认知、情感和主张要求等主观心理因素的总和。它既是建立民主税收体制的主观因素，也是税收法治社会的根基。但笔者以为，此论仅仅是说纳税人法定尊严及其权利与义务意识，并未将纳税人"德定"尊严及其权利与义务意识纳入。真正的纳税人尊严及其权利与义务意识，应是指纳税人对税德、税法中有关权利内容的认知、情感与意志的主观心理因素的总和。

从大数据的特点与功能来看，尽管面对不同的社会政治、经济、文化背景，大数据对纳税人尊严及其权利与义务生态系统的影响有差异，或快或慢，或好或坏，但从长期看，一定是利大于弊。其中，逐渐消减征纳税人之间权利与义务"信息不对称"现象，唤醒纳税人的权利意识——德定与法定的权利与义务意识，将是一种大趋势。或者说，伴随着大数据运用，将会迅速、高密度、多渠道地供给纳税人有关尊严及其权利与义务的知识，从而大面积唤醒纳税人尊严及其权利与义务意识。就其结果而言，便可能督促政府不断完善纳税人尊严及其权利与义务保护的立法、执法、司法机制。而不断高涨的纳税人尊严及其权利与义务意识，本来就是纳税人尊严及其权利与义务生态系统的重要构成部分，也是纳税人尊严及其权利与义务生态系统保障的原动力。因此，我们必须切实强化大数据背景下的纳税人尊严及其权利与义务意识，倡导以纳税人为本的现代税收治理理念，促进纳税人主导税制的逐步建立。

(六)建立大数据纳税人尊严及其权利与义务生态系统保障的技术平台

大数据运作需要相应的软硬件技术平台及技术人员的支持,纳税人尊严及其权利与义务生态系统的保障与维护,同样需要相应的软硬件技术平台及技术人员的支持。问题在于,我们必须首先弄清楚建立这样的软硬件技术平台,核心是为了实现和保护谁的利益,或者说,是为了保护谁的尊严及其权利与义务,是征税人的尊严及其权利与义务,还是纳税人的尊严及其权利与义务?其预算投入是否合乎相关法律与程序?是否与当前的政治、经济、文化等国情协调联动?

如果建立相应的软硬件技术平台,是为了扩大征税人的大数据使用权力,就应谨慎,必须受到约束和制衡;相反,如果建立相应的软硬件技术平台,是为了扩大纳税人的大数据使用权力,保护纳税人的尊严及其权利与义务生态系统平衡,有助于纳税人尊严及其权利与义务生态系统的优化,就应得到鼓励与支持。特别是在推进税收现代化的过程中,我们更应警惕税收大数据权力的习惯性扩张与滥用,既要加强社会性的监督与制衡,更要提醒征税者,必须基于社会整体利益进行全面的权衡与考量。

五、兼论中国纳税人尊严提升及其权利与义务保障必须直面的挑战与对策

大数据对中国纳税人尊严及其权利与义务生态系统的影响同样是巨大、重大的。差异或在于,大数据对中国纳税人尊严的这种影响,具有一定的特殊性或特定性。

(一)主要挑战

大数据对当前中国纳税人尊严及其权利与义务生态系统的影响注定是全方位、多层次、结构性、动态的,也是纷繁复杂、相互交织的。概

而言之，主要挑战如下。

1.税权合意性与合法性不尽如人意。大数据对纳税人尊严及其权利与义务生态系统的影响尽管十分复杂，但主要是通过影响税权的合意性与合法性，改变征纳税人之间权利与义务的"信息不对称"态势实现的。而且，大数据对现行税权的影响，也因其本身的合意性与合法性大小不同，实际产生的效果不同。

由于当前中国尚处于社会主义初级阶段，即处于不完备的民主阶段，这便意味着税权的合意性与合法性尚处于低位阶。事实上，当前中国实行的是政府主导的税制，尚未建立起纳税人主导的税制。或者说，"未经同意不得征税"的原则，也就是"把纳税人当人看"与"使纳税人成为人"的人道自由原则，即税收治理的最高原则，尚未实现对税收制度的实质性"嵌入"。因此，大数据对当前税权的影响，虽然从长期看不容悲观，但从短期看，也不容乐观。坦率地说，税收大数据的运用，完全可能促使政府征税权扩张，加剧税权的滥用与腐败，恶化纳税人尊严及其权利与义务生态系统，背离税收增进全社会和每个国民利益或福祉、幸福与尊严总量的终极目的。

或者说，当前税收治理中运用大数据，或将加剧征纳税人之间的"信息不对称"态势，加快税权的扩张，有意无意地纵容税权的滥用，恶化纳税人尊严及其权利与义务生态系统，扩大征纳税人之间权利与义务交换的不公，拉低纳税人尊严的整体水平。事实上，以"互联网+税务"开启的税收大数据运用计划，成为中国纳税人尊严及其权利与义务生态系统重构必须直面的首要且根本的挑战。而根本说来，大数据对税权合意性与合法性的这些负面、消极的影响，核心在于国家民主进程的缓慢与滞后。有学者认为，目前国家民主建设存在的主要问题是民主制度还不够健全；权力运行制约和监督机制有待进一步完善；由于科学文化发展的不平衡性，民主政治建设呈现不平衡性；同时，公民有序的政治参与范围有待扩大。①笔者则以为,目前国家民主建设存在的主要问题是:民主的层次较低;民主的形式大于内容;民主的范围相对狭窄;国民普遍的民主意识淡薄,等等。

2.税权监督制衡机制尚未形成"闭环"。首先,因为国家民主建设进程的缓慢与滞后,税权的监督与制衡就存在先天性的缺陷,缺乏完善的制度性监督机制,比如通过定期选举对税权滥用者进行更换,及时问责和止损,从而防止税权的大规模、长期滥用,等等。

其次,由于税权监督制衡机制缺位,没有形成有效的税权监督"闭环",存在监督死角与盲区。比如,由于尚未建立起"闭环式"税权监督制衡机制,一是下对上的监督,即下级对上级、普通干部对领导的监督就存在虚化、弱化的现象;二是外对内的监督,比如新闻媒体等社会组织和机构对税权的监督也就乏力、无力;三是软监督大于硬监督,比如道德教育和舆论监督大于法制的监督,自然对税权的监督与制衡就缺乏必要的力度。而税权监督乏力主要表现为:在权限制约、程序制约、权力控制、空间压缩、流程制约、内外监督等方面存在缺位、错位与失位等问题。逻辑上,我们也就很难对税权实施全面、有效、彻底的监督,防止税权的大面积滥用和腐败,包括税收大数据权力监督。

这是因为,如果税权缺乏有效的"闭环式"监督制衡机制,大数据的应用便会进一步纵容征管权力的扩张,最后放大这种扩权的负效应,对纳税人尊严及其权利与义务生态系统构成更大的危害。因为在大数据时代,大数据更容易被征税者所利用和借用,从而加剧征纳税人之间权利与义务的"信息不对称",特别是分配的不公正,强化官员们为民做主、为纳税人做主的官本位意识,最终背离税收增进全社会和每个国民利益或福祉、幸福与尊严总量的终极目的。

---

① 彭丽:《试议中国民主政治建设存在的问题及其对策研究》,《科技信息》2010年第14期。

3.纳税人尊严及其权利与义务规范体系不健全、不完善。当前纳税人尊严及其权利与义务规范体系的不健全、不完善主要表现在：一是这个规范体系主要是基于征税人的聚财意志建立的。因此，聚财是其第一要义，忽视纳税人尊严及其权利意志便成为它的逻辑必然。二是对征纳税人行为事实如何之规律尊重不够。这意味着，这种纳税人尊严及其权利与义务规范体系缺乏足够的原动力，被遵从和实现的可能性就小，也不可能真正起到保护纳税人权利的效果。三是由于税权合意性与合法性存在先天性欠缺，征纳税人之间权利与义务分配也不可能实现平等的交换，纳税人尊严无法保证。而且，征纳税人之间、纳税人之间、征税人之间、国际征纳税人之间，以及人与环境之间权利与义务的交换，同样不可能做到公正平等，无法实现纳税人尊严的有效保障。基本权利与义务交换不可能做到完全平等，非基本权利与义务同样不可能做到比例平等。比如，目前存在的纳税人义务大于征税人权利、征纳不平等现象，纳税人的义务大于其自身的权利的现象等，就是因为税权缺乏广泛的民意基础与合法性。四是这种纳税人尊严及其权利与义务规范体系被纳税人同意和认同的成分较少，大多属于强制性、"恩赐式"的尊严及其权利与义务体系。五是这种纳税人尊严及其权利与义务规范体系存在内在矛盾和冲突，既有结构性的，也有类型的，而且缺乏体系与周延性。

4.纳税人尊严及其权利与义务生态系统保障机制滞后。在大数据时代，政治、经济、文化、税制四大系统，仍然从总体上决定一个社会纳税人尊严及其权利与义务生态保障机制的运行态势，主导纳税人尊严及其权利与义务生态机制的运行方向与效率高低。自然，由于社会主义初级阶段的特定国情与税情，当前中国纳税人尊严及其权利与义务生态系统的立法、执法与司法保障机制，也就处于初级阶段，处于低位阶，亟待优化和提升。而作为纳税人尊严及其权利与义务生态系统的社会道德、舆论等保障机制，同样处于低位阶，需要强化和提升，需要从教育和舆论两个方面进行优化。因为，社会道德保障机制必须与法制保障机制协同合作，方能真正做到高效。

5.纳税人尊严及其权利与义务保护意识淡薄。纳税人尊严及其权利与义务保护意识的强弱，是大数据背景下影响纳税人尊严及其权利与义务生态系统的重要因素。如果一个社会的纳税人尊严及其权利与义务意识强烈，人们会遏制或防止税收大数据权力的扩张，从而消减税权腐败和滥用造成的危害；相反，如果一个社会的纳税人尊严及其权利与义务意识薄弱，便缺少约束和制衡。

遗憾的是，当前中国纳税人的尊严及其权利与义务意识并不强烈，再加上因"间接税为主，直接税为辅"税种格局的制度性安排，会麻痹纳税人的尊严及其权利与义务意识，纳税人的尊严及其权利与义务意识就更加薄弱。而且，人们总是把纳税意识与纳税人意识混为一谈，岂不知，纳税意识的主要价值基础是聚财，偏于鼓励纳税人的奉献；而纳税人意识的价值基础是征纳两利，重在纳税人权利与义务的统一。当前中国纳税人的尊严及其权利与义务意识薄弱主要表现在：尊严及其权利与义务认知不高、尊严及其权利与义务主张模糊、尊严及其权利与义务要求笼统。尊严及其权利与义务认知不高表现为对税收的内涵与本质认识不清，对征纳税人的关系实质把握不准，对税权合法性问题理解不深等。而尊严及其权利与义务主张模糊、尊严及其权利与义务要求笼统主要表现在：不知道纳税人的尊严及其权利与义务究竟有哪些，以及纳税人尊严及其权利与义务的结构与类型是什么，等等。因此，一旦遇到税收侵权，大多数纳税人的第一反应就是想方设法找熟人"勾兑"和"摆平"，而不是自觉拿起法律武器，或者通过维权活动，捍卫和维护自己的利益。

6.保障纳税人尊严及其权利与义务生态系统的软硬件技术平台落

后。保障纳税人尊严及其权利与义务的大数据软硬件技术平台是关涉大数据背景下纳税人尊严及其权利与义务意识保障质量的重要因素。或许，我国仅就目前大数据软硬件技术平台建设而言并不落后，比如"金税三期"工程的运行，"以数治税""智慧税务"理念的贯彻与落实等，都走在"预算"大数据技术应用的前面。要说落后，主要在于纳税人"用税"大数据软硬件技术平台基础建设滞后，致使税收尽管能够持续不断地"取之于民"，却没有真正做到"用之于民"，特别是没有公开透明地"用之于民之所需"。事实上，目前保障纳税人尊严及其权利与义务生态系统的软硬件技术平台存在的结构性缺陷，主要是保障纳税人"用税"尊严及其权利的软硬件技术平台建设滞后，无法满足全体国民日益增长的"用税"尊严及其权利意识和尊严及其需求，特别是纳税人对"用税"公开与透明尊严及其权利保障的意识与需求，核心是无法满足征纳税人之间权利与义务平等交换的内在需求。

但核心在于，唯有"用之于民""用之于民之所需"才是纳税人最大最直接的权利，唯有"用好税"的技术平台与制度建设到位，才是纳税人尊严及其权利与义务生态系统最好的保障，是优化纳税人尊严及其权利与义务生态系统最直接的途径和手段。用一句话来说，如何强化"用税"大数据软硬件技术平台建设，乃是优化纳税人尊严及其权利与义务生态系统面临的最为紧迫的任务。

（二）因应对策

弄清了当前我国纳税人尊严及其权利与义务生态系统保障建设面临的主要挑战，因应的具体措施与对策便可推导而出。

1.全面提升税权的合意性与合法性。要全面提升税权的合意性与合法性，我们应该借助大数据优势逐步建立纳税人主导的税制。无疑，税制改革的理想目标就是要建立一个征多少税、向谁征税、在哪个环节征税、如何减免税等最高税权都由纳税人主导的税制，就是能把"以人为本"的税收治理观,真正内化"嵌入"税制。

当然,从目前我国国情出发,显然不可能一蹴而就地把税权,包括税收大数据权力的合意性与合法性提升到理想的位阶,需要循序渐进,分步实施,逐步抵达。第一步,应该自觉运用大数据收集信息成本低等技术优势,建立纳税人利益表达机制,尽可能多地汇聚纳税人的真实税收意志与愿望。第二步,在税收治理实践中,应运用协商民主的原理和方法,通过局部领域的征纳税人事宜协商,扩大税权的民意基础,强化税权的合意性与合法性。第三步,应该顺应大数据潮流,主动参与和推进税收民主化进程,积极提升税权的合意性与合法性。

但是,提升税权的合意性与合法性最终还得依靠国家民主化理想目标的实现,也就是"全过程人民民主制度"优势的全面发挥和呈现,从根本上解决税权民意基础不广泛、不坚实的问题,建立科学完备的由纳税人主导的现代化税制。

2.尽快建立"闭环式"税权监督制衡机制。民主制既是一种权力授予机制,也是一种权力监督制衡机制。因为它可以通过定期的民主选举防止不称职的人连续滥用权力,给纳税人造成更大的伤害。但就权力本身的性质与运行特点而言,仅有民主制还不够,还应建立科学有效的"闭环式"税权监督制衡机制。

一方面,健全的民主制既有助于从总体上解决税权的合意性与合法性问题,也有助于遏制税权的扩展和滥用,防止对纳税人尊严及其权利与义务造成大规模的伤害;另一方面,科学有效的"闭环式"税权监督制衡机制,则可能防止民主制度监督不到位时税权的滥用行为,最大限度地限制税权,防止其作恶。具体来说,就是要从程序上全面改造政府税收行政立法的程序,明确税法解释原则,严格税法解释程序,有效约束税务机关的自由裁量权,严格税收执法流程,强化内外监督,对税收执法活动进行有效监控,从而最大限度地发挥税权在纳税人尊严及其权利与义务生态系统保障中的积极作用，减少其消极作用。

3. 建立健全大数据背景下的纳税人尊严及其权利与义务规范体系。一要全面反思和清理"聚财式"纳税人尊严及其权利与义务规范体系存在的主要缺陷与问题，全面解放治税思想观念，回归纳税人本位的现代税收治理观念，遵从税收增进全社会和每个国民利益或福祉、幸福与尊严总量的终极目的，敬畏"征纳两利"的税收核心价值观。二要加强对征纳税人行为事实如何规律的研究，正视和敬畏征纳税行为心理事实如何的规律。三要建立新的纳税人尊严及其权利与义务规范体系，必须符合自由平等的最高原则。既要遵从平等、法治与限度的自由一般原则，也要遵从税收政治、经济、思想的自由具体原则。要彻底改变以往基于强制性、"恩赐式"价值导向建立的纳税人尊严及其权利与义务规范体系。四要建立新的纳税人尊严及其权利与义务规范体系，一定符合公正平等的原则。不仅要促进纳税人之间权利与义务的公正交换，更要促进征纳税人之间权利与义务的公正交换。基本权利与义务交换要符合完全平等原则，非基本权利与义务交换要符合比例平等原则。五要建立新的纳税人尊严及其权利与义务规范体系，一定要着力解决现有纳税人尊严及其权利与义务规范体系中存在的一些内在矛盾和冲突。比如五大基本权利与义务之间存在的享有权利与行使权利，共同尊严和权利与特定尊严和权利、绝对尊严和权利与相对尊严和权利、客观尊严和权利与主观尊严和权利等要素之间的矛盾和冲突，等等。

4. 全面完善纳税人尊严及其权利与义务生态系统保障机制。针对当前中国纳税人尊严及其权利与义务生态系统的立法、执法与司法保障机制存在的问题，一是在纳税人尊严及其权利与义务生态系统立法保障机制方面，既要健全现行税收法律体系，彻底改变目前税法位阶比较低的现状；同时也要尽快制定适应大数据时代的税法体系，将那些涉及纳税人尊严及其权利与义务的共性、根本、普遍性的问题，通过《税收基本法》等法律确定下来。

二是在纳税人尊严及其权利与义务生态系统执法保障机制方面，第一要强化税务机关工作人员的纳税人尊严及其权利与义务保护意识，彻底告别"官本位"意识。第二要强化和发挥税务内部监督机制的作用，逐步建立不敢腐、不能腐、不想腐的体制机制。第三要敢于、善于借用外部新闻媒体和社会组织的监督作用，营造廉洁从税的教育和舆论氛围。

三是在纳税人尊严及其权利与义务生态系统司法保障机制方面，进一步确立和完善纳税人诉讼制度，加强对纳税人知情权的保护。当然，我们也要建立常态化的税收政策辅导机制，税收优惠政策落实的帮扶机制，税收风险防控机制，以及服务后续保障等机制，[1]全面优化纳税人尊严及其权利与义务生态系统保障机制。

5.强化大数据背景下的纳税人尊严及其权利与义务保护意识。一要运用现代税收治理理念，加强纳税人尊严及其权利与义务意识的启蒙与教育工作，全面解决纳税人尊严及其权利与义务认知意识不强的问题，让纳税人明白税收的真正内涵，税收的本质，以及税权合法性的内涵。二要注重解决纳税人尊严及其权利与义务主张模糊、要求笼统的问题，让纳税人真正明白自己的尊严及其权利与义务有哪些，尊严及其权利与义务的结构与类型是什么。三要自觉借助互联网等媒体的优势，积极营造保护纳税人尊严及其权利与义务的良好氛围，鼓励纳税人拿起法律武器进行维权，主动参与合法的纳税人尊严及其权利与义务维权公益活动。四要主动借鉴国际经验，鼓励建立纳税人权益维护组织，比如纳税人协会等，通过纳税人协会，为纳税人尊严及其权利与义务保护提供相应的咨询服务。但要真正强化大数据背景下纳税人尊严及其权利与义务

---

[1] 张素朴、肖虎：《四项机制保护纳税人权益》，《中国税务报》2016年2月18日。

保护意识，关键在于政府的思想解放要彻底，以及具有真心改革的态度与胸怀。

6.尽快搭建大数据背景下纳税人尊严及其权利与义务保障系统的软硬件技术平台。唯有如此，才能既有助于税收"取之于民"，也有助于税收"用之于民"，更有助于税收"用之于民之所需"，从根本上提升纳税人尊严水平，优化纳税人权利与义务生态系统，从而最大限度地增进全社会和每个国民的利益或福祉、幸福与尊严总量。

六、结语

总之，大数据是一种不可忽视的洪荒之力，必将对社会的政治、经济、文化治理体系，包括对征纳税人尊严及其权利与义务生态系统产生重大、深刻的影响。至于这种影响是积极、正面的，还是消极、负面的，则既要看谁有权和能够使用这些大数据，为什么使用大数据，为谁使用大数据，也要看如何使用大数据，以及能否对其使用具有有效的控制与约束。毋庸置疑，借助大数据的力量有效提升纳税人尊严水平，优化征纳税人权利与义务生态系统，乃是新时代的最大优势。但坦率地说，就当前中国的现实国情与税情来看，短期内税收大数据的使用或将加剧政府征税权的扩张，强化政府的聚财功能，对纳税人尊严及其权利与义务生态系统产生一定的消极、负面影响；但从长期来看，税收大数据的使用终将有助于纳税人尊严及其权利与义务生态系统的总体优化，发挥税收在国家治理体系中的"基础性、支柱性与保障性"及其"枢纽性"功能和作用，最终促进税收终极目的——增进全社会和每个国民利益或福祉、幸福与尊严总量——的实现，从而全面提升全社会纳税人尊严的总体水平。

第十章
以财税现代化提升纳税人尊严
——兼论中国面临的挑战与对策

中国式财税现代化既是中国式现代化的重要构成部分,而且由于财税在国家治理体系中的"基础性、支柱性与保障性"及其"枢纽性"功能和作用,也是促进中国式现代化建设的最佳"切入点"或"突破口",同时更是提升中国纳税人尊严总体水平的核心途径。在英国政治家、作家、演说家、政治理论家和哲学家埃德蒙·柏克看来,因为"国家的税收就是国家"[①]。马克思则精辟地认为,因为"赋税是喂养政府的奶娘"[②]。或者说,"国家存在的经济体现就是捐税"[③]。在美国税史学者查尔斯·亚当斯看来,因为"我们是如何征税和用税的,在很大程度上决定着我们是繁荣还是贫穷、自由还是奴役,以及,最重要的,正义还是邪恶"[④]。逻辑上,探索中国式财税现代化之道,既是中国式现代化的应有之义,

---

① 转引自王怡:《立宪政体中的赋税问题》,http://www.aisixiang.com/data/8342.html。
② 《马克思恩格斯全集》(第7卷),人民出版社1974年版,第94页。
③ 《马克思恩格斯全集》(第4卷),人民出版社1974年版,第342页。
④ [美]查尔斯·亚当斯著,翟继光译:《善与恶——税收在文明进程中的影响》(第二版),中国政法大学出版社2013年版,第3页。

也是提升纳税人尊严的最佳"着力点"与核心途径。鉴于此，本章拟从"财税现代化"概念的辨析与采信切入，探讨以财税现代化提升中国纳税人总体尊严水平的新途径与新方法，以及必须直面的现实挑战与对策等相关问题。

一、"财税现代化"概念采信

要探讨以财税现代化提升中国纳税人尊严的新途径与新方法，就必须首先厘清"财税现代化"的内涵与本质等概念问题。具体来说，我们必须最先厘清"财税"与"现代化"各自的内涵与本质。

（一）"财税"的内涵与本质

关于"财税"的内涵与本质，笔者在第一章"导论"中已经进行过探讨和辨析，此处不赘述，即"财税"是指对"公共资金的收支活动"的管理。表面来看，财税是指公共资金的收支活动或过程，但就其本质而言，"财税"是指为公共产品的生产与供给筹集并运用资金的活动，旨在能为全社会和每个国民提供高性价比的公共产品，可持续增进全社会和每个国民的"利益或福祉、幸福和尊严"总量，进而全面提升纳税人尊严水平。换句话说，"财税"是指"公共产品生产和供给所需公共资金的收支活动"，既包含公共资金的筹集活动——税收及规费的征收活动，也包含公共资金的预算支出活动。或者说，既包含公共产品生产与供给所需公共资金的筹集活动——税收及规费等，也包含公共产品生产与供给所需公共资金之支出——预算活动。

（二）"现代化"的内涵与本质

关于"现代化"的内涵，至今学界尚无共识性的权威界定，甚至众说纷纭。笔者概括认为，至少有"过程论""结果论""工具论""内容论""层次论""特性论""技术论"及"局限论"等观点。一是"过程论"，影响无疑最大，问题是，哪一种"现代化"不是一种过程？关键在于，这种"现代化"的过程是由谁主导的，是对谁有益的，是无意识进行的还是有意识进行的，等等。二是"结果论"，认为现代化既可能是正价值的，也可能是负价值的，现代化是一把"双刃剑"，因此，如何选择并保证现代化的正价值、避免现代化的负价值，本身也就成为现代化必须直面的重要问题。三是"工具论"，认为"'现代化'一词所指的是从旧到新的一种改变，或对新环境的一种适应"[1]。问题是，如果"现代化"仅仅具有工具价值，是一种适应性的外在挑战，其终极价值又在哪里？四是"内容论"，缺憾在于没有明确"现代"与"古代"的本质区别，只是列举了一些相对重要的因素而已。五是"层次论"，虽有助于现代化理论的深化研究，但于现代化实践而言，现实意义并不是很大。六是"特性论"，其损失在于，没有发现"现代化"的本质特征，只是归纳了一些相对重要的特征。七是"技术论"，其狭隘之处在于，将"现代化"等同于"技术化"，以为"现代化"就是技术的不断更新与发展。八是"局限论"，竟然认为一切企图对"现代化"下定义的努力都是徒劳的，即主张"现代化"是不可定义的。

但不可否认的是，上述"现代化"的界定，从不同角度深化了人们对"现代化"内涵与本质的认识，同时也存在不可忽视的缺憾。因为，"现代"显然不是一个绝对的词语，而是相对"古代"而言的，是一个具有时间属性的概念，是一个充满"不确定性的时间性"概念。学者陈柳钦就认为，"现代"（modern）一词，按字面的含义是作为一个时间的概念，是指当今的时代，可以包括"近代"和"当代"的内涵或指特定的历史时代，特定的阶段。[2] 逻辑上，由于"现代"终会稍纵即逝，用这样的词语命名的理论，也很难设定一个相对稳定的内涵与外延，因此极

---

[1] 封祖盛：《当代新儒家》，生活·读书·新知三联书店1989年版，第137页。
[2] 陈柳钦：《现代化的内涵及其理论演进》，《经济研究参考》2011年第44期。

易被赋予"不确定的时代性"色彩,充满主观性与随意性等。而"化"是指"转化、变化、产生、改变、改造或创造"等。如此推之,所谓"现代化",就是指被"现代"这一充满"不确定性的时间性"概念所"转化、变化、产生、改变、改造或创造"的过程或者活动。而被这一"现代化"之"时间"所"转化、变化、产生、改变、改造或创造"的东西,又可分为两种:一种是指无意识地被这一"时间"所"化"的活动,即自然化的活动或过程;另一种是有意识地被这一"时间"所"化"的活动或过程,即人为的活动,自然也就是人们有意识地被"现代"之中的现代性所"转化、变化、产生、改变、改造或创造"的活动或过程。

问题在于,"现代性"是相对"古代性"而言的,是一个区别"现代"与"古代"本质属性的范畴。"现代"与"古代"的区别可列举很多,但一个具有规律性的属性是——人类关于"现代化"的知识,特别是对于现代化目的与现代化行为事实如何规律认识之真假知识,也就是对现代化价值认识之真假知识,一定会随着历史的发展越来越丰富,而不会越来越贫乏;只会越来越真,而不会越来越假。逻辑上,由于现代化的价值乃是现代化规范体系的内在根据,现代化价值认识之真假,便直接决定现代化规范体系之优劣。越是符合人道自由、公正平等价值的现代化,越有助于增进全社会和每个国民"利益或福祉、幸福和尊严"总量;反之,则会消减全社会和每个国民的"利益或福祉、幸福和尊严"总量。

(三)"财税现代化"的内涵与本质

合而言之,"财税现代化"是指被"现代财税价值"所"化"的活动或过程。财税现代化既是共同的,也是特定的;既具有绝对性,也具有相对性;既具有客观性,也具有主观性。逻辑上,财税现代化便有优与劣、先进与落后之别。凡是有助于增进全社会和每个国民"利益或福祉、幸福与尊严"总量的财税现代化,就是优良、先进的财税现代化;凡是有助于增进大多数国民"利益或福祉、幸福与尊严"总量的财税现代化，就是次优、较先进的财税现代化；凡是仅仅有助于增进少数国民"利益或福祉、幸福与尊严"总量的财税现代化，就是次差、较落后的财税现代化；凡是仅仅有助于增进一人"利益或福祉、幸福与尊严"总量的财税现代化，则是极差、最落后的财税现代化。

逻辑上，真正有正价值的财税现代化，具有如下特征。第一，一定是有助于增进所有国民或大多数国民"利益或福祉、幸福与尊严"总量的，而且能否增进所有国民或大多数国民"利益或福祉、幸福与尊严"总量，也是判定一种财税现代化体系优劣的终极标准。第二，一定是遵从人道自由道德价值并实现了实质性财税制度"嵌入"的。第三，一定是遵从公正根本道德价值实质性"嵌入"财税思想、制度与物质载体过程，并实现了完全平等原则的财税制度实质性"嵌入"与比例平等原则的财税制度实质性"嵌入"的财税现代化。第四，一定是遵从诚信、便利、节俭等重要道德价值原则，并实现了实质性"嵌入"财税思想、制度与物质载体的财税现代化。

二、财税现代化与纳税人尊严相关机理分析

从"财税现代化"是指被"'现代财税价值'所'化'的活动或过程"，以及"纳税人尊严"是指"纳税人在履行缴纳税款义务过程或之后，特别是在平等交换到高性价比公共产品与服务，满足了其涉税需要、欲望、目的与兴趣等衍生物之后，所获得的尊贵、庄严之愉悦型心理体验"之界定可知，财税现代化与纳税人尊严相关的机理如下。

（一）财税现代化优劣与纳税人尊严水平呈正相关关系

财税现代化的优劣与纳税人尊严之大小、高低、强弱与久暂等是一种正相关关系。即财税现代化越优良，纳税人尊严总体水平便越高、越强、越长久等；相反，财税现代化越恶劣，纳税人尊严总体水平便越低、越弱、越短暂等。因为财税现代化意味着财税在国家治理体系

中"基础性、支柱性与保障性"及其"枢纽性"功能和作用的充分发挥，意味着全社会和每个国民及其纳税人"利益或福祉、尊严和幸福"总量的可持续增进，从而有助于全社会和每个国民及其纳税人尊严类需求、欲望、目的、兴趣及其衍生物的充分满足。

（二）财税现代化通过两种途径提升纳税人尊严

1.通过税收现代化提升纳税人尊严

税收现代化是指被现代税收价值所"转化、变化、产生、改变、改造或创造"的活动或过程。逻辑上，如果所转化的对象是税收精神，便是税收精神现代化；如果是税制，便是税制现代化；如果是税法，便是税法现代化；如果是税收道德，便是税收道德现代化；如果是税收物质，便是税收物质现代化。

坦率地说，唯有真正科学优良的税收现代化，方可有效提升纳税人尊严的总体水平。因为真正科学优良的税收现代化意味着，首先，是指实现了税收终极价值——增进全社会与每个国民"利益或福祉、幸福和尊严总量"实质性"嵌入"税收制度的活动或过程，也就是实现了精神、制度及其活动过程之实质性"嵌入"的税收现代化。其次，是指实现了人道自由最高道德价值"嵌入"税收精神、制度及其活动过程之税收现代化。再次，是指实现了公正根本道德价值"嵌入"税收精神、制度及其活动过程之税收现代化。最后，是指实现了诚信、便利与节俭等重要道德价值"嵌入"税收精神、制度及其活动过程的税收现代化。当然，也应包括实现了现代技术价值"嵌入"的税收现代化。

2.通过预算现代化提升纳税人尊严

预算是指"经法定程序审核批准的国家年度集中性财政收支计划。它规定国家财政收入的来源和数量、财政支出的各项用途和数量，反映着整个国家政策、政府活动的范围和方向"。基于前述关于"现代化"的界定，"预算现代化"是指被现代预算"语言文字等符号和思想心智等"

所转化、变化、产生、改变、改造或创造的公共资金收支活动或过程。

同理，唯有真正科学优良的预算现代化，方能有效提升纳税人尊严总体水平；相反，落后低劣、充满主观随意性的预算现代化，只会拉低纳税人尊严的总体水平。而真正科学优良的预算现代化意味着，首先，是指实现了预算终极价值——增进全社会与每个国民利益或福祉、幸福和尊严总量——的预算制度与过程实质性"嵌入"，也就是实现了精神、制度及其活动过程之实质性"嵌入"的预算现代化。其次，是指实现了人道自由最高道德价值"嵌入"预算精神、制度及其活动过程的预算现代化。再次，是指实现了公正根本道德价值"嵌入"预算精神、制度及其活动过程的预算现代化。最后，是指实现了诚信、便利与节俭等重要道德价值"嵌入"预算精神、制度及其活动或过程的预算现代化。当然，也应包括实现了现代技术价值"嵌入"的预算现代化。

（三）财税现代化通过两个层次提升纳税人尊严

毋庸置疑，财税现代化有助于纳税人尊严总体水平的提升。具体来说，财税现代化主要是从财税制度规则的现代化与财税治理活动的现代化两个层次，全面提升纳税人尊严总体水平的。而且，财税制度规则现代化之优劣，决定财税治理活动现代化的优劣；前者是"大体"和"大节"，后者是"小体"和"小节"。在学者丰子义看来，因为"制度"乃是"治理"的依据，"治理"则是"制度"之实现。[①] 学者王书慧等则认为，因为"制度是治理的根本依据，完善的制度架构能确保国家治理的正确前进方向，取得有效治理效果"[②]。用一句话来说，国家制度决定国家治理的大方向及其总体水平之高低。当然，国家治理也会促进国家制度的

---

① "国家治理体系根据国家制度构建，治理体系的结构、联系、规则、运作等是由国家制度性质决定的；国家治理的一切工作和活动都是依据国家制度来展开的，国家治理的方向、道路是由国家制度确定的。"丰子义：《辩证把握"制"与"治"》，《人民日报》2020年2月24日。

② 王书慧、黄峰、姚桓：《制度是有效治理的基础》，《前线》2020年第6期。

优化。进而言之,"制度决定一个国家走什么方向"①。邓小平因此反复强调:"制度是决定因素。"②王海明先生则一语中的,认为"一种国家制度与国家治理之好坏,整体说来,无疑取决于是否符合国家制度与国家治理好坏的价值标准:符合者,无论有多少缺点、错误和恶,都是具有正价值的、应该的、好的、善的国家制度与国家治理;违背者,无论有多少优点、正确和善,都是具有负价值的、不应该的、坏的和恶的国家制度与国家治理"③。即财税制度规则的现代化,总体决定财税治理活动的现代化,具有正价值的、应该的、好的、善的财税制度规则,决定财税治理活动的现代化,从而促进一个国家和社会里纳税人尊严总体水平的提升。

三、财税现代化提升纳税人尊严的基本途径

财税现代化的活动或过程,也就是发挥财税在国家治理体系中"基础性、支柱性与保障性"及其"枢纽性"等重要功能和作用的活动或过程,自然也是不断提升纳税人尊严总体水平的活动或过程。具体来说,财税现代化提升纳税人尊严总体水平的基本途径有三。

(一)宏观总体途径

制度是典型的公共产品,具有明显的"非竞争性"与"非排他性"特征。无疑,可持续生产和供给科学优良的国家制度类公共产品,乃是全面发挥财税现代化促进纳税人尊严总体水平提升功能的宏观途径。首先,财税现代化有助于经济制度类高性价比公共产品的可持续生产和供给,从而通过"德富一致"类公共产品——经济制度的生产和供

---

① 中共中央文献研究室编:《毛泽东年谱》(1949—1976)(第4卷),中央文献出版社2013年版,第321页。
② 邓小平:《邓小平文选》(第二卷),人民出版社1994年版,第308页。
③ 王海明:《新正义论:国家制度与国家治理价值标准体系》,商务印书馆2022年版,第9页。

给，有效提升纳税人尊严总体水平。其次，财税现代化有助于政治制度类高性价比公共产品——政治制度的可持续生产和供给，从而通过"德—福—致"类公共产品——政治制度的生产和供给，有效提升纳税人尊严的总体水平。再次，财税现代化有助于道德规则类高性价比公共产品——道德制度的可持续生产和供给，从而通过"德道一致"类公共产品——道德制度的生产和供给，有效提升纳税人尊严的总体水平。最后，财税现代化有助于文化制度规则类高性价比公共产品——文化产业制度规则的可持续生产和供给，从而通过"德识一致"[①]类公共产品——文化产业制度的生产和供给，有效提升纳税人尊严的总体水平。

（二）中观系统途径

中观系统途径是指通过财税制度规则与过程的现代化，直接提升纳税人尊严总体水平，就是要通过持续不断地将财税现代化价值——终极、最高、根本与重要道德价值，实质性"嵌入"财税制度规则与过程，直接提升纳税人尊严的总体水平。

（三）微观具体途径

微观具体途径意味着，纳税人个体也可通过知、情、意的教育培养与自我修养，去提升纳税人尊严水平。如本书第四章所言，可通过教育——言教、奖惩、身教、榜样四种方法，以及自我修养——学习、立志、躬行、自省四种内在修养功夫，不断提升个体纳税人的尊严水平，追求和感受"尊贵、庄严的愉悦型心理体验"。

四、中国式财税现代化的基本特征

（一）中国式现代化的基本特征

党的二十大报告指出，中国式现代化是人口规模巨大的现代化，是

[①] 参阅王海明：《新伦理学原理》，商务印书馆2017年版，第734-744页。

全体人民共同富裕的现代化，是物质文明和精神文明相协调的现代化，是人与自然和谐共生的现代化，是走和平发展道路的现代化。中国式现代化，是中国共产党领导的社会主义现代化，既有各国现代化的共同特征，更有基于自己国情的中国特色。

问题在于，由于中国式现代化是以国家为标准对"现代化"的一种外部分类，中国式现代化与"现代化"无疑是一种个别与一般的关系，现代化是"大体"，是决定性、根本性与全局性的，中国式现代化则是"小体"，是被决定、非根本与非全局性的。因此，中国式现代化必须遵从或符合"现代化"的一般规律。毋庸讳言，就现代化之本质而言，则应逐渐与人类共同的现代化价值目标逐渐接近和融合。中国式财税现代化与中国式现代化，也是一种个别与一般的关系，中国式现代化是决定性、根本性与全局性的，中国式财税现代化是"小体"，是被决定、非根本与非全局性的。同时，中国式现代化与中国式财税现代化是一种包含与被包含的关系，是一种整体与局部的结构性关系，即中国式现代化包含中国式财税现代化。具体就财税现代化在现代化中的特有地位与功能而言，中国式财税现代化是中国式现代化的题中应有之义。而且，中国式财税现代化乃是推进中国式现代化的最佳"切入点"或"突破口"。

（二）中国式财税现代化的基本特征

中国式财税现代化的基本特征具有中国式现代化的所有特征。具体表现如下。

1. 中国式财税现代化是以社会主义国体与以公有制为主体的所有制为基础，由中国共产党全面领导的。

2. 中国式财税现代化是以"全过程人民民主制"作为政体基础，由中国共产党全面领导的。

3. 中国式财税现代化是以尚不完备的社会主义市场经济为物质基

础,由中国共产党全面领导的。

4.中国式财税现代化是以马克思主义作为思想文化基础,由中国共产党全面领导的。

5.中国式财税现代化是以独特传统文化作为社会形态基础,由中国共产党全面领导的。

坦率地说,中国式现代化和中国式财税现代化最突出最根本的特征是中国共产党的全面英明正确领导。事实上,中国式现代化和中国式财税现代化的转型方向、实现过程以及重大举措等,都是由中国共产党作出决定和决策,并带领全国各族人民和团体实施与推进的。

五、兼论以中国式财税现代化提升纳税人尊严面临的挑战与对策

以中国式财税现代化全面促进纳税人尊严总体水平的提高,必须直面的主要挑战与因应对策如下。

(一)必须直面的主要挑战

1.要直面中国式财税现代化与财税现代化及中国式现代化之间矛盾或冲突的挑战。一方面,中国式财税现代化与财税现代化是一种个别与一般的关系,前者是"小体",是被决定、非根本与非全局性的,后者是"大体",即是决定性、根本性与全局性的。换句话说,中国共产党全面领导下的"中国式财税现代化"在具体实现路径和举措方法的选择上,具有自主性与主观性毋庸置疑,但同时还必须遵从财税现代化发展的一般规律。因为,财税现代化的客观性是不以人的意志为转移的,其结构、优劣评价标准是客观的,优良财税现代化规则的制定过程是客观的,优良财税现代化的本性也是客观的,财税现代化优劣发展的规律更是客观的。另一方面,中国式现代化与中国式财税现代化则是一种包含与被包含,或者说整体与局部的结构性关系,即中国式现代化包含中国式财税现代化。就财税现代化在现代化中的特有地位与功能而言,中国

式财税现代化是中国式现代化的题中应有之义。质言之，中国式财税现代化乃是推进中国式现代化的最佳"切入点"或"突破口"。问题是，如果中国式财税现代化与财税现代化之间、中国式财税现代化与中国式现代化之间发生矛盾或冲突，都可能使现代化的美好愿望落空。逻辑上，"中国式财税现代化"建设必须直面的首要挑战在于——如何正确处理中国式财税现代化与财税现代化之间的关系，并防范和及时化解二者之间的矛盾或冲突。因为这一基本关系的理顺与否，直接关系中国式财税现代化的优劣，关系中国式财税现代化终极目的之实现与否。同时则必须正确处理中国式财税现代化与中国式现代化之间的关系。因为二者之间既是一种个别与一般的类型关系，也是一种局部与整体的结构性关系。即中国式财税现代化既是中国式现代化的重要组成部分，同时因为财税现代化在国家治理现代化体系中特有的"枢纽性"功能和作用，更是促进中国式现代化尽快转型的最佳"突破口"。

2. 要直面中国式财税现代化终极目的或两大具体标准之间权变与坚守之矛盾或冲突的挑战。中国式财税现代化的终极目的，是可持续增进全社会和每个国民的"利益或福祉、幸福和尊严"总量，具体是满足每个国民不断增长的美好生活需求，提升每个纳税人的尊严水平。逻辑上，这便成为判定中国式财税现代化得失成败以及优劣的终极标准。换句话说，凡是有助于每个国民不断增长美好生活需求满足和尊严水平提升的财税现代化，不论其形式上多么不完备，甚至粗糙，也是好的、值得追求和推进的中国式财税现代化；反之，如果是阻滞每个国民不断增长美好生活需求满足与尊严水平提升的财税现代化，即使再完美、精美、精准，都是不值得追求和推进的中国式财税现代化。具体来说，当财税现代化主体之间涉税利益没有发生根本性冲突、可以两全时，这种财税现代化奉行的应该是"不伤一人地增进所有人利益"之"帕累托最优原则"和价值；但当财税现代化主体之间涉税利益发生了根本性冲突、不可以两全时，这种财税现代化奉行的应该是"最大净余额原则"即"最大多数人的最大利益原则"和价值。因此，如何正确处理中国式财税现代化终极目的或两大具体标准之间的矛盾或冲突，就是中国式财税现代化必须直面的主要挑战。

毋庸讳言，目前既存在对中国式财税现代化终极目的和标准认识不清等问题，同时更不知在终极总标准之下还有终极分标准。或者说，虽然知道有终极总标准与分标准，但不清楚终极分标准使用的具体条件等。具体来说，既不知道在没有冲突境遇下应该奉行"帕累托最优原则"和价值，也不知道在发生冲突的境遇下应该奉行"最大净余额原则"和价值的道理。

更为遗憾的是，当前财税治理或者现代化，至今仍然以为，财税治理的终极目的是"聚财、宏观经济与国民收入分配调节"，同时还在将"效率优先，兼顾公平"奉为指导思想。岂不知，效率与公平不可能冲突，与公平冲突的只能是平等原则，而平等原则作为社会公正的根本原则，是由完全平等与比例平等两大原则构成，效率原则如果与平等原则一致，就是公正平等；如果违背平等原则，则既可能公正公平，也可能不公正不平等。正如王海明先生所言，因为"社会公正的根本原则最终可以归结为'平等'：一方面，每个人因其最基本的贡献完全平等——每个人一生下来便都同样是缔结、创建社会的一个股东——而应该完全平等地享有基本权利、完全平等地享有人权，可以名之为完全平等原则；另一方面，每个人因其具体贡献的不平等而应享有相应不平等的非基本权利，也就是说，人们所享有的非基本权利的不平等与自己所做出的具体贡献的不平等比例应该完全平等，可以名之为比例平等原则。"[1] 诚哉斯言！

---

[1] 王海明：《新伦理学》(上)，商务印书馆2008年版，第323页。

3.要直面可持续发展阶段性目标与终极理想目标之间矛盾或冲突的挑战。中国式财税现代化建设无疑也是一个系统工程，而且鉴于中国具体国情实际，不可能一蹴而就。因此，如何正确处理中国式财税现代化可持续发展的阶段性目标与终极理想目标之间的关系，也是必须直面的主要挑战。问题是，在当前财税现代化实践中，存在无视或忽视财税现代化主体行为事实如何之规律的现象，具体表现为，财税现代化规则标准的制定，缺乏健全的民意汇总机制的支持与保障，大多是由少数执掌财税现代化权力的官员来做决定，制定财税现代化的规则体系，分配财税权利与义务。逻辑上，由于财税现代化权力监督尚未实现有效的"闭环式"机制，既无法保证财税权利与义务分配的公正平等，更无法制定科学优良的财税现代化规则体系。更重要的是，能否及时准确把握全体国民的财税需求，特别是大多数国民对公共产品与服务的阶段性需求、欲望、兴趣及其衍生物的特点，并可持续地生产与供给，直接关系中国式财税现代化可持续化推进的动力与能量大小。因为财税现代化可持续发展阶段性目标的实现，有助于大多数国民不断增长现实美好生活需求的满足与纳税人尊严的提升，从而奠定财税现代化理想目标实现的心理基础，有助于大多数国民不断增长理想美好生活需求之满足，最终促进中国式财税现代化理想目标的实现。换句话说，如果可持续发展阶段性目标与终极理想目标之间存在矛盾或冲突，比如说，仅仅关注前者而无视后者，日久则会使国民或纳税人丧失推进、参与财税现代化建设的动力与热情。同理，如果仅仅关注后者而无视前者，很可能使中国式财税现代化误入好高骛远、不接地气的"理想化陷阱"，最终也无助于中国式财税现代化建设的有效推进，无法助力纳税人尊严水平的提升。因此，中国式财税现代化必须直面可持续发展阶段性目标与终极理想目标之间矛盾或冲突的挑战。

4.要直面中国式财税现代化价值与规则或内容与形式之间矛盾或冲

突的挑战。从前述中国式财税现代化的界定可知，中国式财税现代化既有规则结构层面的具体要素，诸如财税现代化主体、客体、对象等技术性规则要素，同时也具有内容与形式的基本结构，即财税现代化价值与财税现代化规则之基本结构。因此，一是中国式财税现代化建设，既要直面规则结构层面的具体要素之间矛盾或冲突的挑战，也要直面内容与形式之间财税结构性矛盾或冲突的挑战。因为中国式财税现代化价值内容在于——征纳两利，即要有助于全社会和每个国民"利益或福祉、幸福和尊严"总量的增进。凡是与这一现代财税价值一致的财税现代化，就是值得追求的，就是内容与形式一致的；相反，如果只是有助于少数国民"利益或福祉、幸福和尊严"总量之增进、纳税人尊严之提升，便是与这一现代财税价值矛盾和冲突的，是不值得追求的，也就是内容与形式背离和冲突的财税现代化，是应该尽力避免的财税现代化，是必须直面的财税现代化挑战。二是中国式财税现代化要直面完备结构领域矛盾或冲突的挑战。因为财税现代化尽管是由财税价值与财税价值规则基本结构构成，但如果缺少"财税现代价值判断"这个"中介"的话，也不可能由财税价值直接推导出财税价值规则。也就是说，如果现代财税价值判断是错误的，便存在完备结构领域内的矛盾与冲突，不利于中国式财税现代理想目标的实现。三是中国式财税现代化要直面深层结构领域的矛盾或冲突的挑战。因为现代财税价值是基于现代财税行为事实如何之规律的固有属性，从社会推进财税现代化之终极目的中推导出来的，如果对现代财税行为事实如何之规律与财税现代化终极目的的科学性认知存在错误，便不可能获得真理性的现代财税价值，也就不可能通过现代财税价值判断推导制定出优良财税现代化规则，无法有效推进中国式财税现代化理想目标的实现。道理在于，价值是"客体的事实属性对于主体的需要——及其经过意识的各种转化形态，如欲望、兴趣、目的等等——的效用"①。因此，如果我们对现代财税行为事实如何之规律与财税现代化终极目的认知"一真一假"，或者"同假"，就不可能获取真理性的现代财税价值，也就不可能再通过现代财税价值判断，推导制定出优良科学的财税现代化规则，进而推进优良科学的中国式财税现代化，满足每个国民不断增长的美好生活需要，实现增进全社会和每个国民的"利益或福祉、幸福和尊严"总量之终极目的，全面提升纳税人尊严总体水平。因此，中国式财税现代化必须直面价值与规则或内容与形式之间矛盾或冲突的挑战。

5. 要直面中国式财税现代化诸多财税现代化价值观之间矛盾或冲突的挑战。因为现代财税价值，乃是现代财税价值规则得以推导和制定的内在根据，现代财税价值的真理性越丰裕，所制定之现代财税价值规则越科学越优良，据此推进的中国式财税现代化越有助于更多国民美好生活之实现和纳税人尊严水平的提高；相反，现代财税价值的真理性越匮乏，所制定之现代财税价值规则越落后越恶劣，据此推进的中国式财税现代化便越无助于更多国民美好生活之实现，越会拉低纳税人尊严水平。问题是，在"现代财税价值"的名义下，一是就终极价值层面而言，既有终极价值认知的矛盾与冲突挑战，诸如增进全社会和每个国民利益或福祉总量，还是增进少数国民利益或福祉总量？还有冲突与不冲突境遇下之终极财税价值的矛盾或冲突挑战，以及终极财税价值与具体财税价值的矛盾或冲突挑战。二是就最高财税价值而言，则有人道自由与非人道不自由财税价值之间的矛盾或冲突挑战。如前所述，自由一般原则之平等、法治与限度之间也可能产生矛盾或冲突；自由一般原则之政治自由、经济自由与自由之间也可能产生矛盾或冲突。三是存在不同财税价值主体之间权利与义务交换公正或不公正的矛盾或冲突挑

---

① 王海明：《新伦理学》（上），商务印书馆2008年版，第1页。

战。比如国民与国家之间、国民之间、官员之间财税权利与义务存在的矛盾或冲突挑战，具体表现为这些财税现代化主体的基本权利与义务之间，以及非基本权利与义务之间矛盾或冲突挑战，等等。但深究其因，这一领域的矛盾或冲突，集中体现为财税现代化权力合意性的大小及其监督的有效性之强弱等挑战。当然，重要财税价值之间的矛盾或冲突，诸如诚信、便利与节俭等财税治理价值之间的矛盾或冲突也不应忽视。逻辑上，中国式财税现代化如果不能有效化解财税现代化价值领域的矛盾或冲突的话，建设中国式财税现代化也会事倍功半，甚至南辕北辙，便不可能促进纳税人尊严水平的总体提升。

6.要直面中国式财税现代化领导与共治之间可能存在的矛盾或冲突挑战。中国式财税现代化的有序推进和实现，既需要中国共产党的全面正确领导，指明大方向，也需要全体纳税人和国民的广泛参与。理论上，仅有前者会缺少动力，仅有后者则容易犯方向性错误。用一句话来说，不论是缺少哪一方面，都有悖中国式财税现代化建设的初衷，无助于每个国民不断增长的美好生活需求的满足，无法最大限度地增进全社会和每个国民"利益或福祉、幸福与尊严"总量，促进纳税人尊严水平的总体提升。因此，一方面，应该如何保证中国式财税现代化领导者少犯错误或不犯错误、少走弯路且不走邪路，便是新时代中国共产党领导集体必须直面的挑战；另一方面，如何激发广大纳税人和国民积极参与中国式财税现代化建设的热情，最大限度汇聚国民与中国共产党共同推进中国式财税现代化力量，也是需要直面的挑战。因为唯有中国共产党的全面英明正确领导，才能保证中国式财税现代化始终走在财税现代化的文明大道上；同样，唯有广大纳税人和国民的积极参与共治，才能汇聚中国式财税现代化建设可持续推进的动力与能量，全面有效提升纳税人尊严总体水平。

7.直面中国式财税现代化中传统财税文化与现代财税文化矛盾或冲

突的挑战。毋庸讳言,传统财税文化固然有不少值得借鉴和继承的优秀因子,但同时也存在一些落后糟粕的因子,与现代财税价值相悖,有碍中国式财税现代化的实现。不论儒家、墨家,还是法家、道家等,中国传统财税的共同特征都是主张国家财税统治最高权力应该属于君主一个人,而且君主应该不受任何约束地独裁税收征纳重大事宜,主宰国家的一切财税活动。王毓铨先生分析认为,传统中国财税专制统治,主要是通过历代日臻精密的"编户齐民"机制实现。他认为,构成古代中国封建历史上的"编户齐民"主体的农民(明代的"民户"),其身份是不"自由"也不"独立"。即其"人身和其他编户的人身一样是属于皇帝的。……皇帝可以役其人身、税其人身、迁移其人身、固着其人身。只要他身隶名籍,他就得为皇帝而生活而生产而供应劳役;而不著籍又是违背帝王大法的。……在古代中国的编户齐民中,自由和独立的事实是不存在的,可能连这两个概念也没有。……从周王说他受命于天为民之极起,一直到明清,没有一个皇帝不是自诩'奉天承运'的。明朝的皇帝每于郊祀上报皇天牧养有成时,都是把全国的户口簿籍《赋役黄册》陈于祭台之下,表示上天赐予他的对人民土地的所有权。有意思的是经两三千年,在十七世纪以前,没见有人对皇帝的这种权力提出质问,更没有人讨论过编户齐民为什么或是否应该接受这种权力的支配"[①]。或如韩愈所言,中国皇权专制赋税的基本特征就是:"君者,出令者也;臣者,行君之令而致之民者也;民出粟米麻丝,作器皿,通财货,以事其上者也。君不出令,则失其所以为君;臣不行君之令而致之民,民不出粟米麻丝,作器皿,通货财,以事其上,则诛!"[②]无疑,这与现代财税价值所主张之自由公正价值相悖,自然也是中国式财税现

---

① 王毓铨:《王毓铨史论集》(上),中华书局2005年版,第687—688页。
② 韩愈著,马其昶、马茂元校注:《韩昌黎文集校注·原道》(卷一),上海古籍出版社1988年版。

代化及其纳税人尊严水平总体提升必须直面的最大挑战之一。

（二）因应对策

基于上述中国式财税现代化对纳税人尊严提升必须直面的挑战与冲击分析，笔者认为，主要因应对策如下。

1.要科学厘清中国式财税现代化与财税现代化及中国式现代化之间的关系。一要厘清中国式财税现代化与财税现代化二者之间的关系，不可混淆二者之间的个别与一般之关系，特别是"小体"与"大体"之间的关系，即二者之间的决定与被决定、根本与非根本、全局与非全局性关系，更不可颠倒二者之间的主客关系。二要厘清并正确处理中国式财税现代化与中国式现代化的关系。因为这二者之间既是一种个别与一般的类型关系，也是一种局部与整体的结构性关系。三要厘清并正确处理上述两对基本关系，关键是如何深化对现代化及现代性等基本问题的认知，即能全面把握现代化及现代价值的内涵与本质、结构与类型等，避免中国式财税现代化陷入"现代化是个框，什么都能装"的误区或泥淖。用一句话来说，中国式财税现代化实现的具体途径和方式可以多种多样，但中国式财税现代化本身所具有的客观性不容无视和否认，正确处理中国式财税现代化与财税现代化、中国式现代化之间的关系，乃是思想与逻辑前提。

2.要明确中国式财税现代化终极目的和两个具体标准，并厘清与两大具体终极分标准之间的关系及其各自使用的条件与范围。中国式财税现代化的终极目的和标准是满足每个国民不断增长的美好生活需求，即增进全社会和每个国民的"利益或福祉、幸福和尊严"总量。一是在财税现代化主体之间利益没有发生根本性冲突、可以两全的前提下，应该奉行和遵从"不伤一人地增进所有人利益"之"帕累托最优原则"的终极分标准；一旦财税现代化主体之间利益发生根本性冲突、不可两全时，则应该谨慎奉行和遵从"最大利益净余额原则"即"最大多数人的最大利益"终极分标准,并对利益受损者在自愿同意的情况下给予满意的补偿。二是必须改正以财税治理现代化具体目的——"聚财、宏观经济与国民收入分配调节"为财税现代化终极目的的错误认知,即以为中国式财税现代化成败得失优劣,要看能不能聚财和花钱之总量如何,或者对宏观经济和国民收入的调节如何等。当然,在这三大财税治理具体目的与终极目的没有发生根本性冲突的前提下,"聚财、宏观经济与国民收入分配调节"三大具体目的的存在价值也不应被否认。三是要彻底反思"效率优先,兼顾公平"指导思想的认知缺陷,树立正确的公平与效率观念,自觉有意识地加速完全平等原则价值与比例平等原则价值的财税现代化规则之"嵌入",这决定中国式财税现代化结构之合理与否。

3.要正确处理中国式财税现代化可持续发展的阶段性目标与终极理想目标之间的关系。一是必须借助现代信息技术,建立国民和纳税人利益表达机制,及时收集和汇总征税与"用税"需求和意愿,并以此作为中国式财税现代化的价值导向系统,设定符合中国国情与财税实际的阶段性财税现代化目标,保证中国式财税现代化可持续性推进的基本动力与基础能量。具体要以大多数国民对公共产品与服务的阶段性需求、欲望、兴趣及其衍生物特点为导向,及时足额生产和供给高性价比、结构合理、类型丰富的公共产品与服务,及时满足大多数国民不断增长的现实美好生活需求,为财税现代化理想目标的实现奠定现实基础。二是必须紧扣财税现代化的终极目的与标准,并以此为圭臬,时刻提醒和矫正中国式财税现代化的阶段性目标、路径与举措方法,保证中国式财税现代化少走弯路、不走邪路。三是中国式财税现代化必须推进财税现代化行为心理事实如何之规律研究,奠定财税现代化的原动力基础,不断获得或接近真理性财税现代化价值,为中国式财税现代化规则——财税权利与义务规则体系的优化奠定基础,为全面提升纳税人尊严总体水平奠定基础。

4.要特别注重中国式财税现代化的结构性优化问题,能有效因应财税现代化价值与规则之间的矛盾或冲突。一方面要注意中国式财税现代化规则层面的结构优化问题,诸如财税现代化主体、客体、对象等技术性规则要素之优化;另一方面更要注重中国式财税现代化基本、完备与深层结构性优化问题。既要注重中国式财税现代化内容与形式基本结构的优化,也要注重财税价值、财税价值判断与财税价值规则完备结构的优化,更要注重财税现代化目的、行为事实、财税现代价值、财税现代价值判断与财税现代价值规则深层结构的优化。因为科学优良之中国式财税现代化意味着,一是其规则层面具体要素的结构性优化必不可少,但基本、完备和深层结构性优化更为重要;二是就中国式财税现代化基本结构而言,财税现代化内容与形式要统一,即财税现代化规则之形式要与财税现代化价值内容——征纳两利有机统一,不可背离,即要有助于全社会和每个国民不断增长的美好生活需求之满足和纳税人尊严水平之提升;三是就中国式财税现代化的完备结构优化而言,财税现代化价值、财税现代化价值判断与财税现代化价值规则三者也要统一和优化,不仅财税现代化价值要富于真理性,财税现代化价值判断也要正确无误,唯有如此,方可推导制定出优良科学的财税现代化标准,不断抵达财税现代化的终极目的,满足全社会和每个国民不断增长的美好生活需求,提升纳税人尊严总体水平;四是就中国式财税现代化深层结构而言,科学优良之中国式财税现代化,还必须实现财税现代化终极目的、财税现代化行为事实如何之规律、财税现代化价值、财税现代化价值判断以及财税现代化规则五者之间的有机统一和优化。理论上,对现代化财税行为事实如何之规律与财税现代化终极目的的认知一真一假,或者"同假",都不可能获得真理性的财税现代化价值,此时,即使财税现代化价值判断的"中介"作用不会失灵,也不可能推导制定出科学优良之财税现代化规则,从而推进优良科学之中国式财税现代化,有效满足每个国民不断增长的美好生活需求,提升纳税人尊严总体水平。

5.要正确协调和处理中国式财税现代化价值之间的矛盾或冲突问题。毋庸讳言,中国式财税现代化价值之间,既存在结构性矛盾或冲突,比如终极价值、最高价值、根本价值、重要价值之间的矛盾或冲突,也存在各种类型之间的矛盾或冲突,比如共同财税现代化价值与特定财税现代化价值之间的矛盾或冲突,也有绝对财税现代化价值与相对财税现代化价值之间的矛盾或冲突,还有主观财税现代化价值与客观财税现代化价值之间的矛盾或冲突。无疑,在财税现代化名义下的形形色色的财税现代化价值观之间,肯定也会发生各种各样的矛盾或冲突,而且都会从思想深处影响中国式财税现代化进程的快慢。

逻辑上,首先必须弄清楚,真正科学优良的财税现代化价值是什么?由什么构成?其次要清楚财税现代化价值矛盾或冲突究竟属于哪一个层面?是终极价值层面的还是最高价值层面的,是根本价值层面的还是重要价值层面的,或者是终极、最高、根本、重要价值之间的?等等。最后还要弄清楚这些财税现代化价值冲突属于哪一类型的,即是属于共同财税价值与特定财税价值之间的,还是绝对财税价值与相对财税价值之间的,或是主观财税价值与客观财税价值之间的。若是属于结构性财税价值矛盾或冲突,则要依重要、根本、最高、终极价值的顺序取舍,终极价值是最后的裁决标准,其他价值都要服从终极价值,即终极价值负责最高、根本与重要价值之间发生矛盾与冲突时的裁决。若是类型冲突,一般情况下,无疑特定的应顺应共同的,相对的应顺应绝对的,主观的应顺应客观的。以共同财税现代化价值规则为例,共同财税现代化价值规则是否具有"可普遍化性",乃是衡量其优劣的重要标准。道理正如黑尔所言,因为道德(规则之价值导向系统——笔者注)应该具有两个特性:"第二个特性通常被叫作可普遍化性。可普遍化性的意思是,一个人说'我应该',他就使他自己同意处在他的环境下的任何人应该。"① 又比如，尽管财税现代化规则的主观性毋庸否认，但如前所述，财税现代化规则的客观性更为重要，它决定一切科学、优良财税现代化规则的核心特征。

6. 要正确处理中国式财税现代化领导与共治之间的关系。因为中国式财税现代化的有序推进和实现，既需要中国共产党全面正确的领导，也需要广大国民的共同参与，需要党—民、官—民、民—民的同心同力之共治。唯有正确处理二者之间的关系，及时有效化解矛盾或冲突，才可能保证中国式财税现代化不犯或少犯方向性错误，消减系统性财税现代化风险，同时也可汇聚中国式财税现代化建设所需要的强大动力与能量，促进纳税人尊严水平的总体提升。

一是就前者而言，无疑有待"全过程人民民主制"优势的进一步展现和发挥，从制度上彻底解决中国式财税现代化权力在社会主义初级阶段存在的不完备不健全问题，即不断扩大财税现代化权力的民意基础，并加速建立"闭环式"财税现代化权力监督机制，真正把中国式财税现代化权力"装进制度的笼子"，有效遏制财税现代化权力的寻租和滥用现象，满足每个国民不断增长的美好生活需求，增进全社会和每个国民的"利益或福祉、幸福与尊严"总量。二是就后者而言，建立"征纳两利"的中国式财税现代化"共治"体系，本来就是中国式现代化的应有之义。而且唯有"共治"，方能最大限度地汇聚积极参与中国式财税现代化建设的动力与能量。因为"共治"的前提是价值的"共识与共鸣"，是国民对中国式财税价值的认同，也是国民对自己利益和需求的关注。深究是因为，中国式财税现代化权利与义务交换规则的公正性，直接决定财税现代化结构的稳定性与公正性，影响中国式财税现代化在中国式现代化体系中"基础性、支柱性与保障性"及其"枢纽性"功能与作用

---

① R.M.Hare, *Essays in Ethical Theory*, Clarendon Press Oxford, 1989, p179.

的有效发挥。而财税现代化权利与义务公正交换的前提是财税现代化权力之合法性及其监督的有效性,而财税现代化权力之合法性,则取决于全体国民或纳税人的认同。三是"征纳两利"的中国式财税现代化"共治"体系的建立意味着,财税现代化权力合法性基础的坚实,合意性的扩大,监督有效性的提高等。唯有此,方可有助于中国式现代化及其财税现代化"共治"动力的动员与凝聚。也唯有这样的中国式财税现代化,才能最大限度地推动中国式财税现代化理想目标的尽快实现,增进全社会和每个国民"利益或福祉、幸福和尊严"总量,真正助力纳税人尊严总体水平的提升和中华民族伟大复兴的中国梦的早日实现。

7.要正确处理传统财税文化继承与中国式财税现代化价值倡导之间的关系。传统财税文化中的糟粕需要剔除,有用的因素需要筛选和集成,正如学者张光直所言,"中国史中潜伏的重要意义一旦被社会科学者认识并且加以利用,中国历史一定成为许许多多研究题目集中利用的宝库,因此有21世纪是社会科学的中国世纪的一说"[1]。传统财税文化中存在的与现代财税价值相悖的思想需要全面清理和剔除。一是必须彻底清理和剔除传统财税文化中存在的专制皇粮国税永恒的财税价值观,树立"主权在民""人民至上"等现代财税价值观。二是要彻底清理和剔除传统财税文化中存在的那些非人道、不自由的财税价值观,真正树立"把纳税人和国民当人看,并努力使全体国民成为人"的现代财税价值观。比如彻底清理和剔除那些不平等、非法治、无限度等传统财税价值观,以及政治、经济、文化不自由等传统财税思想。三是要彻底清理和剔除传统财税文化中存在的那些不公正不平等等财税价值观。比如既无视财税主体之间基本财税权利与义务分配的完全平等原则的财税价值

---

[1] 转引自王海明:《中国经济特色——中西经济制度及其社会形态之比较》,商务印书馆2022年版,扉页。

观，也无视财税主体之间非基本财税权利与义务分配的比例平等原则的财税价值观，即仅仅重视庶民之间义务分配公正平等问题，无视国民与国家之间财税权利与义务交换及分配公正问题等财税价值观。当然，根本说来，一方面要全面彻底地清理和剔除几千年来反复加固或催生传统财税价值观的"官奴制"[①]社会基础；另一方面要大力倡导有助于全社会和每个国民"利益或福祉、幸福和尊严"总量增进的最高现代财税价值——人道自由、平等、法治、限度，政治、经济和思想自由，以及根本财税价值——公正与诚信、便利与节俭等。

六、结语

总之，中国式财税现代化是中国式现代化的重要组成部分，二者之间既是一种局部与整体的包含与被包含关系，也是一种个别与一般的类型关系。鉴于财税在国家治理体系中独有的"基础性、支柱性与保障性"及其"枢纽性"功能和作用，中国式财税现代化既是推进中国式现代化转型的最佳"切入点"与"突破口"，也是全面提升中国纳税人尊严总体水平的"枢纽性"内驱力。而中国共产党全面领导的中国式财税现代化，应该是客观与主观、绝对与相对、共同与特定有机统一的，一定能最大限度提升纳税人尊严的总体水平。必须强调的是，就财税现代化的本性而言，中国式财税现代化的总体趋势应该是客观、绝对、共同和向善的，有助于最大限度提升纳税人尊严总体水平。但理性地讲，在世界"百年未有之大变局"下，中国式财税现代化要促进纳税人尊严总

[①] 中国五千年来一直是官奴社会，是官奴制封建社会，说到底，是以官奴封建制为主导而伴之以官奴资本主义和官奴隶制的官奴社会。这就是中国自五帝时代以降，五千年来，庶民阶级毫无权力、软弱无力，不敢不服从全权垄断、强大无比的专制者及其官吏阶级——不服从者不得食——而始终未能实现民主之最深刻原因。王海明：《中国经济特色——中西经济制度及其社会形态之比较》，商务印书馆2022年版，内容提要。

体水平的提高，任重道远。我们必须直面挑战，积极应对。相信有中国共产党的正确领导，中国式财税现代化不仅会早日实现，而且能有效发挥其对中国式现代化特有的推进作用，全面提升中国社会纳税人尊严的总体水平。所幸，中国共产党第二十次全国代表大会报告提出的"用好税、收好税与共享税"①财税现代化价值论断，已经为中国式财税现代化助力纳税人尊严水平的总体提升指明了方向，提供了精神和动力资源，同时也确定了实践的着力点。

---

① 二十大报告中财政论述部分，将"用好税"（健全现代预算制度）放在首位，"收好税"（优化税制结构）放在第二位，无疑更加强调和突出"用好税"在未来中国式现代化建设中的重要地位。报告同时将"共享税"（完善财政转移支付体系）与预算、税制并列则意味着未来国家治理的重点在于——通过"共享税"职能的进一步发挥，促进"共同富裕"理想目标的实现。从学理而言，二十大报告关于财政的论断，更加接近财政治理的大道规律，未来效用值得期待。因为"用好税"与"共享税"，既是财政制度现代化的内在根据和要求，同时也是"收好税"的根本理由与价值基础。姚轩鸽：《二十大报告解读：用好税、收好税、共享税》，《财政监督》2022年第23期。

第十一章
结　语

　　新冠疫情三年，世界一夜之间变得既陌生又熟悉。云谲波诡的世界政治经济形势，冲突此起彼伏的地缘政治乱象，波涛汹涌的"逆全球化"潮流，异化问题日益凸显的科技高速发展态势等，无不加剧了人们的焦虑与担忧。真乃"百年未有之大变局"也！当此之时，国家民族应如何处变不惊，继续高质量发展呢？家庭、个人该如何未雨绸缪，保证生活质量不变或者还能有所提升呢？坦率地说，这是新时代每个国家和民族，以及每一位个体都必须直面和思考的大问题与大课题。

　　大道至简，万变不离其宗，我们应该把握根本和关键要素。

　　在笔者看来，从"纳税人尊严"总体水平的提升着手，或是因应"大变局"下诸多不确定性风险的最佳切入点或着力点。因为"纳税人尊严"是指纳税人"在履行缴纳税款义务过程或之后，特别是在平等交换到高性价比公共产品与服务，满足了其涉税需要、欲望、目的与兴趣等衍生物之后所获得的尊贵、庄严的愉悦型心理体验"。因此，不论是自然人纳税人，还是法人纳税人，其总体尊严水平越高意味着，一方面，这个国家和社会的财税制度越优良，财税治理水平越高，整体治理越高效，有助于全社会和每一个纳税人获得"尊贵、庄严之愉悦型心理体验"，同时也会激发每个社会成员创获物质与精神财富的首创精神,汇聚经济社会高质量、可持续发展的原动力。

另一方面,一个国家的公共产品供给系统越健全和高效,公共产品性价比便越高、结构就越合理,可持续生产与供给的后续动力就越大,纳税人涉税需要、欲望、目的与兴趣等衍生物越容易得到满足,越会"获得尊贵、庄严之愉悦型心理体验",越会间接从总体上激发整个社会创获物质与精神财富者的首创精神,汇聚经济社会高质量、可持续发展的原动力。"纳税人尊严"总体水平是评价财税改革及其政治、经济、文化体制改革成败得失的终极标准。逻辑上,如果以此作为价值导向和评价系统,优化财税制度规则与治理过程,或能收获事半功倍的效果。具体分述如下。

一、提升纳税人尊严总体水平的思想途径

思想是行动的前提。法国小说家马丹·杜·加尔说:"哪里有理性智慧,哪里就有尊严。"要提升纳税人尊严总体水平,就应该全面提高和深化对"纳税人尊严"问题的理性认知水平。即要不断深化对纳税人尊严内涵与本质、类型与结构等概念范畴与基本原理的认知。具体来说,每个纳税人和国民都要自觉拒绝"鹅叫论"错误财税思想的误导。

众所周知,"鹅叫论"出自17世纪法国财政学家科尔伯(Colbert, 1619—1683年)之口,在他看来,财税这套玩意,只是"拔最多的鹅毛,听最少的鹅叫"(Plucking the goose with as little squealing as possible)。而当时的法国,正处于封建剥削时代,科尔伯鼓吹这种财税剥削理论,仅仅把税收当作一种敛财的技术工具而已。在科尔伯眼里,百姓就是鹅,剥削者就是养鹅的人。因此,不论是杀鹅、吃鹅、卖鹅还是拔鹅毛,一切皆在于主人的意志。事实上,主张"鹅叫论"的法国,1789年就爆发了大革命,深层原因便在于,严重的税收拔毛不公,鹅太痛苦无法承

受。史载，大革命前夕，第一等级、第二等级虽然多已失去领地，但不交税，又有特权，享有年金。封建专制国家就把沉重的财政负担统统转移给第三等级。而第三等级要交的租税，据托克维尔统计，就有军役税、人头税、年贡、劳役、附加税、注册税等，法国已成为一个主要靠穷人纳税的国家。难怪当代美国税法学家查尔斯·亚当斯一针见血地指出："税收在中世纪并一直到现代社会，都起到了关键性的作用。在英国内战、美国革命和法国革命中，税收问题都是最重要的，甚至连儿童的学校教科书都关注税收问题。"①

西方如此，中国历朝历代的兴亡同样如此，比如秦二世、隋二世的灭亡，皆因赋税之痛太甚。道理就在于，在"鹅叫论"的逻辑下，"只要你收税收得多，而不至于惹乱子，这便算办税能手。"正如崔敬伯先生所言："流弊所及，凡是办税的人，俱以揩克为能，以聚敛为尚。"②客观上，在这一逻辑的指导下，国家会走上横征暴敛、竭泽而渔的绝境，最终引起纳税者的反抗与革命，引发系统性的税收风险。因为，"鹅叫论"从根本上颠倒、扭曲了国民与国家、纳税者与政府之间正常的"目的与手段"关系，加重了征纳关系的冲突与紧张，严重背离了财税体制改革增进全社会和每个国民利益或福祉、幸福和尊严总量的终极目的。显然，这也有违社会主义核心价值观，既无视人道自由的最高社会治理原则，也无视公正平等的根本治理原则，以及诚信等重要道德原则。用一句话来说，"鹅叫论"是一种仅仅注重枝节得失，无视财税制度与财税治理优劣根本问题的"说辞"而已。当然，在认同"鹅叫论"者看来，这只是打的一个比方，说明国家和政府征税要讲究艺术。

问题在于，税收毕竟是一种"必要的恶"，而且，不论是在封建专

---

① [美]查尔斯·亚当斯著，翟继光译：《善与恶——税收在文明进程中的影响》（第二版），中国政法大学出版社2013年版，前言。
② 崔敬伯：《崔敬伯财政文丛》（中），中央编译出版社2015年版，第900页。

制时代，还是在现代社会，都是如此。因为，税是国民用来从政府那里交换公共产品与服务的价款，其本质有两种根本不同的"鹅叫"效应：一种是"痛，并一直痛，等待鹅毛换回的糟糠，能活下去"；另一种是"痛，并快乐着，等待享受鹅毛换回的福利，幸福地生活"。显然，后一种"痛"有助于纳税人尊严水平的提升，而前一种"痛"则会拉低纳税人的尊严水平。因此，从实践视域看，拒绝"鹅叫论"，全面理顺政府与国民之间、征纳税人之间的目的与手段的实质交换关系，不断深化纳税人尊严认识，乃是总体提升纳税人尊严水平的思想前提。

二、直接提升纳税人尊严总体水平的基本途径

要全面提升纳税人尊严的总体水平，直接途径在于全面优化财税体制，既能优化税制规则与税收治理过程，也能优化预算制度规则与预算治理过程。具体阐述如下。

1.财税体制要以增进全社会和每个国民的利益或福祉、幸福和尊严总量为终极优化目的与目标。即要以是否"增进全社会和每个国民的利益或福祉、幸福和尊严总量"作为判定财税制度与财税治理过程优化改革得失成败的终极评价标准。即在财税主体之间，特别是征纳税主体（政府与国民）之间利益尚未发生根本性冲突、可以两全的境遇下，要以"帕累托最优原则"，也就是"不伤一人地增进所有人利益"原则，作为判定财税制度规则与财税治理过程优化改革得失成败的终极评价分标准；在财税主体之间，特别是征纳税主体（政府与国民）之间利益发生根本性冲突、不可以两全的境遇下，则要谨慎以"最大净余额原则"，也就是"最大多数人的最大利益原则"，作为判定财税制度规则与财税过程优化改革得失成败的终极评价分标准。必须强调的是，"帕累托最优原则"优先于"最大多数人的最大利益原则"；因为前者直接关系征纳税主体（政府与国民）之间基本权利与义务交换的完全平等性，后者

仅仅关系利益冲突境遇下重大利害关系的协调性。

2.财税体制要以人道自由道德原则作为判定财税制度规则与财税治理过程优化，以及财税改革得失成败的最高评价标准，即要看这种财税制度规则与治理过程的优化，是否有助于"把纳税人和国民当人看"，并能"使纳税人和国民成为人"。而且，这种财税制度规则与治理过程的优化，以自由的一般原则——平等、法治、限度原则，作为判定财税制度规则与财税治理过程优化和改革得失成败的一般最高标准。同时，以自由的具体原则——政治自由、经济自由与思想自由，作为判定财税制度规则与财税治理过程优化，以及财税改革得失成败的一般具体标准。换句话说，关键还要看人道自由最高道德价值，是否实现了财税制度与财税治理过程的实质性"嵌入"，也就是自由的一般原则——平等、法治、限度原则，以及自由的具体原则——政治自由、经济自由与思想自由，是否实现了财税制度与财税治理过程的实质性"嵌入"。

3.财税体制要以公正根本道德原则作为判定财税制度规则与财税治理过程优化，以及作为财税改革得失成败的根本评价标准；同时要看这种财税制度规则与治理过程的优化，是否以完全平等原则作为判定财税制度规则与财税治理过程优化，也就是财税改革得失成败的根本标准。

4.财税体制要以诚信、便利、节俭等重要道德原则作为判定财税制度规则与财税过程优化，以及判定财税改革得失成败的重要评价标准。既要看这种财税制度规则与治理过程的优化，是否符合诚信道德原则，也要看是否符合便利与节俭等重要道德原则。

当然，判定财税制度与财税过程优化改革得失成败，也不应忽视具体要素等技术原则和标准，特别是在具体要素等技术标准与终极、最高、根本与重要评价标准没有发生根本性冲突的前提下，其存在价值不可或缺。

三、间接提升纳税人尊严总体水平的宏观途径

要间接提升纳税人尊严总体水平，核心在于能切实重视或可持续生产与供给高性价比的制度规则类公共产品。或者说，能可持续、高质量地生产和供给有助于纳税人尊严总体水平提升的公共产品。

1. 要可持续、高质量生产与供给高性价比、有助于纳税人尊严总体水平提升的经济体制规则类公共产品，特别是自由公正之市场经济规则（经济道德与经济法）类公共产品，以便为纳税人尊严水平的总体提升和高质量发展汇聚物质的力量，奠定物质基础。无疑，这类公共产品旨在能让追求纳税人尊严者获得更多的发财致富机会，同时能有效遏制或消减纳税人尊严淡薄者发财致富的机会。道理就在于，纳税人越有尊严感，越会追求创造性与自我价值目标的实现，从而为社会创造更多的物质与精神财富，提供更多的税收，为公共产品的可持续、高质量生产和供给，提供充裕的公共资金保证；相反，纳税人尊严感的匮乏，则会挫伤其追求创造性和自我价值目标实现的积极性和热忱，其便缺少为社会创造更多物质和精神财富的动力和行动，便会消减税收收入，无法为公共产品的可持续、高质量生产和供给提供充裕的公共资金保证。在美国政治学者玛格丽特·利瓦伊教授看来，"国家岁入生产（State Revenue Production）的历史即国家的演进史"，而"统治的一个主要限制条件是岁入，即政府的收入。国家的岁入越多，统治就可能延伸得越广。岁入增强了统治者的能力，使他们能够精心建立国家机构，将更多的民众纳入这些机构的治理范围之内，并增加国家所提供的公共产品的种类和数量"[1]。为此，一要坚定走市场经济发展的路子，全面发挥市场在资源配置中的主导作用，警惕计划经济落后观念的回潮与干扰，关键是要有效

---

[1] [美]玛格丽特·利瓦伊著，周军华译：《统治与岁入》，上海人民出版社2010年版，第2页。

消减国有企业对市场经济生态环境的扭曲作用；二要政府坚守市场经济规则制定者与守护者的本分，坚决退出生产、分配、交换与消费的经济领域；三要致力于斩断资本拥有者与权力者合谋扭曲市场经济主体的"黑手"，防止权力剥夺与资本剥削对国民的双重压榨，坚定走社会主义共同富裕的理想道路；四要积极参与全球经济竞争，借助全球文明发展的优秀成果，助力纳税人尊严总体水平的提升；五要防范传统"官本位"财税文化和"官奴制"社会形态的负面效应，追求和构建具有现代文明价值的财税文化。

2.要可持续、高质量生产与供给高性价比、有助于纳税人尊严总体水平提升的政治体制规则类公共产品。即要可持续生产和提供高性价比政治清明类的公共产品，即能可持续生产和提供有助追求纳税人尊严者获得更多"尊贵、庄严之愉悦型心理体验"，并使纳税人尊严缺乏者难以获得更多"尊贵、庄严之愉悦型心理体验"的公共产品。当然，根本说来，要进一步通过全面优化社会主义民主政体，也就是充分发挥"全过程人民民主制度"的政治优势去实现。用一句话来说，就是要通过全面优化政治、经济、道德与文化产业权力，将国家治理的最高权力装进"制度的笼子"。

3.要可持续、高质量生产与供给高性价比、有助于纳税人尊严总体水平提升的道德体制规则类公共产品。具体来说，由于纳税人尊严是有层次的，既有最高的纳税人尊严标准，也有基本的纳税人尊严标准，还有最低的纳税人尊严标准。逻辑上，要全面提升纳税人尊严总体水平，就应该理性正视和尊重纳税人尊严有层次性的事实，可持续地生产和供给有层次性的纳税人尊严道德规则类公共产品，从而最广泛地动员纳税人追求尊严、履行尊严规则的积极性。也就是说，能用最低尊严原则解决的征纳税人利害冲突问题，就不要用基本尊严原则去解决；能用基本尊严原则解决的征纳税人利害冲突问题，就不要用最高尊严原则去解决。用一句话来说，就是要给予纳税人更多的自由。因为自由既是个人创造性潜能发挥的充要条件，也是国家社会繁荣与进步的充要条件。正如王海明先生所言，因为"自由是自我实现的根本条件，二者呈正相关变化：一个人越自由，他的个性发挥得便越充分，他的创造潜能便越能得到实现，他的自我实现的程度便越高"[①]。

4.要可持续、高质量生产与供给高性价比、有助于纳税人尊严总体水平提升的文化体制规则类公共产品。因为纳税人尊严与认识是一种正相关关系。逻辑上，大力发展文化产业活动，为全社会提供高性价比的文化类公共产品，就能有助于提升纳税人尊严总体水平，也是总体提升纳税人尊严水平的宏观重要因素。

四、提升纳税人尊严水平的具体途径

提升纳税人尊严水平的具体途径，主要是指教育培养与个体修养两种途径。

1.教育培养途径。即通过言教、奖惩、身教与榜样的同步强化，提升个体的纳税人尊严水平。逻辑上，教育既要重视高标、至善类纳税人尊严内容的教育，也要重视基本、最低层次类纳税人尊严内容的教育。

2.个体修养途径。即要在学习、立志、躬行与自省四个方面下功夫，提升纳税人个体的尊严水平。具体见本书第三章——提升纳税人尊严的一般与主要途径。

五、结语

总之，一个国家和社会纳税人尊严水平之高低、感受之强弱以及保持之久暂等，既折射和反映这个国家的财税制度优劣与财税治理水平的

[①] 王海明：《新伦理学原理》，商务印书馆2017年版，第398页。

高低，也折射和反映这个国家的制度文明程度与国家治理水平的高低。即一个国家和社会纳税人尊严总体水平越高、越强烈、越长久等，意味着这个国家和社会生产与发展的质量越高、越可持续，创造性潜能越能被全面激活，这个国家和社会繁荣与进步的概率就越大，发展的后劲就越足；相反，一个国家和社会纳税人尊严总体水平越低、越弱、越短暂等，意味着这个国家和社会生产与发展的质量就越低、越难以持续，创造性潜能就越难以被全面激活，这个国家和社会繁荣与进步的概率就越小，发展的后劲也就越弱。可见，纳税人尊严总体水平之高低，是一个国家和社会文明程度与发展可持续性的"晴雨表"。而影响纳税人尊严总体水平高低的因素，既有宏观、总体、间接的经济、政治、道德与文化体制类的，也有中观、系统、直接的财税体制与财税治理过程类的，还有微观、个体的教育培养与自我修养类的。因此，全面提升纳税人尊严总体水平，既是中国式财税现代化的核心目标与历史使命，也是中国式现代化的应有之义，更是"中国共产党人的不懈追求"[1]。我们必须负重前行，同时要有效因应大数据高新技术的冲击与挑战。但关键在于，财税权力合法性的扩大与监督有效性的提高，这有待"全过程人民民主制度"优势的全面发挥和展示。

---

[1] 习近平：《尊重和保障人权是中国共产党人的不懈追求》，求是网，2022年6月24日，http://www.moj.gov.cn/pub/sfbgw/zwgkztzl/2022zt/rmxfshszddrq220528/yaowen220528/202206/t20220624_458284.html.

参考文献

（以引文首次出现排序）

一、中文

（一）著作类

1. 王海明：《中国经济特色——中西经济制度及其社会形态之比较》，商务印书馆2022年版。
2. 《中华人民共和国税收征收管理法》，法律出版社2015年版。
3. 王海明：《新伦理学》，商务印书馆2008年版。
4. 北京大学外国哲学史教研室编译：《西方哲学原著选读》（上卷），商务印书馆2009年版。
5. [德]胡塞尔著，吕祥译：《现象学与哲学的危机》，国际文化出版公司1988年版。
6. 梁慧星：《为权利而斗争》，中国法制出版社2000年版。
7. [法]莫里斯·迪韦尔热著，杨祖功译：《政治社会学》，华夏出版社1987年版。
8. [德]哈贝马斯著，陈学明译：《合法性危机》，台湾时报出版公司1994年版。
9. [德]康德著，苗力田译：《道德形而上学原理》，上海人民出版社1986年版。
10. [德]康德：《康德著作全集》，中国人民大学出版社2005年版。
11. 甘绍平：《人权伦理学》，中国发展出版社2009年版。

12. [法]帕斯卡尔著,何兆武译:《思想录》,商务印书馆1985年版。

13. [德]弗里德利希·席勒著,张玉能译:《秀美与尊严》,文化艺术出版社1996年版。

14. [奥]西格蒙德·弗洛伊德著,何桂全等译:《论文明》,国际文化出版社2000年版。

15. [西]萨瓦特尔,林经纬译:《哲学的邀请——人生的追问》,北京大学出版社2007年版。

16. [英]杰克·唐纳利著,王浦劬等译:《普遍人权的理论与实践》,中国社会科学出版社2001年版。

17. 沈恒炎、燕宏远主编:《国外学者论人和人道主义》(第二辑),社会科学文献出版社1991年版。

18. [苏] B·奇希克瓦泽、E·卢卡绍娃,范习新译:《社会主义人权概念》,社会科学文艺出版社1991年版。

19. 马克思、恩格斯:《马克思恩格斯全集》,人民出版社1982年版。

20. 王利明:《改革开放中的民法疑难问题》,吉林人民出版社1992年版。

21. 夏勇:《人权概念起源》,中国政法大学出版社1992年版。

22. 陈刚:《人的哲学》,南京大学出版社1992年版。

23. [美] W·詹姆士著,伍况甫译:《心理学简编》,商务印书馆中华民国二十二(1933)年版。

24. 王海明:《伦理学方法》,商务印书馆2003年版。

25. 马克思、恩格斯:《马克思恩格斯选集》,人民出版社1995年版。

26. 理查德·邦尼著,沈国华译:《经济系统与国家财政——现代欧洲财政国家的起源:13—18世纪》,上海财经大学出版社2018年版。

27. [法]伯纳德·萨拉尼耶,马先标、刘兴坤译:《税收经济学》,中国人民大学出版社2017年版。

28. 管子著，李山注解：《管子》，中华书局2009年版。

29. 马克思、恩格斯：《马克思恩格斯全集》，人民出版社1958年版。

30. 马起华：《政治学论》，台湾商务印书馆民国六十六（1977）年版。

31. 王海明：《国家学》，中国社会科学出版社2012年版。

32. [美]康芒斯：《制度经济学》，商务印书馆1994年版。

33. [美]诺思：《经济史中的结构与变迁》，上海人民出版社1994年版。

34. [日]青木昌彦：《比较制度分析》，上海远东出版社2001年版。

35. 郑杭生：《社会学概论新论》，中国人民大学出版社1987年版。

36. 黄少安：《产权经济学》，山东人民出版社1995年版。

37. 张宇燕：《经济发展与制度选择：对制度的经济分析》，中国人民大学出版社1992年版。

38. [英]亚当·斯密著，蒋自强等译：《道德情操论》，商务印书馆1998年版。

39. [美]约翰·罗尔斯著，何怀宏等译：《正义论》，中国社会科学出版社1998年版。

40. [法]涂尔干著，李康译：《道德教育》，上海人民出版社2001年版。

41. 杨伯峻：《论语译注》，中华书局1980年版。

42. 杨伯峻：《孟子译注》，中华书局1980年版。

43. 崔相录：《德育新探》，光明日报出版社1987年版。

44. [美]G·H·鲍尔、E·R·希尔加德著，邵瑞珍译：《学习论——学习活动的规律探索》，上海教育出版社1987年版。

45. 冯友兰：《三松堂全集》（第一卷），河南人民出版社1985年版。

46. 黄宗羲：《宋元学案》，中华书局2013年版。

47. [德]海德格尔著，王庆节、陈嘉映译：《存在与时间》，生活·读书·新知三联书店1987年版。

48. [清]王先谦著，沈啸寰、王星贤整理：《荀子集解》，中华书局

1988年版。

49. 马克思、恩格斯:《马克思恩格斯选集》,人民出版社2012年版。

50. [美]米尔顿·弗里德曼、罗斯·弗里德曼著,胡骑、席学媛、安强译:《自由选择》,商务印书馆1982年版。

51. [美] 米尔顿·弗里德曼著,张瑞玉译:《资本主义与自由》,商务印书馆1986年版。

52. [法]卢梭著,李常山译:《不平等的起源和基础》,商务印书馆1959年版。

53. [清]郭庆藩:《庄子集释》,中华书局1985年版。

54. 姚轩鸽:《税道德观:税收文明的伦理省察与探寻》,西北大学出版社2017年版。

55. [英]桑德福著,张文春、匡小平译:《成功税制改革的经验与问题》(第1卷),中国人民大学出版社2001年版。

56. 郜风涛:《文津法札》,中国法制出版社2011年版。

57. 杨志勇、杨之刚:《中国财政制度改革30年》,格致出版社2008年版。

58. 王海明:《人性论》,商务印书馆2005年版。

59. [美] B·盖伊·彼得斯著,郭为桂、黄宁莺译:《税收政治学:一种比较的视角》,江苏人民出版社2008年版。

60. [美]理查德·A.马斯格雷夫著,董勤发译:《比较财政分析》,格致出版社2017年版。

61. 王海明:《新正义论:国家制度与国家治理价值标准体系》,商务印书馆2022年版。

62. 陈启修:《财政学总论》,商务印书馆2015年版。

63. 刘守刚、刘志广主编:《财政政治的视界》(第一辑),上海财经大学出版社2022年版。

64.［英］詹姆斯·莫里斯著，湖南国税翻译小组译：《税制设计》，湖南人民出版社2016年版。

65.［英］阿克顿著，侯健译：《自由与权力：阿克顿勋爵论说文集》，商务印书馆2001年版。

66.［英］哈耶克著，邓正来译：《自由秩序原理》，生活·读书·新知三联书店1997年版。

67.［英］维克托·迈尔–舍恩伯格、肯尼斯·库克耶著，盛杨燕、周涛译：《大数据时代》，浙江人民出版社2013年版。

68.中华人民共和国财政部税政司译：《消费课税趋势（2012年版）：增值税/货物服务税和消费税的税率、趋势以及管理问题》，中国财政经济出版社2014年版。

69.李倩星、王震：《拥抱大数据：新常态下的数据分析典型案例》，南方出版传媒·广东经济出版社2015年版。

70.［奥］迈克·兰、［比］伊内·勒琼编，国家税务总局税收科学研究所译：《全球数字经济的增值税研究》，经济科学出版社2017年版。

71.中华人民共和国国家统计局编：《中国统计年鉴2019》，中国统计出版社2019年版。

72.赵雯：《地方人大预算审查监督简明读本》，复旦大学出版社2008年版。

73.［日］神野直彦著，王美平译：《体制改革的政治经济学》，社会科学文献出版社2013年版。

74.俞可平：《权力与权威：政治哲学若干重要问题》，商务印书馆2020年版。

75.［英］帕特里克·沃尔著，周晓林等译：《疼痛》，生活·读书·新知三联书店2004年版。

76.谭冠先：《疼痛诊断学》（第3版），人民卫生出版社2000年版。

77.［美］爱因·兰德著，关键译：《新个体主义伦理观》，上海三联书店1996年版。

78.马克思、恩格斯：《马克思恩格斯全集》，人民出版社1972年版。

79.［英］埃德蒙·柏克著，缪哲选译：《美洲三书》，商务印书馆2003年版。

80.［美］马斯洛著，许金声等译：《动机与人格》，华夏出版社1987年版。

81.周辅成编：《西方伦理学名著选辑》（下卷），商务印书馆1987年版。

82.许慎：《说文解字》，九州出版社2001年版。

83.［宋］薛居正：《旧五代史》，中华书局1976年版。

84.司马迁：《史记》，中华书局1975年版。

85.韩非著，高华平译：《韩非子》，中华书局2016年版。

86.［德］哈贝马斯著，曹卫东译：《公共领域的结构转型》，学林出版社1999年版。

87.R.A.马斯格雷夫、A.T.皮考克著，刘守刚、王晓丹译：《财政理论史上的经典文献》，上海财经大学出版社2015年版。

88.吴健安：《市场营销学》，高等教育出版社2011年版。

89.［英］边沁著，时殷译：《道德与立法原理导论》，商务印书馆2000年版。

90.［美］戴维·H·罗森布鲁姆、罗伯特·S·克拉夫丘克著，张成福等译：《公共行政学：管理、政治和法律的途径》，中国人民大学出版社2002年版。

91.［美］萨缪尔森著，高鸿业译：《经济学》（下），中国发展出版社1992年版。

92.［美］斯蒂格利茨著，黄险峰、张帆译：《经济学》，中国人民大学出版社2005年版。

93.许彬:《公共经济学导论》,黑龙江人民出版社2003年版。

94.孙学玉:《公共行政学》,社会科学文献出版社2007年版。

95.[美]曼瑟·奥尔森著,苏长和、嵇飞译:《权力与繁荣》,世纪出版集团·上海人民出版社2005年版。

96.[美]迈克尔·麦金尼斯著,毛寿龙、李梅译:《多中心体制与地方公共经济》,生活·读书·新知三联书店2000年版。

97.迟福林:《中国:历史转型的"十二五"》,中国经济出版社2011年版。

98.[美]安瓦·沙著,孟华译:《公共服务提供》,清华大学出版社2009年版。

99.曲创:《物品、物品的公共性与公共支出研究》,经济科学出版社2010年版。

100.马歇尔著,朱志泰译:《经济学原理》,商务印书馆1965年版。

101.王海明:《新伦理学》,商务印书馆2001年版。

102.[美]圭多·卡拉布雷西著,郑戈译:《法和经济学的未来》,中国政法大学出版社2019年版。

103.[日]三浦隆著,李力、白云海译:《实践宪法学》,中国人民公安大学出版社2002年版。

104.杨小强:《税法总论》,湖南人民出版社2002年版。

105.[英]亚当·斯密著,唐日等译:《国富论》(下),华夏出版社2013年版。

106.[英]保罗·科利尔著,刘波译:《资本主义的未来》,生活·读书·新知三联书店2020年版。

107.中国社会科学院哲学研究所:《哈贝马斯在华讲演集》,人民出版社2002年版。

108.苏力:《法治及其本土资源》,北京大学出版社2015年版。

109.［德］卡尔·拉伦茨著，黄家镇译：《法学方法论》，商务印书馆2020年版。

110.陈清秀：《现代财税法原理》，厦门大学出版社2017年版。

111.葛克昌：《论纳税人权利保障法的宪法基础》，《曾华松大法官古稀祝寿论文集——论权利保护之理论与实践》，台湾元照出版公司2006年版。

112.［美］理查德·A.爱泼斯坦著，刘连泰译：《私有财产、公共行政与法治》，浙江大学出版社2018年版。

113.马克思、恩格斯：《马克思恩格斯全集》（第46卷），人民出版社1975年版。

114.［日］大岛通义：《预算国家的"危机"》，上海财经大学出版社2019年版。

115.戴明扬校注：《嵇康集》，人民文学出版社1962年版。

116.马非百撰：《管子新诠》，中华书局1979年版。

117.张同青等主编：《税收辞海》，辽宁人民出版社1993年版。

118.［日］浅田和茂：《刑法总论》（第2版），成文堂2019年版。

119.［法］狄骥著，钱克新译：《宪法论》，商务印书馆1959年版。

120.郭任远：《郭任远心理学论丛》，上海开明书店中华民国十七（1928）年版。

121.陈鼓应：《庄子今注今译》，中华书局2012年版。

122.［英］哈特著，张文显、郑成良、杜景义、宋金娜译：《法律的概念》，中国大百科全书出版社1996年版。

123.［美］查尔斯·亚当斯著，翟继光译：《善与恶——税收在文明进程中的影响》（第二版），中国政法大学出版社2013年版。

124.［日］城田真琴著，周自恒译：《大数据的冲击》，人民邮电出版社2013年版。

125.［英］拉斯基著，张振成、王亦兵译：《思想的阐释》，贵州人民出版社2002年版。

126.刘剑文主编:《财税法学前沿问题研究》,法律出版社2012年版。

127.[美]史蒂夫·洛尔著,胡小锐、朱胜超译:《大数据主义》,中信出版社2015年版。

128.严锡忠:《税法哲学》,立信会计出版社2015年版。

129.封祖盛:《当代新儒家》,生活·读书·新知三联书店1989年版。

130.中共中央文献研究室编:《毛泽东年谱》(1949—1976)(第4卷),中央文献出版社2013年版。

131.邓小平:《邓小平文选》,人民出版社1994年版。

132.王海明:《新伦理学原理》,商务印书馆2017年版。

133.《习近平论中国传统文化——十八大以来重要论述选编》,中央文献出版社2018年版。

134.《中华人民共和国宪法》,中国法制出版社2018年版。

135.米勒等编:《布莱克尔政治学百科全书》,中国政法大学出版社1992年版。

136.[法]爱尔维修著,杨伯恺译:《精神论》,辛垦书店(台湾)1928年版。

137.[德]恩斯特·海克尔著,上海外国自然科学哲学著作编译组:《宇宙之谜》,上海人民出版社1974年版。

138.孔子:《论语》,中华书局2006年版。

139.孟子:《孟子》,中华书局2010年版。

140.老子:《道德经》,中华书局2006年版。

141.王毓铨:《王毓铨史论集》(上),中华书局2005年版。

142.韩愈著,马其昶、马茂元校注:《韩昌黎文集校注》,上海古籍出版社1988年版。

143.[美]玛格丽特·利瓦伊著,周军华译:《统治与岁入》,上海人民出版社2010年版。

144.[美]阿尔伯特·爱因斯坦著,许良英等译:《爱因斯坦文集》,商务印书馆2009年版。

(二)论文类

1.崔维利、张妍:《让纳税人有尊严》,《吉林日报》2011年5月16日。

2.汤礼春:《纳税人的尊严》,《税收征纳》2012年第6期。

3.罗来玮:《官本位意识的当代根源解读》,《领导科学》2021年第9期。

4.姚轩鸽:《纳税人新论》,《阴山学刊》2012年第2期。

5.甘绍平:《作为一项权利的人的尊严》,《哲学研究》2008年第6期。

6.王晖:《人之尊严的理念与制度化》,《中国法学》2014年第4期。

7.谢立斌:《中德比较宪法视野下的人格尊严》,《政法论坛》2010年第7期。

8.龙晟:《人性尊严法律概念之历史》,《法治论丛》2008年第4期。

9.[日]真田芳宪著,鲍荣震译:《人的尊严与人权》,《外国法译评》1993年第2期。

10.程新宇:《关于人的尊严之争论现状及其原因》,《华中科技大学学报》2015年第6期。

11.梁慧星:《中国人身权制度》,《中国法学》1989年第5期。

12.李累:《宪法上人的尊严》,《中山大学学报(社会科学版)》,2002年第6期。

13.韩跃红、孙书行:《人的尊严和生命的尊严释义》,《哲学研究》2006年第3期。

14.姚轩鸽:《论财税体制与国民尊严的关系及其启示》,《道德与文明》2014年第3期。

15.韩德强:《人的秩序性尊严之构成——论尊严形态在不平等社会

关系中的现实性》,《文史哲》2008年第3期。

16. 姚轩鸽:《公共产品基本理论探析——当下中国公共产品供求状况分析》,《财政科学》2016年第2期。

17. 刘建民:《税收增长与经济增长关系的理论分析和实证研究》,《财经理论与实践》2005年第6期。

18. 唐代兴:《国家治理的前提与条件》,《江西社会科学》2016年第11期。

19. 陈颐:《简论以制度为学科对象的社会学》,《社会科学研究》1988年第3期。

20. 姚轩鸽:《经济体制的起源、类型及选择新论——兼论社会主义市场经济体制的抉择》,《西安联合大学学报》2000年第1期。

21. 张远:《"文化"的对词——兼论"文化相对主义"与"文化保守主义"之误区》,《书屋》2006年第4期。

22. 李怡、易明:《论马克思的尊严观》,《马克思主义研究》2011年第10期。

23. 戴津伟:《立法目的条款的构造与作用方式研究》,《法律方法》2016年第2期。

24. 柯坚、王敏:《论〈长江保护法〉立法目的之创设——以水安全价值为切入点》,《华中师范大学学报(人文社会科学版)》2019年第6期。

25. 张守文:《增值税的"转型"与立法改进》,《税务研究》2009年第8期。

26. 张守文:《增值税改革与立法的法治逻辑》,《政法论丛》2003年第2期。

27. 蔡昌:《增值税立法的经济学分析》,《中国社会科学院研究生院学报》2016年第6期。

28. 王卫军:《应对数字经济的挑战:从生产增值税到消费生产税》,

《税务研究》2020年第12期。

29.薛伟:《数字经济下的增值税:征税机制、避税问题及征收例解》,《财会月刊》2021年第9期。

30.张馨予:《数字经济对增值税税收遵从的挑战与应对——欧盟增值税改革的最新进展及启示》,《西部论坛》2020年第6期。

31.谈火生:《全过程民主的深刻内涵》,《人民政协报》2021年9月29日。

32.周天勇:《完善人大代表的结构》,《四川统一战线》2007年第10期。

33.苏启林:《人大代表的民主代理影响公共支出的社会福利导向性吗?》,《经济社会体制比较》2014年第3期。

34.白志刚:《公共预算立法决策现状分析与对策》,《学术交流》2008年第3期。

35.张爽:《中国劳动力受教育程度的实证研究——基于人口普查数据平台的时间序列分析》,《西北人口》2014年第3期。

36.张津:《我国税收制度现代化的推进路径选择——基于公平维度的比较分析》,《税收经济研究》2019年第4期。

37.吕冰洋:《中国税收负担:孰轻孰重?》,《经济学动态》2020年第1期。

38.邹洋:《非税收入的财政幻觉效应分析》,《财政科学》2020年第10期。

39.姚轩鸽:《预算需正确决策与正确执行》,《深圳特区报》2020年6月2日。

40.姚轩鸽:《"用好税"是新一轮财税改革的重点》,《深圳特区报》2014年6月24日。

41.何乐:《更好发挥税收在国家治理中的基础性支柱性保障性作用——财税专家谈国税地税征管体制改革》,《中国税务报》2018年6月

20日。

42. 姚轩鸽:《21世纪将会是和平·福利的租税国家社会——著名税法学家北野弘久教授访谈》,《中国经济时报》2005年6月23日。

43. 姚轩鸽:《公共产品基本理论新探——兼析当下中国公共产品供求面临的问题》,《财政科学》2016年第2期。

44. 高鹏程:《公共性"概念"模式与特征》,《中国行政管理》2009年第3期。

45. 李友梅、肖瑛、黄晓春:《当代中国社会建设的公共性困境及其超越》,《中国社会科学》2012年第4期。

46. 刘剑文、王桦宇:《公共财产权的概念及其法治逻辑》,《中国社会科学》2014年第8期。

47. 宋咏梅、孙根年:《科特勒产品层次理论及其消费者价值评价》,《商业时代》2007年第14期。

48. 吴学军:《公共产品供给的制度性障碍及其矫正——基于政府"经济人"特征的分析》,《中国制度经济学年会论文集(2006)》。

49. 柏良泽:《公共服务研究的逻辑和视角》,《中国人才》2007年第3期。

50. 马庆钰:《公共服务的几个基本理论问题》,《中共中央党校学报》2005年第2期。

51. 夏光育:《论"公共产品"和"公共服务"的并列使用》,《湖北经济学院学报》2009年第5期。

52. 李政军:《公共产品的性质与研究重心》,《江苏社会科学》2011年第5期。

53. 秦颖:《论公共产品的本质——兼论公共产品理论的局限性》,《经济学家》2016年第3期。

54. 梁幸枝:《公共产品定价机制改革思路的探讨》,《粤港澳市场与价格》2008年第10期。

55. 段一：《公共产品的边界》，《当代财经》2009年第4期。

56. 刘振山：《超越"集体行动困境"——埃莉诺·奥斯特罗姆的自主组织理论述评》，《山东科技大学学报（社会科学版）》2004年第3期。

57. 吕恒立：《试论公共产品的私人供给》，《天津师范大学学报（社会科学版）》2002年第1—6期。

58. 张清华：《国际税收仲裁的法律问题研究》，西南政法大学硕士学位论文（2014年）。

59. 叶晓楠、师悦、崔潇宇等：《空气清新才能吸引更多外资》，《人民日报》（海外版）2018年4月24日。

60. 张景华：《全球化视角下中国企业纳税营商环境的优化》，《经济学家》2018年第2期。

61. 易永英：《对外开放需更加优化税收营商环境》，《证券时报》2018年4月16日。

62. 王绍乐、刘中虎：《中国税务营商环境测度研究》，《广东财经大学学报》2014年第3期。

63. 郑开如：《关于税务部门"放管服"改革与税收营商环境建设的若干思考》，《税收经济研究》2018年第1期。

64. 罗秦：《税务营商环境的国际经验比较与借鉴》，《税务研究》2017年第11期。

65. 娄成武：《基于市场主体主观感知的营商环境评估框架构建——兼评世界银行营商环境评估模式》，《当代经济管理》2018年第6期。

66. 董彪、李仁玉：《我国法治化国际化营商环境建设研究——基于〈营商环境报告〉的分析》，《商业经济研究》2016年第13期。

67. 葛玉御：《税收"放管服"改善营商环境的路径研究》，《税务研究》2017年第11期。

68. 何星亮：《不断满足人民日益增长的美好生活需要》，《人民日报》2017年11月14日。

69. 蓝元骏：《熊彼特租税国思想与现代宪政国家》，台湾大学法律学研究所硕士论文（2005年）。

70. 高军：《试论纳税人税法上的生存保障》，《广州大学学报（社会科学版）》2009年第11期。

71. 远见：《深化"放管服"改革税收营商环境再优化》，《税收征纳》2018年第10期。

72. 柳华平：《良法善治——优化税收营商环境的价值取向和现实选择》，《税收经济研究》2020年第3期。

73. 张景华：《治理视角下的税收营商环境优化研究》，《税务研究》2020年第9期。

74. 于健：《优化税收营商环境的比较研究——基于〈2020年营商环境报告〉的分析》，《国际税收》2020年10期。

75. 江红义：《从税收营商环境到营商环境中的税收》，《厦门大学学报（哲学社会科学版）》2020年第5期。

76. 姚轩鸽：《减税不是税改的全部》，《南风窗》2011年第10期。

77. 张巍：《世界银行税收营商环境评价体系辨析与启示》，《地方财政研究》2021年第11期。

78. 李成、施文泼：《世界银行纳税营商环境指标体系研究》，《厦门大学学报（哲学社会科学版）》2020年第5期。

79. 吴萍：《税收营商环境评价指标评析及构建建议》，《全国流通经济》2021年第29期。

80. 毛圣慧：《税收营商环境优化的国际经验借鉴及路径研究》，《河南师范大学学报（哲学社会科学版）》2020年第4期。

81. 李兰：《基于数字技术的税收营商环境优化研究》，《商业经济》

2022年第2期。

82.梁治平:《种法治观》,《文汇报》(上海)2002年1月1日。

83.郑春荣:《欧盟逆全球化思潮涌动的原因与表现》,《国际展望》2017年第1期。

84.韩剑锋、安佳佳:《逆全球化现象的哲学审视》,《湖北工程学院学报》2022年第2期。

85.杨宜音:《多元化、碎片化时代如何建构社会共识》,《光明日报》2014年4月2日。

86.肖雪慧:《建立社会共识的价值基础——重提人道主义》,《云南大学学报(社会科学版)》2007年第4期。

87.李锐:《持续优化税收营商环境策议》,《税收征纳》2019年第12期。

88.姚轩鸽、庞磊:《税收营商环境评价标准研究——基于伦理视域的观察与思考》,《税收经济研究》2019年第2期。

89.房宁、丰俊功:《"百年未有之大变局"与"行百里者半九十"——习近平新时代中国特色社会主义思想的时代背景》,《理论视野》2020年第2期。

90.李滨:《"百年未有之大变局":世界向何处去》,《人民论坛》2019年第7期。

91.李桂花:《科技异化与科技人化》,《哲学研究》2004年第1期。

92.高盼:《试论技术异化与技术风险》,《价值工程》2016年第11期。

93.林溢呈:《重构法治化税收营商环境的内涵》,《税务与经济》2021年第5期。

94.蒙莉:《优化税收营商环境的实践与探索》,《经济与社会发展》2019年第6期。

95.张国钧:《优化税收营商环境的调查与思考》,《税务研究》2018年第11期。

96.李国强、孙伟良：《民法冲突解决中的利益衡量——从民法方法论的进化到解释规则的形成》，《法制与社会发展》2012年第1期。

97.陈艳利、蒋琪：《我国税收营商环境评价体系的构建与运用——基于扎根理论研究方法》，《税务研究》2021年第6期。

98.岳树民：《优化我国税收营商环境的借鉴与路径选择》，《税务研究》2021年第2期。

99.徐雯婕：《企业税务风险评估体系的建立及执行》，《全国流通经济》2018年第6期。

100.孙英：《权利与义务新探》，《中国人民大学学报》1996年第1期。

101.姚轩鸽：《为何说"税收影响社会未来"》，《深圳特区报》2022年5月31日。

102.王春军：《施工企业合规管理体系和能力建设系列之五——合规管理：施企发展的"助推器"》，《施工企业管理》2020年第5期。

103.周振杰：《合规计划有效性评估的核心问题》，《国家检察官学院学报》2022年第1期。

104.李勇：《美国检察官对涉案企业合规有效性的评估与考量》，《人民检察》2022年第5期。

105.胡德维：《数据"革命"教育》，《光明日报》2013年10月19日第5版。

106.郑昌璇、陈洋：《大数据下可视化分析》，《技术与市场》2013年第6期。

107.姚轩鸽：《论税制与经济自由相关性及其现实启示》，《西部学刊》2015年第4期。

108.刘宝臣：《大数据时代对社会治理产生的影响及应对——基于社会冲突与合作行为的分析》，《青岛行政学院学报》2015年第2期。

109.彭丽：《试议中国民主政治建设存在的问题及其对策研究》，《科技信息》2010年第14期。

110. 张素朴、肖虎:《四项机制保护纳税人权益》,《中国税务报》2016年2月18日。

111. 周佳玲:《1990年我院教材建设硕果累累》,《中南政法学院学报》1990年第4期。

112. 刘志广:《中国改革顶层设计的具体指向、着眼点与主要任务——基于财政社会学的研究》,《上海行政学院学报》2014年第3期。

113. 陈柳钦:《现代化的内涵及其理论演进》,《经济研究参考》2011年第44期。

114. 林光祺、洪利华:《"比较—现代化"视野下的国家建设与财政变革——基于历史社会学和新财政史学》,《广东财经大学学报》2020年第4期。

115. 丰子义:《辩证把握"制"与"治"》,《人民日报》2020年2月24日。

116. 王书慧:《制度是有效治理的基础》,《前线》2020年第6期。

117. 白永秀:《市场经济含义探析》,《当代财经》1990年第4期。

118. 姚轩鸽:《二十大报告解读:用好税、收好税、共享税》,《财政监督》2022年第23期。

119. 俞可平:《民主是个好东西》,《北京日报》2006年12月28日。

二、外文

(一) 著作类

1. Charles Foster, *Human Dignity in Bioethics and Law*, Oxford and Portland, Oregon: HART publishing, 2011.

2. John Witte J. R, *Between Sanctity and Depravity: Human Dignity in Protestant Perspective*, In: RobertP. Kraynak and Glenn Tinder, In Defense of Human Dignity: essays for our times, Notre Dame:

University of Notre Dame, 2003.

3. Nathan Rotenstreich, *Man and His Dignity*, Jerusalem: Magnes Press, 1983.

4. Daniel P. Sulmasy, *Human Dignity and Human Worth*, in: J. Malpas and N. Lickiss(eds.)Perspec-tive on Human Dignity: A Conversion, Springer 2007.

5. Chr. Mc Crudden, *Human Dignity and Judicial Interpretation of Human Rights*.

6. Abraham H, *Maslow: Motivation And Personality*, second edition, Harper & Row, Publishers, New York, 1970.

7. Daniel P.Sulmasy, *Human Dignity and Human Worth*, in:J. Malpas and N. Lickiss(eds.)Perspec-tive on Human Dignity: A Conversion, Springer 2007.

8. Michael Walzer, *Thick and Thin: Moral Argument at Home and Abroad*, Notre Dame: University of NotreDame Press, 1994.

9. Abraham H, *Maslow: Motivation And Personality*, Second Edition, Harper & Row, New York, 1954.

10. Robert Maynard Hutchins, *Great Books of The Western World*, Vol.43, On Liberty, by, John StuartMill, Encyclop Aedia Britannica, Inc, 1980.

11. Adam Smith, *The Theory of Moral Sentiments*, Edited by D.D. Raphael and A.L.Macfie Clarendon Press. Oxford, 1976.

12. Adam Smith, *An Inquiry into The Nature And Causes of The Wealth of Nations*, Vol.2, Clarendon Press. Oxford, 1979.

13. Paul A. Samuelson, *Economics 11th ed. /with the assistance in statistical updating of William Samuelson*, New York: McGraw-Hill,

1980.

14. Adam Smith, *An Inquiry into The Nature And Causes of The Wealth of Nations*, Vol.1, Fifth Edition, Methuen & Co. Ltd.London, 1930.

15. Tylor, Edward Burnett, *primitive culture: researches into the development of mytholobgy*, ohilosoohy, edligion, art, and custlm. london: j, murrey., 1871.

16. John Rawls, *A Theory of Justice* (Revised Edition), The Belknap Press of Harvard University Press Cambridge, Massachusetts, 2000.

17. R.M.Hare, *Essays in Ethical Theory*, Clarendon Press Oxford 1989, p179.

18. John Rawls, *A Theory of Justice* (Revised Edition), The Belknap Press of Harvard University Press Cambridge, Massachusetts, 2000, p3.

19. John Burton, *Conflict: Human Needs Theory*, The MACMILLAN Press Ltd, 1990.

20. Bernard Gert, *Moraility: A New Justification of The Moral Rules*, Oxford University Press New York Oxford, 1988.

21. T. F.Hoad, *Oxford Concise Dictionary of English Etymology*, Oxford University Press, 1996.

22. Riccardo Fiorito, Tryphon Kollintzas, *Public goods, merit goods, and the relationbetween private and government consumption*, European Economic Review 48, 2004.

23. DENSETZH, *The Private Production of Public goods*, 1970.

24. See Maurice E. Stucke, *In Search of Effective Ethics and Compliance Programs*, Journalof Corporation Law, Vol.39 (Summer 2014).

25. See P. J. Wils.Wouter, *Antitrust Compliance Programs and Optimal Enforcement*, Journal of Antitrust Enforcement, Vol.1 (2012).

26. R. M. Hare, *Essays in Ethical Theory*, Clarendon Press Oxford, 1989.

(二)论文类

1. M. Bagaric and J. Allan, The Vacuous Concept of Dignity, Journal of Human right, 2006(5).

2. Oliver Sensen, Kant's Conception of Human Dignity, Kant-Studien, 2009(3).

3. Lennart Nordenfelt, The Varieties of Dignity, Health Care Analysis, Vol.12, No.2, June 2004.

4. Philip Hodgkiss, A Moral Vision: Human Dignity in the Eyes of the Fouders of Sociology, Sociological Review, 2013(3).

5. J. M. Buchanman, An Econmic Theory of Clubs. Economica, 1965(32).

6. Goldin, Kenneth D. Equal Access VS Selective Access: A Critigque of Public Goods Theory, Public Choice. 29(spring), 1979, 2002(3).

7. See Wouter P. J. Wils, Antitrust Compliance Programs and Optimal Enforcement, 1 Journal of Antitrust Enforcement 52, 52(2013).

后　记

在众多师友的殷切关怀与大力支持下，拙著《纳税人尊严论》（以下简称《尊严》）即将付梓，此时此刻，感恩之心已经弥漫了北纬十八度的天涯，三角梅五彩缤纷，凤凰花热情似火，落笔峰上白云悠然，雨后的白鹭溪畔，白鹭翩跹曼舞的身影写在蓝天上。这个夏季的恩典虽已悄然降临，而我滔滔如缕的感恩之情，却不知如何表达和书写。

其实《尊严》的著述过程，也是笔者历经三年疫情煎熬，告别税务职业生涯，开启第二人生的一个过程。尽管暂时放下了职业俗务的牵绊与约束，但更因人生短暂而惶恐，为临近岁月黄昏而焦虑。因此，我只能以加倍的努力，继续择善固执，制心一处，以期弥补新知的欠缺，并渴望在有限的生命里，做些更有价值和意义的事，少为自己的人生留下遗憾与愧疚。

岁月悠悠，唯有感恩永存心底！笔者始终对爱因斯坦先生的此段名言难以忘怀。爱因斯坦先生说："人是为别人而生存的——首先是为那样一些人，他们的喜悦和健康关系着我们自己全部的幸福，然而是为许多我们所不认识的人，他们的命运通过同情的纽带同我们密切结合在一起。我每天上百次地提醒自己，我的精神生活和物质生活都依靠着别人（包括活着的和死去的）的劳动，我必须尽力以同样的分量来报偿我所领受了的和至今还在领受着的东西。我强烈地向往着俭朴的生活，并且常为发觉自己占有了同胞过多的劳动而难以忍受。"[①]诚哉斯言！

因此，我必须再次感谢我的伦理学启蒙老师——王海明先生，先生几十年来不以笔者愚钝，从学术、生活与工作各方面全方位给予了关怀与鼓励；更感谢吉利人才发展集团陆丹主席的知遇之恩，刚退休就为笔者开启了"第二人生"的大门，可以继续学术研究，并以更多的学术成果回报社会，实现自我的人生价值；同时又怎能忘记，李炜光、刘剑文、韦森、刘文瑞、胡智亭、黄钟、王发友、夏军、刘守刚等先生和财税、伦理学界，出版、媒体界，以及企业界等众多师友多年来无私给予的鼓励与鞭策；更不能忘记，研究出版社的领导和责编范存刚老师等，都为拙著的出版，付出了辛勤的汗水；陕西旅游出版社资深编校宋海平老师对书稿的完美倾注了不知多少专业的心血，特此致谢！

最后，笔者还应感谢妻子李莹和女儿姚一苇，以及众多亲友长期给予自己学术研究的支持与理解，能使笔者20多年来，心无旁骛地沉潜税收伦理基础理论的探索与思考。而笔者唯一能做的，就是为大家虔诚地祈祷，祝愿我生命中遇到的每一位师友，都能身体健康，阖家幸福，万事顺心！

姚轩鸽
2023年6月5日于三亚学院书明楼

[①] 阿尔伯特·爱因斯坦著，许良英等译：《爱因斯坦文集》，商务印书馆2009年版。